旧制度与大革命

L'Ancien Régime et la Révolution

（法）托克维尔-著　陈天群-译

江西人民出版社

图书在版编目（CIP）数据

旧制度与大革命／（法）托克维尔

（Tocqueville，A.）著；陈天群译．—南昌：江西人民

出版社，2013.1

ISBN 978-7-210-05788-8

Ⅰ．①旧…　Ⅱ．①托…　②陈…　Ⅲ．①法国大革命－

研究　②史评－法国－近代　Ⅳ．①K565.41

中国版本图书馆 CIP 数据核字（2013）第 001858 号

旧制度与大革命

（法）托克维尔（Tocqueville，A.）著；陈天群 译

责任编辑/王华

出版发行/江西人民出版社

印刷/北京嘉业印刷厂

版次/2013 年 2 月第 1 版

2013 年 2 月第 1 次印刷

开本/710 毫米×1000 毫米　1/16　14 印张

字数/196 千字

书号/ISBN 978-7-210-05788-8

定价/28.00 元

赣版权登字-01-2013-7

1 前言

现在我出版的这本书并不是一部讲述法国大革命历史的著作，因为关于这段历史已经被很多人描写得十分详尽，我没有打算再参与其中。这是一本关于这次大革命的研究性书籍。

1789年，法国人民用了比其他任何国家人民都更大的力量，将过去与未来隔绝，将自己的命运分成了两半。他们小心翼翼，生怕将过去的任何东西带入他们的新世界之中。为了把自己打造的与祖辈们不一样，他们制定了种种规则来对自己进行限制。为了使自己变得焕然一新，他们费尽了心思。

与其他人设想的成就和他们自己最开始设想的成就相比，我一直认为法国人民在这项不平凡的工程中，实际所取得的成就要小很多。他们在毫无察觉的情况下接受了旧制度中的大多数感情、习惯和想法，即使他们并不愿意，但他们依然是使用旧制度的废石块来修建了新社会的大厦，靠着这些东西才用大革命将旧制度摧毁了的。如果你想要彻底的了解大革命和它的历史功绩，就应当去调查那个已经死去，躺在坟墓中的法国，而不是现在我们所生活的法国。

在这本书中，我就试图做到这些。不过为了完成这个目标，我耗费了巨大的努力，远比我想象的更为艰难。

有大量的书籍研究了君主制最早的几个世纪、中世纪和文艺复兴时期的历史，使我们不仅能够了解当时所发生过的各种事件，也通晓了不同时期的法律、习俗、政府理念和民族精神。然而对于18世纪，直到现在也并未有人花费如此的精力，进行同样的仔细钻研。

不过在十分清晰地看到了它那些表层上闪耀的光芒，知道了那些当时最杰出的人的各种细节，尤其那些聪明而善辩的批评家们让我们早就熟悉了18世纪著名的大文豪们的杰作之后，对于18世纪的法国，我们就自认为十分了解了。然而，无论是当时处理事务的种种措施、各项制度实际的执行情况，还是各个阶层互相之间的实际地位、被忽略的阶层的状况和感情，甚至是当时的主要话题，我们的认识大多是错误的，剩下的也都模糊一片。

在时间上，它其实与我们的时代十分接近，只不过是被大革命所分开而已。我想要深入旧制度的中心去了解它，因此我重新阅读了18世纪的各种名著，并且还对许多并不知名也没有机会知名的著作进行了研究。虽然那些著作并不是精益求精的佳作，但却更能体现那个时代的真实精神。在大革命之前，法国人通过众多公共告示来传达自己的认识和喜好，因此我认真地查阅了当时所有的公共告示，同时我也查阅了各省三级会议与之后的各省议会的会议记录，它们给了我许多的启示。我还专门研究了1789年三个等级所写的多达数卷的陈情书。这些陈情书是历史上十分珍贵的资料，它不仅是法国旧制度的临终嘱托，也是它的最高希望的表现，反映出它真实的最终想法。然而所有这些资料，仍然不能让我感到满足。

各种思想、希冀、苦痛、利益、激情，如果发生在行政机关强大的国家之中的话，它们显现出自己的面目在政府面前不过是早一些或晚一些时候的问题。要想让人们对这个国家的统治方法有一个精准的理解，并且能使人很快就掌握这个国家的全部情况，其实查询一个国家的政府档案就可以了。即使是一个外国人把现在内政部和各省档案中的秘密文件看完，那他也立即就能比我们更了解自己。政府档案的读者会发现，在18世纪中，政府权力的集中化程度相当高，并且有着巨大的能量，它无时无刻不在赞助、阻止、批准某些活动，其活跃的程度让人瞠目结舌。它做了大量的承诺，也付出了大量的努力。它以五花八门的方式发挥着自己的影响力，它不仅仅操纵了国家的政策，也影响了每个家庭，甚至每个人的私人生活。然而，它又足够低调，以至于人们在它前面暴露自己最私密的缺憾时并没有任何的担忧。所以，我耗费了相当长的时间来研究巴黎和其他几个省保留下来的档案。

与我所设想的一样，饱含着思想、激情、歧视、实践的，依旧鲜活的旧制度，被我在那里发现了。其中的所有人讲话都是自由地运用自己的方式，并将他们最私密的想法暴露出来。在这里，我看到了同时期其他人从没有看到过的资料，所以我也发现了他们所没能发现的关于旧社会的诸多理念。

伴随着这次研究的不断深入，我吃惊地发现今天法国许多十分明显的特点竟然在过去的法国十分常见。我经常能够感受到当今社会在古老的土壤中的基础根系。在这其中有许多感情我原本以为从大革命时期开始发源，有许多思想和习惯我一直认为只可能从大革命时期开始萌发。在我的眼中，时间越靠近1789年，那种产生大革命的精神是怎么形成、发生并壮大的就越清晰，整场革命的全部情景在我的眼前逐渐显现。大革命爆发前的种种关系已经表明了它的倾向和特点，甚至可以说这就是革命本身。大革命被分为两个完全不同的阶段，在第一阶段，法国人貌似要将过去的一切全部摧毁。然而在第二阶段，他们又将一些原本被抛弃的东西再次拾起。我在这里不仅发现了大革命在它最初的阶段中所发生的各种行为的理由，更找到了他的长期目标的源头。在1789年，旧制度的大量法律和政治习惯突然消失得无影无踪，然而几年后却又重新出现，这种情况就像是一些河流突然隐没在地底，却在不远的地方再度出现，让人们在新的河岸看到的仍是原来的河流。

我写给大家这本书的目的，就是要说清楚为什么这场几乎在整个欧洲同时萌发的大革命在法国爆发，而不是其他的国家，为什么它似乎就是从那个它将要毁灭的社会中诞生的，为什么旧的君主制度会那样完全彻底而又突然的倒塌。

就我的意愿来说，我并不打算结束我正在写的这本书。在充足的时间和精力的支配下，我本打算继续追踪、观察那些不久之前还和我在旧制度下亲密相处、由旧制度打造出的法国人，经历这场长时间的革命的跌宕起伏，伴随着各种历史事件而变化、改变，然而他们的实质却没有任何的变化。虽然他们总是以各种不同的面貌再次出现在我们的面前，但始终可以让人认出他的真实情况。

在最开始，我与他们一道经历的1789年的初期阶段。当时他们不仅想要建立民主的体制，还要建立自由的体制；不仅想要毁灭旧的特权，还要确立新的神圣权利。他们的心中全都是对平等和自由的热爱。尽管它有着很多的错误，但人们依然要永远地纪念那个时代，因为那是一个年轻、热情、骄傲、慷慨而又真挚的时代，它还将在未来很长的时间内，让所有企图控制或奴役别人的人夜不能寐。

我想在简单分析这场大革命的发展过程时，向人们说明原来那些法国人由于什么事情、什么错误、什么决策，最终导致他们放弃了自己最开始的目标，不再寻求自由，而一心想成为世界霸主的平等的奴隶。一个比大革命所推翻的政权更加强大和专制的政权，是怎样再次将权力夺走并将所有的权力集中起来，用那些只有表象的自由代替那些以巨大代价换来的自由的。这个政权在选举人既不知道真相又不能一起讨论，也没有选择的权力的时候，是怎样把选举人的选举权吹嘘为人民主权的。它又怎样把议会的顺从和屈服吹嘘为表决捐税权的。在同一时刻，它还将国民的自治权取消，将权利的各种保障取消，将思想、言论、出版的自由取消，将这些1789年取得的最为珍贵和圣洁的果实取消，但它竟然依旧以这些伟大的自由的名义来自我吹嘘。

在我写到大革命大概完成了它的目标，新的社会已经诞生之后，我开始对这个社会自身进行研究，我想要分辨出它与之前的社会在哪些地方相同，哪些地方不同，我们在这场巨大的变革中失去了哪些，又收获了哪些，然后通过这些，我想要对我们的未来进行一下预测。

我的第二本书已经写出了一部分尚不成熟的书稿，还不能将它出版给公众。我自己也无法确定是不是还有精力去把它写完，但谁知道呢？相比一个民族的命运，个人的命运其实更加难以预测。

尽管我很期望自己能够在写这本书时不带有任何的偏见，但我不能说我没有在创作的过程中饱含激情。事实上，我不能接受一个法国人在谈论他的父辈和他的时代时竟然毫无反应。在研究旧社会各个部分的同时，我也从没有无视新社会的情况。我就像一个企图在每一个坏死的脏器中寻找生命规律的医生一样，既想要弄清楚什么原因让病人死去，也想要知道当年怎样才能让他生存下来。能够画出一幅足够准确又能够教育后人的图画，才是我的目的。所以，当我看到那些如今我们已经基本失去，却又十分有必要拥有的坚强品质，例如那些真正独立的精神、对伟大事物的热爱、对自己和所从事的事业的信仰等，出现在我们的父辈身上时，我就要把他们凸现出来。当我在旧社会的法律、想法和时尚中遇到那些使旧社会走向灭亡，如今却依然使我们备受侵扰的某些错误的踪影时，我也会以同样的方式将它们展示出来，好让人们能够看清它们给我们带来了怎样恶劣的影响，以便他们可以更加深刻地明白，它们依然有可能在我们身上再次出现。

为了达成之前所说的目的，我宣布：我不畏惧因此触犯任何人，不论是一个人，还是一个阶级，不管是当下的舆论，还是过去的记忆，也不在乎他们究竟有多么恐怖。

虽然我常常为我这样的做法而感到抱歉，但从来没有后悔过。我希望因为我的目的是正直而无私的，那些因为我的行为而感到不舒服的人能够原谅我。

也许很多人都会指责我在这本书中传达出了一种对自由的极端热爱，并且是在一个相当不合适的时间。他们希望我能够明白，在现在的法国，没有什么人还在关心自由。

我只希望那些指责我的人能够明白，我并不是从今天才开始对自由热爱，而是已经持续很久。早在二十多年前谈论另一个社会的时候，我就已经一笔一画地写出了现在人们将会看到的内容。

在未来的一片漆黑之中，人们已经能够了解三条显而易见的事实。

第一条，如今世上的所有人都被一股莫名的力量推动着去摧毁贵族制度，它有时温和，有时猛烈，人们只能控制它的力量去减缓它的速度，却无法征服它。

第二条，世界上的各种社会之中，正是那些贵族制度已经不存在或者不能继续存在的社会，摆脱专制政府是最为困难的。

最后，也就是第三条，因为专制制度是各种制度中最能够使上条所说的社会的弊端继续发展的政治体制，所以那些弊端就会朝着他们本有的方向继续发展，最终导致专制制度所产生的不良结果在上条所说的社会之中比任何社会都要更严重。

在这种社会之中的人们，他们藏身于狭隘的个人主义之中，只考虑自己，再也不会考虑种姓、阶级、行业、家庭等因素，他们把全部的心思都用在个人的利益之中，完全丧失了社会公德。因为公民身上那些所有共同的情感、所有相互之间的需要、所有和谐相处的必要、所有一同行动的机会都被专制制度所剥夺。所以专制制度不仅没有阻止这种取向，反而推动了它的发展。正是专制制度就像一堵墙一样，把人们囚禁于自己的个人世界之中。人们本来就有只关心自己的取向，如今专制制度让他们变得彻底孤立。人们彼此之间本来就十分冷淡，如今专制制度让他们冻成冰块。

这个社会中的所有人都充满焦虑，他们害怕社会地位下降。因为没有什么是可以保证稳定不变的，所以他们用尽一切手段使自己的地位变得更高。金钱成为这个社会区分身份高低的主要标准。由于金钱的流动特性，它不断地变换主人，使得个人或家庭的处境和地位不断升高或降低，也正因为如此，几乎所有人都用尽一切手段来省钱和赚钱。这个社会最普遍的精神状态就是用尽一切手段发财的欲望、对商业的迷恋、对物质利益与享受的追逐。这种精神状态很轻易地就在所有的阶级之中弥漫开来，甚至很多原本与它毫无关系的阶级也深陷其中。在不加控制的情况下，一个民族很快就会陷入低沉和堕落。但从本质上说，专制制度是支撑并推动这种精神状态的。因为对专制制度而言，这些消极的精神状态十分有好处，它不仅能够转移人们在公共事务上的注意力，还能使他们在想到革命的一瞬间就浑身发抖。因为只有专制制度才能给他们提供帮助和保护，使他们的贪婪变得无所顾虑，任由人们运用不法的行为来谋取暴利。如果专制制度并不存在，这种精神状态有可能会变得更强烈，但是有了专制制度，这种精神状态就立即支配了所有人的大脑。

与之相对应的是，在这种社会之中，能够与那些社会中本来存在的各种弊端进行斗争的只有自由，这样才能使社会不会滑入谷底。公民因为自己地位的独立性而在孤立的状态下生活，实际上，能够让公民摆脱孤立的状态，让他们接近对方的也只有自由。因为在公共事务之中，人们必须理解对方，说服对方，与其他人和谐的交流，所以实际上只有自由才能让他们逐渐团结起来，让他们感受到温暖；只有自由才能让他们脱离拜金主义和寻常琐事的侵扰，让他们在任何时间都能够感受到祖国就在脚下，祖国高于一切；只有自由才能够使人们在任何时间用汹涌而高尚的情操来替代对幸福生活的沉迷，产生从事比赚钱更有意义的事业的想法，同时创造出知识，使得人们能够知晓和判断人世间的善恶美丑。

一个没有自由的民主社会可能会因为一个普通人的影响而变得强大，也有变得富有、有教养、瑰丽甚至辉煌的可能。品德高尚的个人，家庭的优秀父亲，诚实守信的商人、值得尊敬的富人都会出现，甚至还会有伟大的基督徒出现。然而伟大基督徒的祖国并不在人世之间，在越腐败的社会之中，越糟糕的政府统治下越能看到宗教的光辉，成就伟大的基督徒。要知道伟大的基督徒大多生活在罗马帝国最腐朽没落的年代。但是在这种社会之中，我敢确定，肯定没有伟大的公民存在，特别是属于下层的人民的。并且只要平等和专制制度捆绑在一起，那么道德和思想的社会水平就会不断地下降，对此我深信不疑。

早在20年前，我所思考和表达的就是这些话。从那时起，我就认定世界上任何事情的发生都不会使我改变当时的思想和说法了。每当自由受到人们的欢迎之时，我就表示自己对自由的赞美。每当自由受到人们的毁弃时，我依然坚持对自由的态度。我认为人们不会对这毫无感觉。

除此之外，我希望所有人能够认真思考一下，其实，我与大多数我的反对者在这个问题上的分歧，都比他们感觉的分歧要小得多。假使一个民族有享受自由所需要的品质，然而它的一分子从出生就低贱地认定，自己的自由需要看某个同样的人喜好与否，并不遵守那些他自己亲自参与制定的法律，那这是一个什么样的人呢？我觉得这种人实际上并不存在。其实对于自由是否美好这一点，所有人都没有分歧，即使是独裁者本人也不会否认，但是他认为只有他才拥有享受的权力而已。但是在如何尊重一个人上人们却存在着分歧。所以从严格意义上来说，人们对专制政府的热爱与他们对它的轻视是一致的。但要让我接受这种做法，短时间内是无法做到的。

这次出版的这本书是我花费了大量的工作所取得的成果。这种说法毫无夸张的成分，其中的一些章节看起来很短，但写成却耗费了我一年多的研究时间。关于大量的注释，我本可以将它们放在每页的下面，但我最后还是决定把它放到最后，虽然数量不多，但我还是全部标注了页码。读者可以从这些注释之中发现历史实例和证据。如果有一些读者认为看了这本书有所收获，想要更多的事例，那么我也十分乐意另外提供。

9 译者前言

1793年1月21日，巴黎市中心的革命广场（今协和广场）上，法国国王路易十六被押上高高的断头台。铡刀落下之前，路易十六说出他最后一句话："我是无辜的！我原谅你们，但愿我的血能平息上帝的怒火。"

随后，鲜血四溅，人头落地。民众兴奋地高喊："国家万岁！共和国万岁！"靠前排的几个农妇也放下手中的针线活儿，随其他人欢呼。她们几乎每天都来，砍头的时候看热闹，等待砍头的时候做针线活儿，工作、消遣两不误。

自1789年7月爆发革命以来，这座断头台已经砍掉了太多人的脑袋。当初，路易十六曾亲自参与断头台的设计，命人将铡刀由方形改成三角形，以便斜切，提高杀人效率。他一定想不到，几年后，他会用自己的脖颈来检验这个创意。

处死路易十六之后，断头台的工作更忙了。有人做过统计，在不到50天的时间里，仅巴黎一地就处死了1376人，平均每周196人。断头台效率极高，21名吉伦特派用了30分钟，31名税务官用了35分钟，54名红衫党[1]用了28分钟。令人意外的是，被砍掉脑袋的不仅有政客，还有近万名平民。

革命，似乎从对压迫的反抗，变成了压迫他人；从对自由的追求，变成了对他人自由的剥夺；从理想主义，变成了一场非理性的杀戮，一场暴虐的狂欢。托克维尔这部《旧制度与大革命》，关注的就是这样一段史实。

1　吉伦特、红衫党，都是法国大革命时期的政治派别。——译者注托克维尔指出，大革命之前的旧制度是腐败、堕落的，不得民心，理应崩溃；但大革命也并不像革命者预想的那样美好，它不但没有带领国民走进一个美好的社会，反而点燃了所有人的怒火，使社会进入混乱和倒退。

由于这样一种客观的、不站队的视角，托克维尔对《旧制度与大革命》的命运忧心忡忡："这本书肯定讨不到任何人的喜欢。保皇派不爱看，因为书里描述的旧制度和王室形象很糟糕……革命者也不爱看，因为书中反映的革命是华而不实的。真正爱读这本书的，是热爱并懂得自由的朋友，但这种人屈指可数。"

事实上，托克维尔的估计过于悲观了。《旧制度与大革命》一出版，就受到推崇，并很快流传到德国、英国以及美国。对于整个欧洲历史，这本书有着不可替代的重要作用。

这本书之所以有如此大的影响力，主要是因为科学、严谨的写作方式。托克维尔翻阅了大量历史档案，包括土地清册、赋税账本、地方与中央的奏章、会议纪要等。这使他能够立足于真实的历史，得出客观的结论；而不是从主观倾向出发，去挑选能够印证自己观点的资料。

托克维尔是个学术天才，36 岁即成为法兰西学院院士。但其作品的力量，不仅仅来自天赋。托克维尔出身贵族，经历了五个动荡不安的朝代，出于对国家、民族的责任，他身体力行地参与到政治活动当中，曾官至外交部长。对于政治的切身体会，使其作品具有更扎实的内涵，更大的硬度，能够犀利地穿透历史的迷雾，给现实社会以真正的启迪。

目录
CONTENTS

第一编 ▶

第二编 ▶

第三编 ▶

注释 ▶

附录 ▶

第一编

第一章 ▶

大革命即将爆发时，人们对它的不同观点

最能够让哲学家和政治家们明白什么是低调的就是法国大革命的历史了，原因就是它太伟大、影响太深远、发展太成熟，爆发也太出人意料了，此前从没有一个历史事件像它一样。

即使是天才的弗雷德里希[1]也对这场革命的发生毫无预感。他是大革命的先驱，甚至也可以说他是大革命的代表，然而在大革命到来的过程之中，他并没有认出它的模样。虽然他在这之前就是按照大革命的精神来做事情的，甚至当他已经碰触到了之后，他仍然毫无感觉。也因为大革命拥有一种与历史上曾经发生的许多革命完全不一样的特殊形态，所以在大革命的最开始阶段，人们并没有感觉到它的到来。

然而大革命在法国之外的地方成了极其受关注的事件。虽然没有人能够想象大革命到底是怎样，然而它使得所有国家的人民心中都产生了一种新的世界似乎就要到来的想法，一种改观和提高的模糊希冀。这种模糊的感觉使得人民遇到大革命之后就立刻开始骚乱，但各个国家的国王和官员却缺少这种模糊的感觉。那些国王和官员们认为，革命只是一种每个民族的身体都无法逃避的周期性疾病，它除了能够使邻国的政治发生些新变化之外，不会造成任何影响。即使他们曾经偶然地说出了大革命的真实意义，他们也并非刻意。在 1791 年的

1　指弗雷德里希二世，即腓特烈二世（1712—1786 年），史称腓特烈大帝，普鲁士国王，于 1740—1786 年在位。他是欧洲历史上最伟大的统帅之一，在政治、经济、哲学、法律等诸多方面都颇有成就。——译者注

皮尔尼茨[1]，德意志的各邦国王都齐聚在一起，他们的确宣布法国君主制所面临的危险也同样是欧洲所有的旧政权所要面对的，它们与法国一样的危险。但其实，他们根本没人相信这些话，那时的秘密档案告诉人们，这不过是他们为了掩盖真实目的，费尽心机找到的借口，或者说是在所有人的注视之下来掩饰那些目的而已。

他们认为，法国大革命只是一次不会持续太长的区域性事件，他们只要从中谋取一些利益就可以了。也因此，他们很多国家偷偷进行了商讨和准备，并进行了秘密结盟，不过因为猎物即将到手，他们也发生了争抢，所以他们互相之间既分裂又团结。他们准备充分，但对于将要发生的事情却毫无预料。

英国人清晰地记得自己的历史，他们的政治自由已经施行已久，丰富的阅历和经验使他们得以透过那厚重的帷幕，看到在迅速袭来的大革命的样子。但是他们也没能对它有更清晰的认知，并不知道这场发生在法国的革命将会对世界和英国的命运造成什么样的影响。亚瑟·扬[2]当时就旅居在大革命爆发之前的法国。他认为革命马上就会爆发，不过他一点都不了解革命的意义，甚至认为大革命会增加更多的特权。他曾说："我觉得，如果贵族将从这场革命中获得更多的特权，那么它的失败就比成功更多。"

伯克[3]从法国大革命一开始就对革命充满了仇恨，但在一些时候，他对大革命也没有一个确定的看法。在大革命的最初阶段，他曾经认为，大革命损害法国的国力，甚至可能导致亡国。他曾说："我十分确定，很长一段时间之内法国都会丧失它能征善战的能力，甚至会永远丧失。使法国再度辉煌的那一代人将像古代的人一样说：'相传高卢人在古代曾经以能征善战闻名。'"

对历史事件进行判断时，太近的时间其实并不如远一些的时间让人更准确。

---

1 位于德国东南部萨克森州首府德累斯顿，原为德累斯顿附近一个乡镇，现并为市区之一。1791年8月27日，神圣罗马帝国皇帝、普鲁士国王、后来的法国国王查理十世和萨克森选帝侯一同在皮尔尼茨发表了《皮尔尼茨宣言》，这个宣言一般被看作是对法国大革命的宣战书。——译者注

2 英国经济学家，货币数量论的拥护者。1767年起考察英国、法国等地的农村，根据当地的农业状况写出了一系列的游记，如《爱尔兰游记》（1780）、《法兰西游记》（1792）等。——译者注

3 埃德蒙·伯克，英国辉格党保守派代表人物，英美保守主义的奠基者，1790年发表《对法国大革命的反思》，对法国大革命进行批判。——译者注

在大革命即将爆发的法国，人民缺乏对将要完成的事业的准确认知。在如此大量的陈情书之中，我只发现了两份表达人民恐惧心理的陈情书。而人们所恐惧的也是王权，就是当时的朝廷，能够继续享有那高于一切的特权。三级会议让人感觉过于软弱，而且时间太短。这让人们，尤其是贵族，显得忧心忡忡，开始担忧暴力的出现。大量的陈情书写道："御前侍卫队应该承诺，即使是在发生骚乱或者暴动的情况下，也绝不将枪口瞄准人民。"实际上，只要三级会议能够自由进行，所有的缺陷就都会被清除。虽然到时候会有大量的改革工作要做，但是想完成它们并不算太难。

不过，法国革命是按照自己的路线进行发展的。恶魔的头颅逐渐显现，开始展示出它那古怪又可怕的面容。大革命将政治机构摧毁了，又将民事机构摧毁了，将法律改变了，也把风俗改变了，甚至把语言都改变了。它将政权摧毁，将社会改变，看起来最终会去改变上帝一样。这场大革命很快就用那些从没有被人所知晓的手段、新的策略和极端的规则，也就是被皮特[1]称为武装的舆论的东西，冲出了国界。这个强大的国家竟然打破了各个帝国的阻挠，将所有的皇冠打碎，将所有的民族奴役，但令人感到奇怪的是，这些民族竟然被它拉拢了过去！人们的观念在这一切发生之后，开始出现转变。原来被欧洲各国的国王和官员们认为是各个民族中司空见惯的事情变成了一种全新的事物，它甚至与以往世界上发生的所有事情都相冲突，可它却弥漫各处，是那么让人恐惧又让人难以琢磨，当人类面对这种情况时，所有人的大脑都是一片空白。

有些人认为，人类没有办法抵挡这股从未有过的能量，它似乎是自己出现并且永远存在的，绝对不会自己停下来，人类社会最终将被它带入彻底的崩溃之中。更多的人认为，大革命就是恶魔在人世间的再次出现。1797 年时，德·梅兹特尔先生[2]就曾说："法国革命带有恶魔的特征。"恰恰相反的是，还有另外的一些人从大革命中发现了上帝的教诲。它要做的不仅是给予法国一个新的面孔，也要重新塑造这个世界，甚至可以说是要创造一种新的人类。与过去赛

1 小威廉·皮特，与其父亲威廉·皮特同名，二人是英国历史上著名的父子首相。曾组织反法联盟与拿破仑作战。——译者注

2 法国贵族，政治家、哲学家，保守主义极右翼，代表封建贵族利益，坚决反对大革命。——译者注

尔韦[1]遇到野蛮部落一样，当时的不少作家都有这种充满宗教感的恐惧。伯克还进一步解释了自己的想法，大喊道："法国并不是只失去了旧政府，几乎可以说是失去了所有的政府。如果说法国肯定会变成人类的灾难和恐惧，倒不如说它差不多是他人眼中屈辱和可怜的象征。然而，一个丑陋又巨大，人类难以想象的可怕怪兽已经从这座被杀害的君主制的墓穴中爬出来。它不怕任何的威胁，没有任何的悔恨，朝着目标直奔过去。原本的一切规则和一切正常的手段都被它抛弃，任何不希望他存在的人都会被它所打败。"

当时人们所感受到的法国革命真的那样特殊吗？真的有他们所说的那么不同寻常、那样将所有事情改变、有那么强烈的改变冲动吗？这场如此奇怪又恐怖的革命的真正意图是什么？它的真正特点又是什么？它的深层影响又是什么？具体有什么东西被它摧毁了，又有什么被它创造了呢？

如今我们所处的具体环境正好可以使我们能够很好地观察和评价这场伟大的革命，研究和讨论那些问题的时刻已经到来。我们距离大革命已经有很长一段时间，那些让所有大革命的参与者疯狂的激情已经很难再感受到了。同时我们距离大革命也很近，现在我们还能够进入指导大革命的精神之中去搞清它。因为伟大的革命如果取得成功的话，那么那些促使革命爆发的原因就会被消灭，所以用不了多久，想要这样就会变得十分困难，也正是因为自身的成功，革命才会变得无法被理解。

1　历史学家，虔诚的基督教徒。——译者注

第二章 ▶
以前人们所认为的，摧毁宗教特权和削弱贵族特权是大革命的基本与最后追求并不正确

对教会的攻击是法国革命最早采取的举动之一，反宗教的激情也是在大革命所产生的激情中最早被点燃，也是最后被熄灭的。甚至在人们已经不得不忍受奴役来保证自己的安全，已经对自由毫无热情的时候，人们依然在反抗着宗教的权威。拿破仑有足够的能力来控制法国革命中所存在的自由因素，却对他的反基督教因素无能为力。直到现在我们也经常会发现一些人依旧如此。他们为了补偿自己当年不敢反抗政府小属员所造成的错误，便选择了对上帝的不尊重。尽管大革命中最自由、最高尚、最骄傲的所有东西都被他们所遗弃，但是因为依然不相信上帝，却让他们宣称自己是忠诚于大革命的精神。

但现在人们很容易就可以弄清楚，与宗教的斗争不过是这场伟大的革命中的一部分而已，是大革命的形态中一个明显却并不持久的特点。与其说它是大革命自有的属性，倒不如说它只是使革命萌发并在早期表现出来的那些思想、感情和一些事件的短暂创造。

18 世纪的哲学带有很强烈的反宗教性质，因此将它视为革命的一个主要原因是十分有理由的。但是如果你认真阅读那些哲学著作，你就会发现它实际上存在两个截然不同的部分。

关于社会地位、民事和政治的法律准则中所有新的或改良过的观点都在其中一部分出现，比如说人人生而平等，所以应当将种姓、阶级、职业的一切特权废除，主权应当由人民享有，民主权利不可侵犯，法律制度应当规范统一……这些观点可以说既是法国革命的原因，又是法国革命的目的。它们是大革

命最基本的成果，从时间上来说，也是大革命最经得住考验的真实成果。

而与教会的对立构成了18世纪哲学家的另一部分观点。为了彻底地摧毁教会，他们试图将教会的基础消灭，为此，他们抨击教士、教会等级、教会机构，甚至教义。不过18世纪哲学的这部分观点在这场革命被摧毁的各种现实之中产生，也一定会和这些现实一同消亡，就像是因为大革命的最终胜利它才被埋葬一样。因为我还会在其他章节讨论这个重要的问题，但为了让我的想法能够更明白易懂，我就再说一句：基督教引来了如此强烈敌意的原因，是因为它是一种政治制度而不是因为它是一种宗教教义；是因为他们在人间担任着地主、领主、征税者、官员的职务，而不是因为教士们任命自己来管理死后的一切；是因为在正被摧毁的旧社会中，它享受最多的特权、占据最有势力的位置，而不是教会不能够在即将建立的新社会中占有一席之地。

可以预料到，随着时间向前发展，一个事实已经被证实了，并且每一天每一秒都在证明这个事实：旧制度在大革命的攻击之下已经被彻底地摧毁，被大革命所敌视的各种权力、思想、阶级也被完全征服，不可能再次出现了，包括曾经被它所引发的仇恨，也作为失败的最后标志逐渐消散。大革命的成果越来越牢固，它的反宗教行动也将停止。在最后的阶段，教士与那些和他们一起倒塌的东西隔离开的时候，人们就会发现宗教的力量在人们的思想中逐渐得到了恢复，而且愈发稳定。

在法国革命结束之后，欧洲的基督教会都重新开始兴盛，并不是只有法国出现了这种现象。

认为民主社会一定与宗教相对立的想法是完全错误的。因为基督教[1]甚至天主教中，都不存在与民主社会的精神完全对立的东西，甚至存在诸多对民主社会十分有利的因素。并且，以前的各个时期的历史告诉我们，在人们心底那些生命力旺盛的宗教天性并不曾离去，那些已经消失的宗教依然活在人们的心中。然而令人感到吃惊的是，那些喜欢遵从人民意愿的各种制度，最终却习惯让宗教远离人们的精神思想。

对于社会权利来说，我对宗教的这些观点更适合它。

1　在中国，基督教既是特指基督新教，又是对天主教、东正教、新教等其他源于天主教教派的总称。具体含义需要按照语境具体分析，此处基督教与天主教相区别，特指新教。——译者注

当时维持着社会等级制度和限制人的所有机构和风俗都被大革命一扫而光，使得看到这些的人们以为，大革命最终不仅会将个别的社会秩序摧毁，也会将所有的社会制度摧毁，不仅会将某一个政府摧毁，也会将整个社会权利摧毁。他们因此得出结论，无政府主义是法国革命各种表现的本质。然而我确定他们只看到了事情的最表面。

大革命爆发后不到一年，米拉博[1]曾私信国王，他说："请陛下将如今的情况与旧的制度进行比较，您就可以从中得到安慰并获得希望。在国民议会中的一些法令，而且是最重要的那些法令，比如取消高等法院、取消省三级会议，取消教士、特权阶级和贵族集团等，十分明显是有利于君主制度的。这些都并不容易，却实现了。表面的平等更有利于权力的执行，所以黎塞留[2]会对建立一个单独的公民阶级的想法感到兴奋。革命在一年之中对国王权威的增加，比许多年来的专制政府的努力效果要好得多。"这就是当时有能力领导法国大革命的人理解的大革命。

法国革命所追求的，不只是要改变旧的政府机构，它还要摧毁旧的社会结构。所以，它一定要攻击现存的一切权力，摧毁众人知晓的一切势力，丢弃原有的传统，改变习俗，扫清人们大脑之中被长期培养出来的奴化思想。正是这些使法国革命显示出了独特的无政府主义的特征。

但是清除掉这些被摧毁的瓦砾，一个巨大的中央政权就出现了。它把原本分散在大量下层权力机关、等级、阶级、职业、家庭和个人，也就是分散在整个社会的所有分散的权力和影响，全部聚拢过去，熔化为这个新整体的一部分。从罗马帝国灭亡以后，还不曾有过一个类似这样的国家出现。大革命创造了这个新的政权，或者更应该说，这个新政权是在大革命造成的废墟之中自行生成的。虽然大革命所建立的政权不堪一击，但是仍比它摧毁的所有政权都牢固得多。也正是出于相同的理由，它同时显得不堪一击和强大非凡，之后我会单独进行讨论。

---

1 法国政治家，早年多次被监禁，后长期发表小册子攻击法国旧制度。1789 年当选为三级会议第三等级代表，成为大革命初期的核心人物。但后来秘密接受法国国王大笔酬金，与国王保持通信。——译者注

2 法国红衣主教，路易十三时期首相，在任期间采取各项措施加强中央集权，被后人称为法国历史上最伟大、最具谋略、也最无情的政治家。——译者注

穿过即将倒塌的旧制度的灰尘，米拉博已经看到了它单纯、正式、巨大的形态。虽然它足够巨大，然而却并没有被当时的人民所发现，然而随着时间的流逝，一切都逐渐显现出来。不管是大革命精神所培育的人民，还是那些与大革命并无联系、甚至完全对立的人都对此十分赞赏。当今各个国家的国王尤其关注于此，他们欣赏并且羡慕这次伟大的革命。几乎所有人都在自己的范围之内努力废除豁免权和其它特权。他们使不同的等级进行融合，使不同的社会地位渐趋平等，用官员代替贵族，用法律制度代替地方特权，用统一的政府机构代替杂乱的权力部门。他们勤勤恳恳地完成着革命的使命。如果遇到什么阻碍的话，他们大多会参考法国革命的各种措施和准则。在需要的时候，他们甚至会煽动穷人去反抗富人，煽动平民去反抗贵族，煽动农民去反抗地主。法国革命使他们遭受了灾难，也让他们学会了很多。

第三章 ▶

为什么大革命用宗教革命的形式展开，它又是如何进行的

以往所有的国内革命和政治革命都会被控制在一个国家的区域之内，然而法国革命却并没有局限于自己的领地。而且可以说，它所产生的影响将旧的国家边境线从地图上擦掉了。它超越了普通的国家概念，使得人们互相靠近或远离，并不论那些人的法律、传统、性格和语言是什么样。它让朋友变成了敌人，让兄弟变成了陌生人。可以说，形成了一个思想上的共同祖国，各个国家的人民都是它的成员。

除了在一些宗教革命中可以找到这种类型的革命，你查遍所有的历史书籍，也不会发现另一个与法国革命具有相同特征的政治革命。如果你试图用类比法来阐述观点，那么将法国革命和宗教革命进行类比是十分必要的。

正如席勒[1]在他所著的《三十年战争史》[2] 中所说的，原本缺乏了解的各国人民在16世纪伟大的宗教改革影响下，一瞬间就向一起靠近，再经过新的共同的宗教信仰，他们十分稳固地团结起来了。现实也确实如此，在法国人相互内战的时候，英国人过来帮忙了。那些出生在波罗的海最深处的人竟然跑到德国的内部，来保护那些之前毫无联系的德国人。因为领土问题被各种原则问题取代了，所有的对外战争都开始带有内战性质，而所有的内战也开始都有外国的参与。各民族只关心他们的新利益，旧的利益再也没人会多看一眼。当时的政

1　德国18世纪著名诗人、剧作家、学者，德国启蒙运动代表人物。——译者注

2　三十年战争从1618年开始，到1648年结束，是由神圣罗马帝国的内战演变而成的众多欧洲国家参与的大规模国际战争。此书成书于1791年至1793年，主要内容为此次战争情况。——译者注

治家们还会吃惊地发现，所有的外交政策都相互纠缠、杂乱不清，让他们抓狂不止。这也就是欧洲在1789年之后所出现的情况。

所以可以说，法国革命虽然实质上是一场政治革命，但却是以宗教革命的方法，并披着宗教革命的外衣进行的。我们可以看看它与宗教革命有哪些相同的特点。与宗教革命一样，它传播广泛，并且也是以同样的预言和宣讲的形式被人们所接受。实际上这场政治革命充满了人们宣讲的热情，他们不仅在国内完成革命时充满激情，在向国外宣讲时也带着同样的激情。大家可以想象这是怎样的一幅画面！这可以说是法国革命展示给世界那些从未见到的东西中最令人惊奇的了。不过我们也不应停留于此，而应当继续深入地讨论、研究类似的结果是不是都出于类似的隐秘原因。

宗教常见的特点就是并不注意一个国家的法律、风俗和传统在人们的共同本质上施加了什么，而只考虑人本身。宗教的主要意图是调节人类与上帝之间的关系，同时调节人们之间的权利与义务，而在这时它从不考虑社会的形态。宗教要求的行为准则主要包含父子、主仆、邻居等，而不是局限于某一个国家某一个时期的人。因为宗教是从人的本质出发的，所以它能够在全世界被所有人接受。也正因为如此，宗教革命很少像政治革命那样只在一个国家或一个民族中发生，而通常会在更宽广的领域内发生。如果能够更深入地调查这个问题，我们会发现，不论法律、气候、民族有什么不同，一个宗教越是具有我所说的这些抽象但普遍的特点，就越能得到更广泛的传播。

古希腊和罗马时代的异教多少都和他们自己国家的政治体制或社会形势有关，某个民族而且常常是某个城市的形象经常出现在它们的教义之中，这使得异教很少能够超出一个国家的范围，就是局限于此。虽然很难看到异教传教的热情，但它有时却会导致不宽容和宗教迫害。也因为这些原因，西方世界在基督教到来之前，从没有经过大规模的宗教革命。也没有遇到太多的困难，基督教就穿过了那些限制异教的阻碍，得以在一个相当短的时间内征服绝大部分人。基督教能够获得胜利的部分原因是，在摆脱某个国家、某个民族、某种政府、某类社会、某个时代所独有的特点方面上，基督教比异教要好得多。我并不觉得这种说法是对这神圣宗教的不尊重。

法国革命是关于现实世界的，而宗教革命则是关于死后的世界，但法国革命的发展正是参照了宗教革命的方法。法国革命和宗教革命一样，都越过具体的社会形态，抽象的看待人民，把人当作普遍化的、不因为国家和时间的变化而改变的人。它并不局限于研究法国公民的特殊权利有什么，而是研究人类政治上共同的权利和义务。

在社会问题与政府问题中，法国革命总是追求更具普遍性或者说是更根本的东西。法国革命不仅能够获得所有人的理解，也能够在各地被他人所模仿，正是基于这个原因。

法国革命并不局限于在法国进行变革，而似乎是想改变人类的面貌，这使得它产生了一种在它之前最激烈的政治革命也未能产生的激情。大革命唤醒了人们传播信仰的激情，开始了一次次宣讲运动。也因此，最后使它附着了宗教革命的性质，也许应该说，大革命已经成为一种新的宗教。虽然它显得并不完善，没有上帝，没有弥撒，也没有死后的生活，但它却像伊斯兰教一样，它的士兵、传教者、受难者已经遍布世界各处，让当时的人们感到惊慌失措。

但是，我们依然不能认为，法国革命所采取的措施和宣传的思想都是全新的，是在历史上无法找到的。因为在每个世纪，甚至是中世纪的高潮时期，都存在着这种宣传者，他们引用人类社会的共同准则来改变具体的风俗，用人类的自然权利来对抗本国的政府。然而，所有的尝试都以失败告终，18 世纪时可以点燃整个欧洲的火把在 15 世纪的时候，被人毫不费力地熄灭了。人们的地位、风俗、习惯必须具备足够的改变，为这种观念在人们脑中扎根做出充足的准备，这样才能让这种观念变成革命。

在某些时期，任何人之间都存在着巨大的差异，他们甚至会难以接受那些广泛适用的准则。而在另一些时期，人们只要模糊地看到某一个准则的轮廓，就马上会把它认出来，并疯狂地追求。

法国革命采取了各种措施，开创了各种观点，然而这并不是最重要的。如此多的民族能够达到这样的程度，十分有效地采取那些措施，并轻松地接受了那些观念，更让人觉得伟大而新鲜。

第四章▶

为什么几乎整个欧洲的制度完全一样，又为什么它们全部濒临倒塌

将罗马帝国摧毁并成功地建立近代国家的那些民族，除了都比较野蛮之外，在民族、国家、语言等各个方面都完全不同。从它们驻扎在原来罗马帝国的土地开始，相当长的一段时间之内，他们相互杀戮，造成大量的混乱。当终于能够安定下来的时候，他们发现自己已经被自己所创造的大量废墟隔离开了。文明已经被完全摧毁，完全不存在公共秩序，人们之间的关系变得十分恶劣。巨大的欧洲社会破碎成为数百个完全不同、相对对立、相互隔绝的小社会。但在这种破碎的混乱中，竟突然出现了统一的律法。

这些律法并没有模仿罗马法（注释详见第162页），而是完全与罗马法相对立的。人们只有借助罗马法才能将它们改造和废止。它们以一种与人类之前创立的法律完全不同的特殊形象出现。它们相互之间合适地对应，一起组成了一个严谨程度不逊于现代法律条目的整体。这种深奥的法律被应用于仍很野蛮的社会之中。

我并不想讨论这种法律是如何出现、传播，并最终扩散到整个欧洲的。但我十分确定，在中世纪的时候，这种法律就已经开始出现在欧洲的各个地方，而且在不少国家之中，它挤掉了其他的法律，占据了支配地位。

我曾研究了中世纪时英、法、德等国的政治制度。研究进入一定程度之后，我惊奇地发现，尽管这些民族差异明显，极少融合，他们法律的相似程度却十分惊人。虽然由于地理位置的不同，这些法律在细微之处不断变化，并出现了永久的变化，然而它们的根基是一样的。当我从德国的古代法律中看到某些政

治制度、规定、权力的时候，我就已经可以预见到，如果继续进行研究，就能够在英国和法国的法律中找到具有完全相同本质的东西，事实也确实如此。英国、法国、德国三个国家，只要将其中一个研究透彻，其余两个就比较容易明白。

这三个国家的政府都按照同样的规则办事；三个国家的议会都由同样的阶级组成，并享受同样的权力；三个国家的社会也被同样划分为不同的阶级，在不同的阶级中也出现了同样的等级制度；贵族享有同样的地位，同样的特权，同样的状态、同样的天资。三个国家没有任何的区别，在各个部分都完全一致。

各国在城市的各个方面十分相似，农村也按照相同的方式进行治理。农民的处境也是相同的，土地所有、占用、耕作的方式相同，耕作的人承担的义务也是相同的。从波兰的边境到爱尔兰海，宗主领地、宗主法庭、食邑、征收租金的耕地、徭役、封建义务、行业协会，诸如此类的一切都十分相似，甚至有时连名字都一样。而实际上这些相似的制度，都出自同一种思想，这应当更加引人注目。尽管现代文明努力找寻途径，穿越层层阻碍，但完全可以认为，14世纪的欧洲，在社会、政权、行政、法律、经济、文化制度中存在的相似性比现在的这些制度具有的相似性大得多。

我只是想说明，到18世纪的时候，欧洲的政治体制已经到达崩溃的边缘，并没有打算告诉大家欧洲旧的政治体制（注释详见第163页）是怎样逐渐走向衰败的。总体上说，这种衰败在欧洲大陆的东部不太明显，在西部比较明显。但是在所有的地方都能够发现旧的政治体制已经僵化，甚至衰败。

从当时的档案中，我们可以找到中世纪各种制度逐渐衰败的证明。当时的领地都有被称为“土地赋税记录”的登记簿，每个世纪的食邑和征收租税土地的边界、拖欠的土地租金、徭役情况和当地的习惯都会在上面标注。我曾看到14世纪的土地赋税记录，它们上面标注得都十分清晰、有序、准确，可以说是很优秀的成果。然而伴随着知识的增加，距离我们的时代越近的土地赋税记录反而越来越模糊、混乱，内容缺失。让人感觉公民社会变得文明的时候，政治社会也就陷入了粗野之中。

在德国，欧洲的旧政体远比在法国更有原始特征，但即便是在德国，这制度的一部分也在许多地方被摧毁。相比较研究失去的部分，研究幸存下来那部分的情况，更能够明白时间的破坏力。

由于城市自治制度的存在（注释详见第164页），德国的主要城市早在13和14世纪就已经成为单独的富裕而文明的小共和国，甚至一直延续到18世纪。不过现在这些城市也只是名义上如此而已，表面上看，它们的各种措施依然在实行，比如他们设置的政府官员仍然叫原来的名字，看上去也在管理原来的事情。然而积极、强健的对于这个城市的爱国主义和自治市制度所唤醒的坚强而又无穷的精神却早已不见踪影。这些旧制度看上去以原来的面貌直接坍塌于自己的身躯之上了。

衰败和无力是所有存在于今天的中世纪权力的通病。甚至一些原本并不属于中世纪制度的东西，在进入之后也被染上了明显的迹象，随后就迅速失去了生命力。在这种情况下，贵族阶级都患上了老年衰弱症。政治自由在中世纪十分普遍，但是现在只要依然有中世纪的各种特性，那它就会患上不育症。省议会丝毫没有改变它原本的政治形式，然而看上去，省议会和新的时代精神完全无法相容，如今它们妨碍了文明的发展，对其不会有任何的帮助。与此同时，百姓的内心也开始倾向于国王，而远离省议会。这些制度的历史不仅没能使它们获得尊重，反而因为它们的老化使得它们的名声越来越糟糕。令人不解的是，随着它们的衰败，它们所造成的危害也越来越小，但对他们的仇恨却越来越大了。有一位德国作家生活在旧制度之中并支持旧制度，他曾说："现在世上的东西已经把人们伤透了，在一些时候甚至让人唾弃。但奇怪的是，现在所有人都对过去的东西保持着轻视，甚至在家庭之中那些新观念也开始出现，并将家庭的秩序破坏了，即使是家庭妇女们也不想再忍受那些旧家具了。"但是，与法国一样，这个时期的德国社会十分繁荣，发展迅速。但有一点需要特别关注，这是最为关键的一点，即所有生存着、运动着、生产着的事物都重新的起源，而这个起源，不仅是新的，而是完全相反的。

这个起源就是王权，然而它与中世纪时期的王权完全不同，它有不一样的特权，有不一样的地位，有不一样的精神，也唤醒了不一样的情愫。中央政权从地方权力的瓦砾上建立，并向四周扩展。这扩展的就是官员等级制度，它在日后逐渐替代了贵族的统治。这些新权力涉及了中世纪时期人们无法设想的那种社会形态，并且按照中世纪时期无法知晓也不会接受的标准和办法来处理事务。

虽然在开始的时候，人们觉得在英国依然保留着欧洲的旧制度，但英国的形势实际上和我之前所说的相同。如果你不去注意那些旧的名称和形式，你就会发现，实际上从17世纪以后，封建制度已经基本被摧毁了。各个阶层相互融合，贵族阶级基本消失，贵族统治完全放开，金钱成为一种力量，在法律面前人人平等，人们平等的缴纳税赋，出版自由，公开辩论自由，这些新的准则都并不存在于中世纪社会之中。但这些新鲜事物却极其巧妙的逐渐进入了那古老的身体之中，在保持了古老的外壳的同时，向其中注入了活力，使它重新获得了生机，避免了崩溃。虽然在它的内部仍然像供品一样保有一些中世纪的残留，但可以说，17世纪的英国实际上早已经是一个彻底的现代国家了。

研究法国之外的情况对理解下面的内容十分有帮助，所以我再次作了简单的叙述。我认为这是十分必要的，我认为如果一个人只研究和调查法国自己，那他就永远也不可能弄清楚法国革命。

第五章▶

法国革命取得了什么独有的成就

之前的所有内容不过是为了表现我们的主要问题，来帮我们解决最开始曾提出的问题。也就是，大革命的真实意图是什么？它自身究竟有何种特征？它为什么偏偏要以这种形式发生，它又取得了什么成就？

与人们传闻的不同，大革命的意图并不是为了摧毁宗教的权威，不管它披着怎样的外衣，它的本质，依然是一场政治革命。它并不想在政治制度中维持混乱，并没有像它的一位主要反对者所描述的那样要维持混乱，让无政府状态更规范，而是想要提高社会权威的势力和权力。与另一些人所设想的也不一样，它并不想将我们所有文明具有的特征改变，不想妨碍文明的前进，实质上也没有将维系我们西方社会的根本法律改变。如果只研究大革命自身，而不去管那些发生在不同时间不同国家使大革命的情况发生短暂改变的全部偶然性事件，我们就可以十分清晰地意识到，大革命的目的就是，将许多世纪以来统治欧洲的绝大多数人，习惯上被叫作封建制的政治制度摧毁，用另一种更加和谐、简单，以身份平等为基础的社会政治秩序将其替代。

由于这陈旧的制度差不多与欧洲所有的宗教准则和政治法律杂糅在了一起，这些制度还衍生出一系列思想、感情、习惯、道德等附加物，而这些足够产生一场大规模的革命了。想要将这些全部摧毁并从社会的躯干之中将与各个器官相连的部位去除的话，一场令人恐惧的暴乱几乎是必需的。因为这次革命要摧毁的东西涉及所有，或者说是与所有都有联系，所以它看上去要摧毁一切，这就让这次大革命愈加的伟大。

表面看来，大革命先进的程度，简直无与伦比，但实际上它带来的新鲜的东西却比人们通常所感觉的要少很多。我会在之后的部分对这个问题进行详述。更为准确的说法是，大革命将过去社会中贵族制和封建制所滋生的所有、和它保持任何联系的所有、甚至仅有贵族制和封建制最轻微的特征的所有，都完全毁灭了，因为它还在持续，也可以说是正在毁灭着。只有那些旧制度始终无法相融合或完全与旧制度无关的事物才被大革命从旧社会中得以保留。它绝对不是偶然发生的。虽然它让整个世界陷入慌乱，但它也不过是一项长期任务的终结，是十代人的努力意外而又猛烈的结束。即便没有发生法国大革命，那些陈旧的社会建筑也一样会倒塌，只不过它会逐渐的倒塌，不会在刹那之间倒塌，但也不过是这个地方早点，那个地方晚点罢了。大革命通过一系列痛苦的震荡，以一种直接、全面、无所畏惧的方式，在突然之间就将那个需要自己长时间分毫积累才能完成的任务达成了。这就是大革命的成就。

然而令人震惊的是，那时无数的聪明人一直无法摸清这些现在看起来如此清楚的事情，他们的大脑总是一片混乱。

那位伯克先生就曾经对法国人说："为什么你们一定要用新办法来纠正你们政府的缺陷呢？为什么不能去将你们曾经的特权恢复，按照你们以前的传统行事呢？如果你们没有办法将你们祖先的制度中缺失的部分恢复的话，为什么你们不去学习我们英国呢？你们将会在英国发现过去欧洲共同的制度。"大革命正是要摧毁过去欧洲共同的制度，然而伯克对于这些眼皮底下的事实毫无感觉。他并不知道这才是问题的关键，而不是其他的什么。

这场革命在所有的地方萌发并危及所有的地方，但它为什么不是在其他国家爆发，而是在法国呢？为什么在其他国家，只出现了它在法国出现的一小部分特征，或者干脆没有出现呢？第二个问题是一个很值得思考的问题，以下各编的主要内容就将研究这一问题。

第二编

第一章 ▶ 为什么法国人比其他国家的人民更加痛恨封建特权

这件事说起来让人难以置信，虽然大革命的独特目的是要摧毁中世纪的残留制度，然而革命却不是在保留了最多中世纪制度并使百姓最为痛苦的地方爆发出来的。实际上完全相反，在那些制度的羁绊并不算严重的地方，反而让人更难以忍耐，革命正是在那些旧制度不太明显的地方爆发的。

在18世纪后期，农奴制度还没有在德国境内的任何地方被彻底取消，大多数地区的农民仍像中世纪时期一样，被牢固地拴在封建领地之上。真正的农奴差不多是弗雷德里希二世和玛丽娅·特里萨[1]部队的全部组成部分。

1788年德国的大部分联邦中，农民离开领主的领地都是不允许的，擅自离开的话，就会被立即通缉，然后强制带回原籍。在领地之上，农民受到星期日法庭的约束，个人生活也受到监管。一旦饮酒过量，便会受到惩处。

农民只能保持低下的社会地位，并不得改变自己所从事的职业。甚至他是否可以结婚，也仰仗于他的主人是否愿意。为主人从事徭役占据了他绝大部分的时间。在年轻的时候，他必须在领地之中当许多年的仆人。为领主服徭役仍然是固定的规则，在一些联邦中，一个星期竟然要每周服三天的徭役。无论是领主房屋的修建和维护，还是领地中出产的运输和销售，甚至是送达信件的任务，都由农民从事。农奴也可以变成土地的所有者，但是他绝不会有完整的所有权。土地的耕作对农民来说从头至尾都是强制的，他要根据领主的意图来决

1　奥地利女大公，匈牙利和波西米亚女王，哈布斯堡王朝最杰出的女政治家，在任期间实行开明的君主专制，为奥地利成为现代国家奠定了基础。——译者注

定自己土地中作物的选择，在一些时候，领主会逼他卖出某些作物，而另一些时候，领主又会阻止他卖出。而且他也没有权利按照自己的想法来买卖和抵押土地，甚至他的财产也并不是全部由他的子孙继承，领主仍要占据其中一部分。

因为在大革命刚开始的时候，由伟大的弗雷德里希草拟，他的继任者颁布的法典（注释详见第 165 页）之中就有这样的规定，所以我甚至不需要在过去的法典之中去搜寻相关的条目。

然而在法国很早就不存在这样的事情，法国的农民可以自由的流动，买卖、管理、种植自己的土地。只有在东部一两个被占据的省份才能看到农奴制最后的一点踪影，其他的地方早就毫无印记。甚至由于年代久远，人们都忘记了废除农奴制的年代。现在的调查发现，诺曼底地区从 13 世纪就已经将农奴制废除。

不过还有另外一场关系人民社会地位的革命在法国爆发。农民不再仅仅是农奴，而是已经成为土地的所有者。这一现实情况在如今仍然没有获得足够的阐释，然而它有着相当深厚的影响，我必须在此停留，对其加以详述。

很长时间以来，人们认为从大革命时期开始的土地所有权的分割，是大革命所形成的。但这种证据却可以告诉我们，事实完全相反。

最少在大革命爆发前 20 年，就有一部分农业协会曾抱怨过土地的过度分割问题。在当时，蒂尔葛[1]曾说：“遗产分割使得原本能够维持一家人生活的土地被五六个子女分割。之后这些子女和他们的家庭注定是没有办法完全靠这些土地维持生计的。”几年之后，内科尔[2]也提到法国农村有众多的小地产主存在。

我找到了一份大革命爆发前一些年时发给总督的密报，并在其中发现了这样的话：“人们正在用一种平等又让人忧虑的办法进行遗产的分配，所有人都想在各个地方占有一些，也正因为如此，土地被一块块的永远地拆分，并且继续不停的拆分。”这难道不像是现在的人所说的话吗？

我曾为了修复原来旧体制下的土地赋税记录制度耗费了众多的努力，在一些时候我获得了成功。1790 年的土地税法规定，各个教区都应该将当地现存的

1　法国经济学家，路易十六执政时期曾任财政总监。——译者注

2　生于瑞士日内瓦，15 岁开始定居法国，从事银行业，后数次出任路易十六财政总监，主张温和改革。退隐后，写作《法国大革命》等书。——译者注

土地产权清单上报。虽然大部分的清单都已经丢失，然而我依然发现了一些村庄的清单，在拿它与我们现在的名册进行对比之后，我发现这些村庄中，地产主的人数足有现在数量的一半，甚至经常有三分之二多。如果考虑到从那时起法国总人口增长了四分之一多，那么地产主数量迅猛的增长速度是非常让人震惊的。

对土地的占有欲使农民充满了激情，过去的农民与现在的农民对土地产权的热情完全一样，都是在最高点。当时有一位杰出的旁观者指出："由于所有的人都希望成为地产主，导致土地总是能够以超出其价值的价格卖出。在法国，不管下层阶级将毕生的存款借给了个人还是投资于基金，他的目的都是为了购买土地。"

在亚瑟·扬第一次旅居法国时，他发现了许多新鲜的事情，其中大量土地在农民中的分割是最令他感到诧异的。据他估计农民应该占据了法国一半的土地。他经常说："我绝不会想到会出现这种情况。"的确，除了法国和它邻近的地区，哪儿也不会出现这种情况。

拥有土地产权的农民在英国也曾经出现过，但数量很少。日耳曼人在古老的风俗之中，就包含着农民土地产权的特别的又通常十分奇怪的法律，这导致德国在所有时间的所有地方都有一些自由的农民（注释详见第 169 页），他们拥有土地的完全所有权。然而这种土地产权一直都是例外情况，小地产主的数量极少。

18 世纪末，在德国的一些地区，大部分属于莱茵河流域，他们最早受到法国革命的影响，一直保持着活力。在这里，农民成为土地的所有者，他们也获得了和法国农民类似的自由。与之相对的，在那些相当长时间内没有受到任何革命影响的德国地区，就没有出现相同的改变。这是十分值得关注的一点。

土地的分割比大革命早得多，因此承认法国土地产权的分割是从大革命开始的，是对流行的错误看法的苟同。大革命之中确实出售了教会的所有土地和贵族的大多数土地，但只要你有我查阅资料的耐心，查阅一下当时的土地买卖记录的话，你就会发现，这些土地大多是被已经拥有其他土地的人买下了。所以，虽然土地的产权确实发生了变化，但土地产权拥有者的数量其实远比人们认为的要增加的少（注释详见第 169 页）。用内科尔那习惯性夸大但这时却十分精确的话来说——当时的法国已经有许多的土地产权所有者存在了。

分割土地并不是大革命造成的结果，而短时间内将土地释放出来才是。由于在土地的经营之中，无法解除必须承担的众多徭役负担，所有的小地产主都感到十分的苦恼。

不过他们不能忍耐这些负担的原因，并不仅仅因为这些负担十分的沉重，更是因为这些负担本可以被减轻。与欧洲其他地方的农民不同，这里的农民已经不再受领主的束缚。可以说这是另一次革命，其伟大程度堪与把农民变成土地所有者相媲美。

我们每天都能碰见出生于旧制度体系之下的人，所以可以说旧的制度距离我们并不遥远，然而旧制度本身却似乎已经在历史的黑夜中消失了。这场革命是如此彻底地把我们与旧制度分隔开来，让人感觉已经是好几世纪以前的事情一样，即使那些没有被它摧毁的部分也已经晦暗难明。以至于在今天，几乎没有人能够准确地回答出“1789 年之前农村是怎样进行管理的”这个简单的问题。当然，若想精确详细地分析这一问题，除了研究书本以外还需要仔细地研究那个时期的政府档案。

经常有这样一种说法，贵族虽然在很长一段时间内没有继续参加整个国家的管理，但农民依然由领主统治，农村的全部行政权力依然由他们掌握。事实上，这是一种完全错误的观点。

18 世纪时，所有教区的事情都由官员进行处理，这些官员有一部分由这个省的总督委任，另一部分由当地农民自行推选，他们不再是领地的代表，也不再由领主挑选。而正是这样的权力机构，承担着分配赋税，修葺教堂、建造学校，召集并召开教区会议的任务。它们监督着公共财产的使用，对各项支出都有着要求，并用公共组织的身份来提案和维护公诉。领主们从管理地方琐事的事务中抽离出来，就连监督它的执行也不是他们的事。

与我将在下一章中所讲的一样，教区的所有官员都从属于政府或者被中央政府控制。基本上来说，领主已经不再是教区中国王的代表了，也不再是国王和臣民中间的联系人了。国家正式的法律在教区执行，领主也不再负责召集民兵、征收赋税、公布国王命令、分配救灾物资等事务。这些权利和义务被其他人所占据了。实际上，领主只是一个居民而已，相比其他居民，虽然地位不同，但权力却是一样的，只不过享有免税权和其他特权罢了。总督们在给下属写信时，会特别加上这样的字样“领主不过是有点优先权的居民而已。”

如果你到更大范围的区去考察，仍会看到同样的情况。贵族作为一个集体已经不再进行管理了，但作为个人是例外。不过在当时，这是法国独有的现象。在其余的所有地方，依然部分保留着将土地和居民合一统治的陈旧封建社会的特征。

在英国，主要的土地所有者经营和管理着农村。在德国那些国王可以不受贵族对国家事务控制的联邦，就像普鲁士和奥地利，贵族依然享有大多数农村的管理权。即使在一些国王已经足够强大，完全可以支配领主的地方，国王也没有替代领主的职能。

其实，除了司法权这点之外，法国贵族很早就不再涉及国家的政治运作。贵族中的精英们依然想要维护自己的权利，他们要求法国用他们的名义判决一些诉讼，同时在自己的领地范围之中经常颁布安全条例。然而国王的权力已经开始慢慢限制和消除领地的司法权，使它从属于王权。因此即使是那些依然在执行司法权的领主也并不再把它当作一种权力，反而将它当作一笔收入。

几乎所有由贵族享有的特权都是这样，其中的政治成分已经消亡，只剩下了金钱的成分，并且有时候这部分还会迅速扩大。

在这里，因为只有那些还没有失去作用的特权，也就是货真价实的封建特权和人民有着最紧密的联系，所以我打算只探究这些特权。

因为那些特权数量很多、名目繁杂，而且许多已经消失或转变了，而那些对当时人就十分含糊的名词，对于现在的我们显得更加的晦涩，所以现在我们很难说清楚在 1789 年究竟有哪些特权。但通过我们仔细翻阅 18 世纪研究封建法律的专家的作品，并耐心地考察了地方的风俗之后，我们发现仍然存在的权利都可以简单地分为少数几种主要类型，其余的所有权利作为个别特殊情况也依然存在着。

各地基本已经看不到为领主服徭役的事情了。虽然大部分地区的道路通行费已经变得很低或干脆被取消了，不过依然有少数几个省份仍然征收好几种道路通行费。在所有的省份，领主都在征收集市税和市场税。同时众所周知，在法国任何地方，领主都享有独有的狩猎权。正常情况下，只有领主会修建鸽舍和拥有鸽子。几乎所有地方的领主都会逼迫当地的居民为他在磨坊里磨面，用榨汁机帮他榨葡萄。当时还征收一种十分严苛的税种即土地转让税，在领地范围内买卖土地时，必须每次向领主缴纳。最后，在整个领地范围中的所有土地，都必须承担年贡、地租和金银或实物税，所有这些赋税都由地产主交给领主，不得赎买这些权利。通过所有这些名目，这些特权多少都与土地或它的出产有关，并且无一例外地损害种植者的利益，是我们可以发现的相同特征。

广为人知的是，尽管教会与封建制度起源不同，目的不同，性质也不相同，然而它却和封建制度联系紧密。虽然它并没有完全与那个无关的东西相融合，但也像镶嵌进去一样，进入了其内部，因而教会同样获得了领主的特权。

所以，主教、议事司铎、修道院长都根据教职获得了食邑或者征收年贡的土地。修道院通常在所处的地区还拥有一个村庄作为领地。修道院还在法国唯一允许农奴的地区占有着农奴，同时征用徭役，征收集市税和市场税（注释详见第170页），居民交税之后才能使用他的烤炉、磨坊、榨汁机和耕牛。同时，与整个基督教世界一样，法国的教士也有征收什一税的权力。

不过我在这里最需要指出的是，在当时欧洲的所有地区都存在着相同的、完全一致的封建权利。并且在欧洲的大多数地区，它们都比法国更加沉重。我以领地的徭役为例。徭役在法国是很难见到并且比较轻微的，然而在德国却普遍存在并十分沉重。

另外还有那些封建制度衍生的特权，都曾经使我们的父辈进行了最猛烈的反抗，它们不仅被认为与正义相悖，而且同样有悖于文明。诸如什一税、不允许转让的地租、终身租税、土地转让税，在18世纪它们被略带夸张的称为土地奴役。然而当时，所有这些负担都在当时的英国部分存在，甚至直到现在还有好几种可以见到。它们并没有对英国拥有世界上最发达、最富裕的农业造成阻碍，而且英国人似乎并没有感受到它的存在。

究竟是什么原因使得相同的封建特权让法国人产生了那样汹涌的仇恨，甚至等到仇恨的目标被消灭之后都没能减少那种激情，一直难以熄灭呢？这种状态产生的原因，其一是法国农民已经转化为土地的所有者，其二则是法国农民已经彻底摆脱了领主的控制。当然肯定还有其他原因的存在，但我认为主要原因就是这些。

如果土地并不属于农民，那么他们就不会关心封建制度强行绑定在土地之上的各种负担。如果承包土地的不是他，什一税和他又有什么关系呢？他可以从租金的收入中缴纳什一税。如果土地的所有者不是他，土地租金又和他有什么关系呢？如果他是帮别人在经营，那在经营中出现的各种剥削又和他有什么关系呢？

在另一方面，法国的农民如果仍然受领主管理的话，他们就不会感觉封建特权无法忍受，因为这只是国家制度的必然结果而已。

在贵族不只是享有特权，也占据政权管理事务的时候，他们实际上拥有更多的个人权利，然而却没有引起人们的注意。在封建社会，人们认为要想获得贵族提供的保障，接受贵族附加的要求也是必需的。虽然贵族拥有令人痛苦的特权，享受着使人难以接受的权利，但他们也维护着社会的秩序，维持正义，执行法律，救灾济贫，解决公共事务。这种看待贵族的方式与现在我们看待政府十分相似。但当贵族不再承担那些事务的时候，贵族的特权就显得愈发沉重，甚至人们开始怀疑贵族的存在是否合理。

请你想象 18 世纪的法国农民，因为法国的农民其实一直没有什么变化，即使他的地位变了，他的性格也没有改变，所以也可以想象你们熟悉的农民。来看我的例证资料中所描绘的农民：他对土地有着疯狂的爱，不惜任何代价，将毕生的存款都用来购买土地。为了获得土地，他首先需要缴纳税款，但并不是缴纳给政府，而是缴纳给和他一样与政府没有任何关系，也和他一样没有任何职位的附近的地产主。在最后，他得到了一块土地，他把所有的心血都与种子一起融进土壤里。在无尽的旷野中，他有了属于自己的一小块土地，骄傲和独立的感觉占满了他的内心。可在这时，那些邻近的人却又把他从自己的土地上带走，强迫他去其他地方为他们免费劳动。当他想守护自己的庄稼不被他们的猎物践踏的时候，也被那些人所阻止。那些人还在河流的渡口看守着，他如果想通过就必须缴纳通行税。当他去市场时，他们依然会出现在那里，只有他交钱之后才能去出售自己生产的粮食。回到家以后，他想吃掉剩下的麦子，这毕竟是他种出来并看着成长的，但他却只能去那帮人的磨坊里去磨面，用那帮人的炉子烤面包。他那块小土地上的一些收成又变成了那帮人的租金，而且这些租金既不能赎买，也没有时间限制。

不论他要做什么，这些讨厌的邻居们都会给他制造障碍，破坏他的快乐，影响他的工作，剥削他的出产。当他终于摆脱了这些人之后，却又出现了另外一批穿着黑色袍子的人，将他们的绝大多数收成抢走了。希望你能够想象这位农民的情况、需要、特点、情绪，同时如果可以的话，再计算一下农民的心里积聚了多少憎恨和嫉妒。

作为政治制度而言，封建制度已经消亡了，不过它依然是最庞大的民事制度（注释详见第170页）。正如人们说的那样，毁灭了中世纪制度的一部分，剩下的那部分就让人讨厌得要命。所以虽然它控制的领域变小了，但它所引起的憎恶却更大了。

第二章 ▶
中央集权制并不是像传说中那样是大革命和帝国的功劳，而只是旧体制的一种

在以前法国还有政治议会的时候，我曾听到一位演说家是这样说中央集权制的，他说："这是被整个欧洲所羡慕的法国大革命的辉煌功绩。"虽然我同意中央集权制是一个伟大的功绩，我也接受欧洲都在羡慕我们的看法，但是我也坚信这并不是大革命所取得的功绩。事实上恰恰相反，这是旧制度的衍生物，说得更深入一些，这其实正是在大革命结束之后旧制度在政治体制中唯一保留下来的部分，其原因就是只有这一部分可以适应大革命建立的新社会。仔细阅读这一章的读者可能会发现，我对我的这个观点已经作出了相当充足的证明了。

请让我暂时不去理会那些叫做三级会议省，也就是自治省，或者说是貌似部分自治的省，将其先搁置一旁。

各个三级会议省都位于这个王国的边远地带，人口也只有法国总人口的四分之一，并且这些省之中，只有两个省拥有真正有生命力的省自治权。我计划以后再讨论三级会议省，我会详述中央政府要求这些省份听从共同规章制度的强制力有多么强大。

我在这部分只打算讨论当时的官方术语称为财政区省的地方，虽然它们的选举要比其他的部分少，但巴黎的周边都是财政区，它们结合起来，组成了全法国的中心和精华。

粗看之下，这个王国的旧行政制度会让人觉得法令和权力部分五花八门，各种权力之间相互交错。政府机构和官员出现在法国的各个角落，它们相互独立，没有依赖关系，它们凭借自己买来的权利去参加了政府，任何人也不能将

这种权利抢走。他们相互之间的权力划分混乱又近似，促使他们在相同事务范围内互相倾轧和发生冲突。

法院有权在它的辖区内制定强制性行政条例，也就是间接拥有立法权。法庭在一些时候会抵制政府，严厉地指责政府的措施，并直接指挥政府官员。城市和乡镇的治安条例都由在当地居住的普通法官制定。

城市的体系种类繁多。城市的行政官员名称不同，权力的来源也不同：一些城市叫市长，一些叫行政长官，还有一些叫行会理事；有些是国王指派的，有些是以前的领主或拥有食邑的王爷指认的，有一些则是当地居民选举出来担任一年，还有一些人的永久统治权则是花钱买来。

虽然这些都是旧体制的遗留，不过一种相对较新和被改造的东西却慢慢地从这些遗留的问题中被建立起来了。我们会在以后加以详述。

在国王权力的中心位置，接近国王地位的地方，出现了一个掌握特殊权力的政府机构，也就是御前会议，经过新的途径，一切权力都在此汇聚。

御前会议本身是从古时候演变而来的，不过它的大多数职能都是最近出现的。因为它有权否决所有普通法院的判决，所以可以说它是最高法院。因为从根本上说，所有的特别管辖权均从这里出现的，所以它也是高级的行政法庭。它根据君主的意志拥有立法权，讨论并提案大多数法律，确定和分配赋税，所以可以当作是议会。它制定出指导政府官员行为的总章程，决定所有的重大事务，监督下级政府，所以它又是国家的最高行政机关。虽然整个国家都从它这里开始运转，所有的事务最终也都由它决定，但实际上御前会议并没有管辖权。国王自己作出决定，而御前会议更像是颁布那些决定。御前会议看上去有司法权，但高等法院在建议书中曾说过，它其实拥有许多意见提供者而已。

御前会议的组成人员并不是大领主，而是那些出身普通甚至低下的人、有过总督任职经验的人和其他有真实经验的人组成的。其中的所有成员都可以被撤职替换。

一般来说，御前会议都是悄无声息、低调地采取行动，它也一直有权保持低调。因此它本身也就显得黯淡无光，不过说它是被掩盖在旁边王权的光芒之中更为合适。御前会议就是这样强大到涉及所有，同时又低调到几乎被历史所忽视。

总监是管理着国家所有行政事务的机构的头头，当然，他也统管着这一机构自身的大小事宜。在这些事情上，总监这个职务可谓一枝独大。

如果你仔细查阅旧社会的历史记录，就会发现每个省都有十分特别的大臣，然而通过研究档案记录的行政机构，也马上就会发现，省里的大臣极少有机会担任要职。总监慢慢将所有与金钱有关的事务都划归自己的职权范围，也基本就是法国全部的公共管理，他总揽了日常的国家事务。总监不停地变换着财政大臣、内政大臣、工程大臣、商务大臣等不同的角色。

在首都巴黎，其实只有单独的一位中央政府的代理人，在各个省份也和它一样，都只有单独的一位代理人。大领主是封建旧的封建王权的代表，通常他们是世袭的。在 18 世纪，我们还经常发现一些大领主可以身兼省长这样的职位。人们依然给予他们一些名誉职位，但他们已经没有任何的权力了。实际上的全部统治权都集中在总督的手中。

总督出身平凡，都十分年轻，虽然与外省没有任何联系，但希望能够加官晋爵。他是政府从行政法院的属员中挑选出来的，其权力并非靠选举、出身和买卖而来，可以随时被撤换掉。因为他从行政法院中脱离出来，又代表着行政法院，所以他按照当年的行政术语被叫作“特派专员”。行政法院所拥有的一切权力他也基本上同样拥有，他从最开始的审判中，就开始运用自己的所有权力。和行政法院相同，他也既是行政官员，又是法官。总督要与所有的大臣保持信件联络，他是中央政府在外省所有意图的唯一代理人。

在他的控制下，还有设置在各个县中，由他委任，也可以由他随时撤换的行政官员，被称为总督代理。通常总督都是新贵族，但总督代理则一直都是普通平民。不过在他的职责区域内，和总督在这个财政区一样，他也代表着政府。总督归大臣节制，他则归总督管辖。

在德尔让松伯爵的《回忆录》中，曾记录约翰·劳[1]在某一天对他说的话：“我永远没办法相信我在担任财政总监时看见的那些事情。你必须清楚，法国竟然是被三十个总督统治的。不是最高法院，不是三级会议，不是省长，而是这三十个在各个省份任职的行政法院官员掌握了各个省份的命运。”

1　18 世纪英国银行家和经济学家，被认为是金融和纸币之父，曾担任法国财政总监，后由于滥发纸币导致法国出现巨大危机，被迫流亡。——译者注

虽然总督的权力很大，他们的势力已经延伸得很广，但他们相比封建旧贵族的残余却相形见绌，似乎在旧贵族的光芒中消失了，也因此，那个时代的人们想看见总督并不容易。相对于总督们，在社会上，贵族更加优越，他们享有地位、财富和尊重，那是一种和旧事物相关的尊重。在政府中，贵族围绕着国王组成了宫廷，贵族还统领海军和陆军。总之，贵族不单在那个时代是众人关注的焦点，甚至连后世的子孙也常常关注着他们。如果有人敢提名大领主去担任总督，那就是对大领主的侮辱，要知道，即使最窘迫的贵族也对担任总督表示出轻蔑。在贵族们的眼中，总督只是一个典型的越权者，是资产阶级和农民们放在政府中担任职务的一帮菜鸟，不过是一帮不值一提的小人物罢了。不过，像约翰·劳说的和我们看到的那样，这些人统治着法国。

我们先探讨一下捐税权，因为可以说捐税权包含了其他的所有权利。

众所周知，捐税中有一部分是包税。这些税由御前会议与金融公司商谈，约定合同的各个条目，规定税收的征收办法。而其他的税种，例如兵役税、人头税和二十分之一税，都由中央政府官员直接核准和征收，也有时是在他们极其严格的监督下进行的。

每一年，御前会议都会召开一次秘密会议，来确定兵役税和各种附带的税收的总数和各省的摊派数。这使得直接征收的税每年都增长不少，但在征税之前人们却获取不到任何消息。

兵役税是一个很有历史的税种，在以前，确定征税的基数和具体的征税工作都是交给地方官员处理，因为他们手中的权力是依靠出身、选举或者买官获得的，所以他们对于政府多少有一定的独立性。他们大多是领主、教区征税官、法国财务官、财政区直接税和间接税征收官。这些地位很高的人在18世纪也仍然存在，不过其中一些已经完全不理会兵役税，即使理会的那些人也只是将它摆在一个不重要或者附属的位置上。其实在这点上，总督和总督代理依然掌握着所有的权力，只有他才有权在教区之间分派兵役税，指挥和监管征税官，允许缓征和免征税款。

还有一些刚刚出现，类似人头税的税种，政府可以不被其他的统治阶层所影响，自己解决这个问题，免于为了那些旧权力的残余而绞尽脑汁了。每项税收的总缴纳金额由御前会议、总监和总督决定。现在我们把问题从钱转向人。

大革命及其之后的时间里，法国人十分顺从地忍受着兵役的限制。很多人经常对此感到惊讶，但我们需要牢记的是，法国人很久以来就已经完全屈服于这种制度了。兵役制之前是自卫队，虽然征收的人数少一些，但实际的负担要更沉重。有些时候人们只能用抽签的方式决定农村青年的入伍问题，再从他们之中选择一些士兵来组成自卫军团，有六年的服役期。

旧的封建政权都无法管理现代制度的自卫队，所以中央政府的代理人受到委托来负责它的所有事务。御前会议将总的征兵数额和各省的分配名额确定，总督将各个教区的征兵名额确定，然后总督代理进行抽签，决定免除兵役的比例，并划定哪些自卫军可以在家中驻扎，哪些需要赶赴他地，并将这些需要赶赴他地的自卫军转交给军事部门。而且只有总督和御前会议有免征的权力。

同样，除三级会议省外，也可以说所有的公共工程，即使是那些有着最为特殊的任务的公共工程，其决定和领导者也是中央政府的代理人。

类似领主、财政局、路政官等独立的地方机构依然存在，它们也可以为这些部分的公共事务作出贡献。但是只要随便翻阅一下当时的政府档案就会发现，那些古老的权力在各个地区都极少有所作为，甚至毫无作为。当时所有的大路，包括从一个城市通往另一个城市的公路，都是由大量的捐款作为基础进行开拓和养护的。御前会议制订了计划并将管辖权确定。总督指挥工程师设计，总督代理召集役夫进行劳动。只有乡村的小路留给了地方的旧政权进行管理，但那些小路从那时候开始就没有办法通行了。

与现在一样，中央政府在公共工程上的重要代理人是桥梁公路工程局。虽然年代不一样，但在这个地方所有的东西都令人惊奇地一致。当时的桥梁公路工程局有一个委员会和一所学校，有每年走遍法国的督察员，有住在现场，按照督察员指挥，领导整个工程的工程师。旧社会的组织被移进了新社会，它们的数量远远超过了人们的想象。在转换过程之中，尽管原有的形式得以保留，但它们的名字却大多失去了。像桥梁公路工程局这样，名字和形式都得以保留的情况是相当少见的。

各省的治安也由中央政府的代理人负责进行维护。骑警队分成一个个小队，分散到整个王国，使得各地都受到总督的控制。依靠这些警察，必要时需要使用军队，使得总督能够应对突发情况，将流民抓获，将乞丐镇压，把因为粮食不断涨价而引发的暴乱平复。被统治的人再也没有以过去的那种召唤方式被喊过去，协助政府完成前面所说的任务。不过在城市中除外，一般那里会有治安警察，他们由总督挑选人手，任命警官。

司法机构有拟定治安条例的权力，也经常会使用这个权力。不过这些条例只能在部分地区实施，并且大多数时间是在一个单独的地方实施。御前会议有权随时废止这些条例，而且当涉及下级的管辖权问题时，它经常这样做。御前会议自己则整天忙于制定那些适用于整个王国的普遍条例，或者处理与法院制定的条例内容不相符的事情，以及处理与法院制定的条例内容相同但法院判决不同的事务。这些条例，或者用当时人们的说法，这些御前会议判决数量十分巨大，并随着时间越来越接近大革命，它的数量一直都在增长。在大革命之前的40年中，不管是社会经济还是政治机构，任何方面都需要御前会议进行裁定。

在过去的封建社会之中，领主虽然享有很多权利，但他也肩负着众多的责任。他需要救济他领地中的穷人。我们可以从1795年的普鲁士法典中验证这个古老的欧洲法律，它在其中规定："领主应当监督贫困农民接受教育。在可能的范围之内，让属民中无土地之人获取谋生的办法。当他们中有人过于贫困，领主有救济他的义务。"

在法国，早已不存在类似的法律了。领主被剥夺了过去的权利，他们也因此摆脱了过去的义务。他的责任没有被任何的地方政府、议会、省或者教区联合会替换。法律再也没有将照管农村贫民的义务交由任何人，而中央政府独自肩负起救助贫民的任务。

根据税收的总体状态，御前会议会每年向各省拨放一定的资金，然后总督再把这笔资金分给各个教区用于救灾工作。在闹灾荒之时，由总督负责向百姓发放小麦和米粮的工作。那些穷苦的农民只能向总督乞求。每年，御前会议都会做出决议，在它指定的一些地方建立慈善工厂，最贫困的农民可以在那里工作，来换取些许的工钱。很明显，一项救济事业（注释详见第171页）从这样遥远的地方做出决议，基本上是盲目而冲动的，永远不可能满足百姓的需求。

中央政府也没有只是救助贫困中的农民，还向他们传授致富的办法来帮助他们，甚至在必要时会强迫他们变得富裕。也因此，中央政府通过总督和总督代理经常会发放一些关于农业技术的小手册，创办农业协会，发放奖金，斥巨资创办育苗基地，并将其生产的种苗发放给农民。实际上，如果中央政府能够减轻当时农业上的各种负担，限制负担之间的不公平的话，会取得更好的效果。然而十分明显，中央政府从没有这样考虑过。

有时御前会议并不考虑一个人是不是想赚钱（注释详见第 172 页），就企图强迫人民赚钱。当时出现了众多法令，它们强令手工业者使用特定的方法来生产某些产品，而且由于总督没有办法监督这些规定的执行情况，还出现了专门的工业总监察，由他们在各省进行监控。

有时候在它宣布不适宜的土地上种植某种作物，也会被御前会议所禁止。它们有时候的判决甚至会要求人们将在它认为劣质的土地上种植的葡萄拔除。由此可见，政府已经从统治者变为看守者了。

第三章 ▶

如今所说的政府管理监督也是旧制度的一种体系

城市自治在封建制度崩溃后的法国依然存在。当农村已经不再由领主统治时，城市依旧有着自治权。在17世纪末期，这种其行政首长由所有公民自由选举产生，并对全体公民负责，公共生活繁荣，城市为自己的权利感到自豪，非常珍惜自己自治地位的自治城市依然存在，依然构成了许多小型的民主共和国。

从1692年开始，普选制度被第一次取消。从此，国王将在各个城市，将永久统治别人的权力出售给某些居民，城市的各个职务都可以购买（注释详见第173页）。

因为法官的独立是优良司法的首要条件，所以如果这事只关系到法官时，卖官通常是有好处的。但因为行政上需要的是责任心、顺从和热情，所以如果这事关系到行政，那卖官却注定是有害的。因此可以说，这种制度把人民的幸福和城市的自由一同毁灭了。过去的君主制政府十分清楚这些，所以他们十分小心，避免自己使用这种强行套在城市上的制度，总督和总督代理的位置从不出卖。

让人永远鄙视的是，在没有任何政治企图的情况下，这场伟大的革命就完成了。路易十一限制的城市自治的原因是，他害怕城市自治的民主性。而路易十四的原因实际上是将城市自治权卖给所有能够赎买的城市，并不是因为害怕摧毁城市自治。他并未打算废除城市自治，而只是打算用它做交易而已。即使他从事实上废除了城市自治，那也并不是他的真实意图，而只不过是出于财政考虑的暂时对策。但十分奇怪的是，这个暂时政策竟然毫无改动地延续了80

年。他在这期间，曾 7 次向城市出售选举城市官员的权力。在城市重新感觉到选举的好处时，再将这种权力收回，使其可以再次出售。这种做法的企图一直都是如此，对此人们也毫无隐瞒。在 1722 年国王命令的前言中说："财政的需求强迫我们必须找到减轻财政负担的最保险的方式。"这个方式确实很保险，但是它却给了负担这项奇怪税种的人毁灭性的打击。在一位总督 1764 年写给财政总监的信件中，他写道："我惊呆于这些年为赎买城市职务而交纳金钱的数额。这笔财政收入本应该用在为城市谋取福利的有益事业之中，但现实却完全相反，城市只是感觉到了政府的欺侮和那些官员享受的各种特权。"我认为整个旧制度之中，也不会有比它更无耻地表现了。

正如之前所说，不论城市政权的根基是怎样变化的，每个城市都有旧体制的残余得以保留，并且按照各自的方式运行着，所以现在要想准确地表述 18 世纪城市管理的实际情况十分困难。在法国，或许并没有两座一模一样的城市存在，但是这种差异性却使得错觉出现了，而这种错觉掩盖了相似性。

因为政府在 1764 年试图制定一部普遍适用的城市管理规章，所以各省总督都要根据各个城市在当时的管理办法写成奏章。我找到了一些关于这次调查的资料，在查阅之后，我可以肯定差不多所有城市的管理办法都是一样的。虽然表面上存在差异，在本质上它们完全一样。其中，常见到的管理办法是将城市政府交由两个大会。所有的大城市和绝大多数小城市都是这样做的。

第一个大会是城市的权力执行机构，当时被人们称为城市政府，它由城市官员组成，根据城市的规模来设定人员的数额。在国王允许选举或者城市能够购买职位时，它的成员由选举产生，并行使临时的权力。当国王收回职务并将其出售时，他们就会通过经济手段来永远担任职务。不过随着城市政权逐步从属于中央政府，这个职位作为商品日渐贬值，所以这种情况并不多见。城市官员在任何情况下都没有薪水，但是他们享有免税权和其他特权。行政权属于集体所有，而且其中并无地位高低。行政官也不可以单独领导和管理城市政务。市长是市政府的主席，但并不是城市的行政官。

第二个大会叫做全民大会，在实行选举的地区，它负责在各个城市选举城市政府，并继续参与重要政务。在 15 世纪，全民大会基本由全体公民组成。曾有一份调查文件认为，这种习惯与我们祖先的公民特性相一致。当时由全体公民选举城市官员，而这些官员要不时地咨询公民的意见，并向他们汇报工作。直到17世纪末期，仍然会偶尔实行这种办法。

到18世纪，全民大会已经不再由公民全体组成了。代议制似乎一直是全民大会的实行方式。但必须注意的是，全民大会不再由公民选举产生，也不再咨询公民意见。全民大会基本都是由权贵们担任，所有人都履行着由那个特殊的小社会给予的强制委托权。他们其中有一部分是因为特殊的地位而参加，还有一部分是被行业协会或社团指派参加。

时间逐渐流逝，在全民大会中，权贵的人数大增，而行会的代表却越来越少，甚至到消失。全民大会中只剩下社团代表，那就意味着，大会只容纳资产阶级，而基本不再接纳手工业者。并不像人们以为的那样，人们依然相信那表面的自治，事实上，当时各个地区的人就像在一个房子中生活的外人一样，不再关心城市的政务了。政府官员曾多次尝试，试图激发出曾使人们在中世纪成就了众多奇迹的城市爱国主义，但都没有任何的收获，人们毫无兴趣。即使是那些看上去十分重要的城市利益，他们也无动于衷。在那些依然保持着自由选择虚假外壳的地区，让人们去投票的话，他们只会选择弃权。在历史上这种事情并不少见，从奥古斯都[1]开始，差不多所有摧毁了自由的君主都曾经在最开始时依然保持自由的外表。他们自认为通过这种方式可以让专职力量能给予的各种方便和大众接受的道德力量结合在一起，但无一例外，这种尝试全都失败了。因为人们很快就会发现真相，在长时间里维持那些没有实际内容的假象不可能成功。

所以，从18世纪开始，小型的寡头政治成为各个城市的政府的组织形式。整个法国的行政制度都患上了这种毛病，一些家族用自己的想法垄断了这个城市的所有政务，他们躲避公众的监督，并且对公众毫不负责。所有的总督也都发现了这个毛病，然而让地方的权力集中于中央政府是他们唯一想到的对策。

尽管经常有许多的命令要改革所有城市的政治制度（注释详见第173页），而且各个城市自己的法律也经常被御前会议那些还没有颁布的法规所否决，这些规定往往并没有进行前期调查，甚至有时候连城市居民都想不到，而只是按照

1　原名盖乌斯·屋大维，凯撒养子，罗马帝国首任皇帝。——译者注

总督的建议拟定的，但是想要改变这一切却相当不容易。曾有一个城市就遭到了类似判决的冲击，这个城市的居民说："这项法规震惊了城市中的所有等级，没有人想到会有这样的法规。"

如果没有得到按照总督报告而颁布的御前会议的决议，任何城市都不得设置进城关卡，不得征收赋税，不能抵押、买卖、租赁城市财产，不能打官司，不能管理、使用城市收入中剩余的部分。市政工程也必须按照御前会议决定的计划和预算施工。工程的招标也必须在总督和总督代理的监督下进行，而且基本都是由中央的工程师和建筑师来指挥工程建设。这些会让那些认为法国一切都很新鲜的人感到震惊。

但实际上中央政府的权力比它的利益要多得多，对城市的控制比这项决议规定的范围也要宽广得多。

我在 18 世纪中期财政总监写给各省总督的一份公文中，找到了这样一段话："城市会议中的一切事务，你们都要特别关注。你们要提交最为精准的报告，把会议中的各项决议和你们的见解一起、快些寄给我。"

我们也可以从总督和总督代理之间的信件中，发现实际上政府事无巨细地掌控着城市的所有事务。任何事务都要征求总督的意见，他对任何事情都有准确的意见。他甚至还掌控庆祝节日的事宜。有些时候，总督还会主持民众的庆祝活动，由他命令灯火的点燃，来照亮房屋。曾经有一位资产者社团成员因为缺席了演唱赞美诗，而被总督罚款 20 里弗尔[1]。

所以，城市官员都感觉到了自己地位低微。他们当中曾经有人向总督写信说："阁下，我们十分恭敬地请求您给予我们仁爱和保护。为了不辜负您的厚爱，我们会听从您的所有命令。"还有一些公然声称自己为本城贵族的人写道："阁下，我们从没有反对过您的意见。"

资产阶级企图控制政府，人民企图获取自由，他们就以这样的方式作出了准备。

城市与中央如此亲密，这样就能够维持自己的财政了吗？事实并不是这样。曾有人说，如果没有中央集权制，城市会迅速消亡，我对此不敢轻易发表意见。

1　法国古代货币重量单位，一里弗尔等于一磅白银，1795 年停止使用，被法郎代替。——译者注

但我对一点却十分确定，那就是在18世纪，中央集权制也没能阻止城市走向消亡。当时的所有的政治历史都充斥着混乱的市政管理。

如果我们从城市走到农村，那我们会遇到不一样的权力以不同的形式出现，但一样的是，它们都从属于中央政权（注释详见第174页）。

很多资料都证明，在中世纪时期，每个村庄的居民都曾经组成了一个与领主不同的集体组织。虽然领主利用、监督、统治这些集体，但它们依然自己选举领导人，通过民主的方式管理自己的事务，拥有属于自己产权的一些财产。

所有经过封建制度的国家和有过这类法律残骸的国家，都可以找到这种悠久的教区制度。在英国，随处都可以发现其踪迹。在德国，直到60年前它还十分流行。如果你读过伟大的弗雷德里希法典，就会相信这事实。在法国，18世纪时也有很多它的残留存在。

我第一次在一个总督辖区的档案中研究旧制度下教区的情况时，我被深深地震惊了。我发现在这样贫穷，受奴役如此之深的地方，居然具备了大量美国农村集体的特征，我曾错误地认为这是新社会特有的表现。这两者都没有常见的代议制，都没有严格意义上的政府组织，都是在社区领导下，由官员进行管理的。二者还都经常举行全体会议，开会时由所有聚在一起的居民选出的官员来裁决重要事项。总体上，二者十分相似，相似程度就像一个活人和一个死人。

这二者的前途完全不同，但实际上却出自同源。

由于距离封建制度较远，完全自治管理，在新英格兰，中世纪的农村教区变成了镇区。在法国，由于摆脱了领主，被控制于国家的力量之下，中世纪的农村教区变成了下文那样。

在18世纪，每个省份教区官员的名称和人数并不相同。从历史资料中可以看出，当一个地方越来越繁荣时，这些官员的人数就越来越多。当一个地方越来越萧条时，官员的人数就越来越少。大部分18世纪的教区都由两类官员构成，一种被称为税务专员，另一种被称为理事。这些行政官员大多仍然是通过选举担任的，或者仅仅是被认为是选举担任的，其实他们在任何地方都已经不再是社区的代表，而是中央的工具而已。收税员征收人头税是根据总督的直接命令行事。理事处理有关公共秩序或政府的一切事务是代表总督代理进行的，并一直被总督代理领导着。当处理关系到自卫队、国家工程和所有普及法的执行问题时，他也是总督代理的首席代表。

如前所述，领主已经被驱逐出政府的一切事务之外了，甚至他也不再进行监督和帮助。以往他参与这些事务是希望保持自己的势力，但随着他势力的不断缩小，他已经不想这样做了。甚至如果你现在请他参与这些事务，反而会伤害他的自尊。虽然他不再进行统治，然而因为他依然存在于教区之中，以及他的特权依然起着作用，这对教区的管理有着诸多的害处，甚至导致始终不能建立一个起作用的教区管理组织来代替他。一个这样特殊、孤独又天生的个别人物，成为教区中破坏和削弱法律效力的力量。

由于他的干扰，基本上所有有钱又有文化的居民都逐渐搬到城市，除了领主之外，教区之中只剩下了大量没有文化和教育的农民，他们缺乏领导处理公共事务的能力，我们会在下文中更详细地谈论这点。一切正如蒂尔葛所说："教区只有一片草屋和像草屋一样被支配的居民。"

在 18 世纪的政府文件中，到处都是人们在抱怨教区收税员和理事的无能、拖沓和愚笨。从大臣到总督、总督代理，甚至贵族们都对他们充满了抱怨，然而并没有人考察问题的原因。

直到大革命之前，法国农村教区的管理体制中，依然保存着中世纪曾有的民主特征的残余。当他们要选举行政官员或者探讨公务事务时，便敲响村里的钟将农民都召唤到教堂的门廊前。无论贫富，都有权利出席在这儿的会议。不过，在召集的会议上，不仅没有真正意义的协商，也没有投票决议，不过每个人都能在这里发表自己的见解。他们还专门请来一位公证人，就在户外写作公证书，将不同的发言整理到会议纪要中。

将这些虚伪的自由外壳和它关联的真正自由的缺失相比较之后，我们就可以细致入微地发现，即使是最专制的政府也依然能够和某些最为民主的形式结合起来，然后压迫者还可以装出一副什么事情都没有发生的可笑模样。教区的这种民主会议能使得各种想法得到充分的传达，然而与城市政府一样，它也没有按照自己的想法处理事务的权力。因为只有得到总督的确切准许，并且像当时人们所说的，彻底实践着"听从您的所有命令"时，才能够召开会议。也就是说只有别人掰开它的嘴，它才能够说话。并且即使会议取得了一致的意见，它也不能自己决定怎么处理事务，没有得到御前会议允许之前，不能够出售、购买、租赁、诉讼。甚至想要把被风吹坏的教堂屋顶修补一下，将本堂神父住处倒塌的墙体重建一下，都需要有御前会议的允许才可以。不管是离巴黎最遥远的农村教区还是最近的教区，都一样需要遵守这种制度。我曾经看到一些教区向御前会议递交申请，只是为了申请处置25里弗尔的权力。

一般来说，居民确实有权通过选举选出他们的官员，然而现实中，候选人却基本都是总督替这个小选举组织指定好的，这位候选人也基本上是全票当选。在一些时候，总督还会废止他们自办的选举，自己委任税务专员和理事，并将新的选举无限期废止。这样的事例成千上万。

没有比这些社区官员的命运更悲惨的了。因为在其他地区依然有效，保证公民不受强权侵犯的制度，早就在这里失去了效力，中央政府在最基层的代理人，也就是总督代理，强迫社区官员言听计从，并经常对他们罚款，有时候甚至会将他们投入监牢之中。1750年一位总督曾说："我把几个在底下发牢骚的村庄官员打入监牢，强行要求这些社区负责骑警队骑兵巡逻的耗费。他们就这样被我轻松驯服了。"所以，没有人把教区的职务当成荣誉，而都是当作负担，人们都拼命远离这些职位。

然而过去的教区政府的残余对于农民来说依然珍贵，甚至直至现在，在所有的公共自由当中，教区自由依然是唯一被农民所理解的。教区自由也是唯一使农民真正感兴趣的。竟然真的有人会对将全国的行政机构归一个人控制而毫无感觉，却因为不能在农村政府中发表意见而愤怒不止。那最虚伪不过的形式竟依然有如此大的能量。

刚刚我所说的关于城市和教区的状况，也几乎可以扩展到所有独立又带有集体性质的团体身上。

在旧的体制之下，法国没有任何一个城市、乡镇、村庄、屯子、福利院、工厂、修道院、大学，能够像现在这样以独立的思想掌管自己的事务，处理自己的资产。即使当时还没有"专横"这个词语，它也至少已经在现实之中存在了，因为当时的政府与今天一样，已经把所有法国人都控制在了它的监督和统治之中。

第四章▶
行政法院与官员保证制是旧制度的体系

在欧洲，法国的普通法庭比任何国家都要更加独立于政府之外，但法国也比任何国家使用特别法庭更频繁。这两者以一种超出了人们想象的方式紧密结合。国王没有办法支配法官的命运，不仅不能将他们撤职和调任，也不能将他们提升。换句话说就是，国王不能对法官威逼利诱，所以没过多久，国王就感觉到法庭的这种独立对他活动构成了限制。法国特有的这种情况使得国王避免让法院受理直接牵涉王权的案件，于是他在普通法庭之外，又创建了一种专门为国王设计也从属于他的法庭。这种法庭在臣民看来和普通法院十分相似，但国王不会恐惧它的实际作用。

在一些国家中，比如德国的很多地区，普通法庭从没有获得像当时法国法庭一样独立于政府，在那里，国王有着足够的权力去控制法官，所以也就不会有相同的防御办法，没有必要再任命专门的人员，也就从来没有出现过行政法院。

如果你仔细查阅在君主制最后一个世纪中，国王曾颁布的宣言和命令，还有同时御前会议的命令的话，你就会发现，政府经常在采取一项措施之后声明："这项措施所引发的争论和可能出现的诉讼，应该全部交由总督和御前会议受理。"常见的写作模板是这样的："此外，国王陛下命令，由总督或御前会议裁定因执行此命令及其附属命令所引起的各种争议，法庭与法国不允许受理这类案件。"

由于没有在按照法律或者历史惯例处理的案件中采取这种防范办法，御前会议只能通过不停的调案插手其中，将牵涉政府的案件从普通法院之中抢走，并由自己对案件进行裁定。这种特例逐渐变成了普遍现象，在御前会议的登记簿中到处都是这种调案的命令。并且它从实际情况变成了规定，虽然并没有在法律上写明，但却在每个执行者心里形成了公共的准则，也就是任何涉及公共利益或因政府法令解释问题引起的诉讼，普通法庭不得受理，普通法庭只能受理私人利益纠纷案件。我们找到了这个问题的写作模板，它的精神无疑是属于旧的制度。

在那之后，总督和御前会议负责裁决与征税有关的绝大多数诉讼。总督和御前会议负责审理与交通运输及治安、大路路政、水路航运等有关的所有事务。可以说，行政法院负责审理任何牵涉政府的诉讼案件。

总督绞尽脑汁，不断地提醒、刺激财政总监和御前议会，使得这种特别司法权得以不断扩张。有一位官员对调案理由的解释十分值得再次公布一遍，他说："因为普通法官必须惩治不法行为，所以他们必须遵从现存的法律。但出于实用目的，御前会议应当可以永远违反法律。"

总督和御前会议经常依据这一原则，亲自审理那些与政府没有明显联系或者根本毫无关系却被调走的讼案。曾有一位贵族与邻居发生争吵，因为不满意法官的判决，就向御前会议申请将此案调案。当监察官被问到这个案件时，他回答说："虽然这里发生的是只属于普通法院受理的私人利益纠纷，但是只要国王陛下愿意，他有权在任何时候受理任何案件，并不需要解释理由。"

因为粮食过于昂贵而导致暴乱频发，而因以暴力行为干扰治安的所有平民，基本都被调案之后押送总督或者骑警队队长那里。因此，总督亲自选择了一些大学生，组成一个类似省临时法庭的机构来审理刑事案件。我曾经找到一些这种法庭作出的判决，一些人被判处劳役乃至死刑。直到17世纪末期，总督审理的刑事诉讼仍旧很多。

近代的法学家们使我们相信，行政法从大革命开始已经有了重大的发展，他们说："大革命之后，人们将以前纠缠不清的司法权和行政权区分开，使其拥有了自己的位置。"如果你想真正明白这其中的进步意义，就永远不能忘记两点，其一是旧政府的司法权总是逾越其本身权力范围，其二是司法权也从来没有全面完成自己的职责。如果你只知道这两点中的一个，那么就会对事情产生片面或错误的看法。法庭有时候会被批准拟定政府的规程，显然这已经超出了法庭的职责范围。有时法庭又被禁止受理真正的诉讼案件，等于又被限制了自身的权力范围。事实上，我们已经把司法权赶出了行政范围，与旧制度一样将司法权留在这个范围十分不恰当。但同时，正像我们所看到的，我们对政府不断干涉司法的自然权力范围却视而不见。实际上在这两个方面，权力的混乱造成的危险是一样的，甚至可以说后者更加危险。因为法庭干涉政府，只会有害于政务本身，而政府干涉法庭，则会让人们陷入堕落之中，让他们变得既有奴性又有革命性。

在法国最近60年中，要永久施行的九或十部宪法之中的一部，有具体的条款规定，未经提前批准，普通法院不得起诉任何政府官员。这个条款是一个精妙的创新，所以人们即使摧毁那部宪法，却将这个条款从瓦砾之中谨慎地拯救出来了，并在之后一直谨慎地呵护它，使其免受革命的冲击。政府官员都喜欢把这个条款赋予的特权当作1789年的伟大功绩，然而他们在这个问题上却想错了。因为政府在君主制度时和现在并无二致，都拼命避免让自己陷入尴尬，像一个普通百姓一样，在法庭上承认自己的罪行。大革命之前，政府要保护政府官吏并需依靠非法和专横的手段，而大革命之后，他们已经能够用合法的方式违反法律了。这其实就是两个时代拥有的唯一实质性差别。

“被告不受普通法官审理，应当调案给御前会议任命的特派员进行审理。”这是旧制度下的法庭想对任何中央政权的官员起诉时，都要想到的一条措施。当时一位行政院成员曾认为，普通法官对被告的官员有了成见，王权会因此而受到影响。这类调案每天都会发生，并不是很久才有一次。它关系到最小的官吏，也不是只关系到达官贵人。所以那些与政府可以挨上一丝关系的人都会肆无忌惮，只对政府还有些敬畏。

曾有农民指控桥梁公路工程局的一位负责指挥役夫的监工虐待他。御前会议将这一案件定为调案，总工程师私信总督时，针对此事说：“对桥梁公路工程局最重要的是，要让普通法院既不听取也不受理役夫对监工的指控。即使那位监工确实应该受到惩处，我们也不能因为这样就不对事情加以控制。因为对官员的仇恨，这样的事情一旦有了先例，公众会连续提起诉讼，这会影响到工程的进展。”

还有一种情况，一个公务员拿了邻居在地里的东西，总督在亲自写给财政总监的报告中说：“要知道普通法庭的准则和政府的准则一直都是完全不同的，我都没有办法向您详细地说清楚，把公务员交给普通法庭审判对政府的害处有多大。”

这些文字是一个世纪以前的政府官员写下的，然而他们和我们同时代的人是多么地相似。

第五章 ▶

中央集权制是怎么不摧毁旧的政治权力就进入其中并取代了它

现在我们重新看一下前三章所表述的内容：王国中心的唯一实体统治着全国政府；一个大臣统治着差不多全国的所有内部事务；一个官员统治着各个省份的所有事务；没有从属行政机构，换种说法是，只有提前获得批准才能行动的机构；由特别法庭受理所有与政府有关的案件并包庇所有的政府官员。

这与我们所熟悉的中央集权制有什么不同吗？虽然与现在相比，它的形态不够明朗，程序不够规范，存在也不稳定，但这确实就是它。从那个时代开始，任何重要成分都没有在这座大厦上增添和删减，如果我们想要看清它原来的样子（注释详见第 174 页），我们只要拔掉它周围建立的一切就可以了。

后来有成百上千的地区模仿我刚刚描述的那个制度，不过在当时只有法国采取这种制度。很快，我们就会发现对于法国大革命和它的结果，它们造成了多么大的影响。

然而，在法国封建社会的瓦砾之中，那些最近时期诞生的制度是如何得以建立的呢？

仅仅依靠暴力和权谋是不可能取得成功的，这可是一项需要耐心、智慧、时间的任务。大革命爆发时，法国陈旧的政府大厦毫发无损，也可以说，人们是在它的地基之上修建的另一座大厦。

没有任何证据表明，因为这项工程十分困难，所以旧制度下的政府就提前准备了一张规划已久的蓝图进行参考。政府只是顺应了自己的一种本能，这是一种让任何政府都试图独占权力的本能。虽然政府的官员有很多种，但是这种本能却从未改变。那些旧政权各个机构的历史名称和光荣依然被政府保留下来，但是其权力却被慢慢削减。他们没有被从原来的领域中驱逐，只是被逐渐带离。中央集权制利用了一个人的懒惰，又利用另一个的私心，旧政权各个机构的弊病它都不打算去改正，反而加以利用，并努力取代它们本来的位置。虽然在旧政权出生时，从没有人听说过“总督”这个词。但最终，政府靠总督这个唯一的政府代理人，差不多将旧政权的所有人都从事实上取代了。

在这项伟大的工程之中，只有司法权曾让政府感到过麻烦，即便如此，最后它还是获取了实质的权力，而将权力的影子留给了它的反对者。它逐步将自己的势力扩大，到最后差不多将这个范围的所有部分全占领，但它没有把高等法院从行政范围内驱逐。在灾荒等短暂的特殊形势下，法官们的抱负被沸腾的灾民情绪所点燃，这时中央政府就会让高等法院来暂时处理事务，让他繁盛一段时间，他们也常常在历史上引起一些重要的事件。不过不久之后，中央政府依然会偷偷地将他的位置夺回来，把所有人和所有的事务再次统治起来。

如果你认真观察高等法院与王权的反抗斗争，就可以发现，斗争并不是侧重于行政方面，而几乎都是侧重于政策方面。新的税法一般是引起斗争的原因，换句话说，对立的双方并没有争夺行政权，而是在争夺双方都没有权力占据的立法权。

随着大革命的逼近，形势也越来越朝着这个方向发展。人民的热情越来越高涨，高等法院越来越多地涉足行政，但同时，因为中央政府和它的代理人们越来越老谋深算，高等法院接触的真正行政问题越来越少。它越来越像保护民众的官员，而不像一个行政管理官员。

与此同时，中央政府不断获得这个时代为它开创的新统治范围，而法庭由于灵活性的匮乏，无力追随政府。而法院却获得了时代提供的社会不断出现的新案件，它们与法院的日常审判完全不同，在法院中没有任何先例可以参照。伴随着社会的急速发展，新的需求不停地出现，因为只有中央政府才可能满足那些需求，所以对其而言，每一种新的需求都是一个新的权力来源。法院的管理范围一直都是固定的，但中央政府的管理范围却是灵活的，并且会随着文明的扩张而不断扩大。

大革命在推翻中央政府之前，曾使中央政府获得了很大的发展。大革命接近之后，事实上只有中央政府才能够完成震动所有法国人的内心、朝他们传播大量新思想的任务。中央政府在当时与很多事物一样更加完善了。我们在研究中央政府的档案时，十分震惊于这一点。政府已经被改造了，以至于1780年的总监和总督相比1740年的总监和总督已经完全不一样了。虽然政府的官员并没有改变，但政府的精神却已经重组了。政府变得越来越覆盖广泛，范围越来越大，同时它也越来越正规，越来越开明。当它将所有的领域占据之后，它却变得温柔，压制越来越少，劝导越来越多。

君主专制这个巨大的体制在大革命的初期被摧毁，又在1800年被重新恢复。人们经常认为，这是1789年的那些准则在国家行政范围内，于当时及以后所取得的胜利，但事实完全相反，旧体制的那些准则取得了胜利，它们全部在当时得到了恢复，并且固定实行。

如果有人向我提问，旧制度的这一部分是如何全部移植到新社会中并融入其中的，我会回答说，如果大革命并没有消灭中央集权制，那就说明这场革命的开始和标志正是中央集权制。更深入一点说，人们将内部的贵族政治摧毁后，会十分自然地朝中央集权制走去。在那个时间，促进人们的这种走向远比阻碍容易。人们内部的所有权力都自然地走向了集中，要想使它分裂，必须使用大量的特殊手段。

民主革命将旧制度的大多数体制清理出去，却使中央集权制得到了增强。在这场革命所构造的社会之中，中央集权制十分自然地获得了自己的位置，以至于人们还自以为是地认为中央集权制是大革命的功绩之一。

第六章 ▶

旧体制中的行政习俗

不管是谁看过原来制度下总督跟他的领导及属下的信件，都会由衷地感叹那时候和现在的行政官，竟然因为政治体制的类似而变得毫无二致。大革命像个峡谷一样，把它们分离开来，而它们似乎越过了这条峡谷而联结起来。我认为受到统治的人也是一样的，立法带给人们思想的影响，从来没有如此凸显出来。

在历史不断发展和政府不断改进的过程中，官员们有一种想法越来越迫切：他们要掌握一切情况，亲手管理巴黎的所有事务。18 世纪末期的时候，不管在多么偏远的地方设立一个慈善作坊，总监都得自己监督它的开支情况、规则制定情况以及地址的选择。建立乞丐容留所的话，也一定要把容留的乞丐姓名和具体的进出时间告诉总监。

在 18 世纪中叶（1733 年）的时候，德尔让松先生就写下了这样的话："交付给官员办理的琐碎的事件没有尽头。所有的事情都要有他们才能办理，他们不在的话，就什么事情也干不成。所以那些秘书会成为掌握实权的人，因为要是他们的能力跟他们所掌握的巨大的权力不匹配的话，那么他们就只能把所有事情都托付给那些秘书去处理。"

总监命令下面交上来的汇报中不光是关于政务的，还要有关于个人的具体资料。总督就给总督代表写信，把汇报里面的资料都一个字一个字地重复一下，就好像是他自己通过考察得来的准确资料。

要想身处巴黎却能了解所有事情，控制所有事情，就一定要创造出千百种审核的方法。书面的资料已经浩如烟海了，行政手续出奇地缓慢，我所见到的任何一个教区重新修建钟楼或者本区神父居所的申请，都没有办法在不到一年的时间里得到准许，最经常的情况是在两年或者三年以后才可以得到批准。在一份判决书（1773 年 3 月 29 日）里面，内阁会议坦承：“行政程序的那种没有尽头的拖沓延误，只会引起人们最正义的埋怨。不过行政程序又是不能缺少的。”

我本来觉得，偏爱数据是现在的政府官僚的特点，不过我发现我错了，在旧体制的最后阶段，人们总是要把印刷好的表格给总督寄过去，然后由总督代表和教区的办事员进行填写。在总监索要的汇报里面，要详细地说明土地的特点、耕种情况、作物的品种和数量、牲口的数目、工业情况以及民众的习惯。跟现在的特区长官和市长在相同的情况下所呈上去的资料相比较，那时候的资料同等详细但是不够准确。在那样的情况下，总督代表对他所管理民众的品行所给出的评价通常都不是很好。有一种经济观点在政府官僚里面很流行，也经常让这样的批语在他们那里总是反复出现：“农民们本来就不勤劳，如果不是为了生存下去的话，他们是不会去劳动的。”

这两个时期的政治言辞差别不太大，同样都是没什么文采的格调，跟满篇的数字一样，模糊而又没有什么力量，其作者的特有相貌被泛滥的平庸所掩盖。省长和总督写的东西没有一点差别。到了 18 世纪末期的时候，在狄德罗和卢梭的特别的言辞在一个时期里流传开，并且以大众的语言铺展开来的时候，那些文人的作品里面夹杂的感慨才渗透进了政府官僚甚至是财务领域。政治上的文章向来都是让人烦躁的官话，这个时候才变得有些温暖和有感情。一位总督代表冲巴黎的总督发牢骚，“他总是在执行公务的时候受到剧烈痛苦的折磨，那个满是悲悯的心灵遭受着伤害。”

和现在一样，政府也在往每个教区配发救济，不过前提是民众也要有相当程度的牺牲。当他们的牺牲足够多的时候，总监就在配发的单子上边写：不错，合乎要求。当他们的牺牲非常多的时候，总监就写：不错，合乎要求并且令人感激。

行政官僚基本上都是由有资产的人组成的，他们形成了一个特定的阶级，社会上新的贵族阶级，这个阶级有着独特的思想、习俗、自尊、价值观和荣耀感，它已经成形并且朝气蓬勃，就等着大革命把它本应占有的地位找出来。

法国的行政机构有下面的这些特征：资产阶级或者是上层贵族，那些打算在阶级外部对行政事务进行控制的人，都对政府有很强的仇恨心理。打算不依赖政府就自己建设成功的单独的组织，就算是规模最小的也会让它害怕。即使是最小的自由社团，不管它的目的是什么，都让政府感到很难受。政府只允许那些由它亲手组建并且控制的团体生存，大工业公司也让它不是很满意。一句话，它不肯让民众干涉它对他们情况的审查，不管是用什么样的方式，就算是面对贫困，它也不愿去面对竞争。

不过，也得让法国人得到一些自由的利益，好让他们受到压迫的灵魂有一些解脱，所以政府让他们可以不受约束地探讨关于宗教、哲学、价值观甚至是政治方面的那些广泛而不具体的原则。在他们没有对政府的小官吏们进行恶意攻击的时候，政府宁愿忍受他们对社会所依赖的规则进行的抨击，甚至是关于上帝的探讨，因为它觉得那跟它是没什么关系的。

18 世纪，在报纸或者那时的人们说的“加泽特”上，登载的四行诗要比有争论的文章多。即使是这样，政府对这么微弱的一股力量也很关注。在图书方面它是很宽厚的，在报纸方面它却苛责至深，因为不能野蛮地把报纸取消，于是它就打算让报纸成为自己的工具。

我发现了一份 1761 年给国家的所有总督的通知，国王路易十五宣布，今后由政府来监督《法兰西报》的编辑。通知里面说：“因为国王陛下打算让这份报纸有趣味一些，保证它的地位高于其他报纸，所以你们应该邮寄一份简报给我，上面写清你们的财务区域里能引发公众兴趣的所有事物，最重要的是物理学和博物学方面的有趣的事情。”通知中还附加了一份关于内容的简介，说虽然新的报纸比之前的报纸出版周期更短，内容也更全面，不过价格却要低很多。

总督在收到通知之后就给总督代表写信，命令他们执行这条通知，不过总督代表却说他们根本不知情。所以中央官员就寄出了第二封信，严厉责备外省的人办事不力。“国王陛下让我通知你们，要你们以最认真的态度来对待这件事情，把最准确的要求传达给你们的属下。”总督代表们于是开始执行。有一个说判决了一个偷运盐的罪犯，而那个罪犯看上去很勇敢；有一个说他所在的地方有一个女人一下子生了三个女儿；还有人说发生了一场非常猛烈的暴风雨，但是一点损伤都没有造成。某人说，他非常仔细地观察了，但是并没有找到什么可以汇报的事情，不过他还是订阅了一份这么有价值的报纸，而且会向每一个有文化的人推荐。但是这样的做法貌似没有什么效果，中央官员在另外一封信里面说道："国王非常勤劳地去审视每一项政策，要让这份报纸更加出色，而且打算把应该给的荣誉和名声都给这家报纸，但是在他发现自己的政策根本没有人认真执行的时候，就变得非常生气。"所以说历史就像绘画作坊一样，原创的作品少之又少，模仿的作品则有很多。

另外我们也得说，法国的中央政府一直都没有复制南方欧洲的做法，它们把所有都掌控在手里好像就是为了要让所有的事务都陷入困境。法国政府通常很了解自己的责任，并且在这方面的主动经常让人惊讶。因为偶尔它会打算做那些超出自己能力或者完全没人能掌控的事情，因此它的主动多半都是有始无终的，有的反而会有坏处。

对于那些非常紧迫的改良，政府是极少发起或者短时间内就中止的，而那些改良需要坚持不懈的意志才能有效果。不过政府不停地更改一些规则或者制度，在它所波及的范围里，任何事务都无法得到安定。新的法规以很奇怪的周期更新换代，让那些接受上司指令的官吏们不知道何去何从。市政府的官僚们跟总监反映次要立法的善变，他们说："光是财务条令的改变就能让一个市政府的官员只有精力去钻研新的规则，耽误自己的职责，就算他得到的是永久职位。"就算法律没发生变化，但是执法方式每天都在变化。要不是从原来的政府保存下来的机密资料当中找到了政府的行政方式，那肯定不会有人想到，法律竟然遭到了这种程度的轻视，就连执法者也不重视它，原因就是那个时候没有政治议会，没有报刊，官员和衙门的胡作非为、野蛮专制和喜怒无常都没有任何制约。

在内阁会议的决定里面，有很多都是引用的以前的条令，那些条令通常都是最近才确定并宣布出来的，不过没能得到执行。国王的命令、通告和诏书都是通过了正规登记的，但是在施行的时候总是被改动成各种样子。从总监和总督的信件里面可以发现，它不怎么违背法律，不过为了处理事情简便，每天它都要以特别的例子为参照，毫无征兆地把法律随意延伸到某个方向。政府总是准许人们用例外情况来做证明，却不遵照自己的规则去处理事务。

总督给中央官员写信，说起了某个国家项目的招标人员不打算交纳入市税：

“如果按我刚才援引的法令以及判定的规则，那么这个国家里的所有人都要缴纳这些赋税。不过熟悉执法内情的人应该都了解，这样的强制增加赋税和紧跟其后的惩罚措施是同样的，虽然在订立赋税方面有很多法令、通告和决定，但是例外的行为总是有的。”

原有的制度露出了本来面貌：规章订立得很严厉，但是执行起来却松软拖沓。这就是它的本性。如果谁打算经由总结法律条文来对那个时期的政府进行了解，那肯定是最为荒诞的错误。

我发现了一篇国王在1757年发布的通告，说只要是编辑或者刊印了违背宗教和当前规定的书籍的人，都会被处死。售卖经营这些书籍的店铺和商人，也都要处以同等的刑罚。难道我们回归到了圣多米尼科[1]的时期？但实际上并非如此，我们正是处在伏尔泰统治文学界的时候。

很多人都说法国人不重视法律：到底要怎么样才能让他们遵守法律啊？在旧的体制下生活的人，他们的思想里本来应该有法律的位置的，但是现在却是一片空白。所有求情的人都想要别人对他特别优待，而不顾及当前的法律，那种决绝和凛然的姿态，就好像是在要求人们遵守法律。不错，在他们企图违背规则的时候，就会用规则来压制规则。当时的人们对于政府还是很顺从的，不过这种顺从并不是因为他们愿意这么做，而是因为他们习惯了。因为如果人们的热情被点燃了，即使是最轻微的动作也可以让他们暴动，而这个情况下用来对民众进行压制的，并非是法律，一直都是武力和专制。

18世纪的时候，法国的中央政权还没有建立起以后的那种很完善的政治体系结构，不过因为社会中间的行政部门都已经被中央政权毁灭了，所以介于个体和中央政权之间的，只剩下了宽阔的空白，在个体看来，社会前进的动力就只剩下了中央政权，而且只有它才能打理社会生活的秩序。

最能体现这一方面的，就是那些对政府进行辱骂的人的作品。在大革命之前那么长时间的迷茫产生了影响以后，各种各样的跟社会和政权相关的新的体制都冒出芽来。那些改革派的目的虽然各不相同，但是他们所用的方法却一直都是统一的。他们打算利用中央的权力来毁灭所有，然后再依照他们所描绘的

1　道明会的创建者，倡导苦修。——译者注

蓝图，来建造新的事物。在他们的眼里，只有中央政权可以做成这一切。他们认为国家机器应该是不受到制约的，就像国家的权力一样，关键是让它合理地使用自己的力量。老米拉博[1]是一名贵族，他对特权是非常痴迷的，他赤裸裸地称呼总督为越权者，还说要是让政府完全掌握了委任法官的权力，那么过不了多长时间，法庭就会变成钦差的集结地。米拉博自己是只相信中央政权的，他觉得只有中央政权可以帮他把想法变为现实。

这样的观点肯定不是只体现在书面上，而是融入到了所有人的思想当中，和习俗成为了一个整体，并成为人们习惯的一部分，渗透到了每个人平常的生活当中。

每个人都觉得，要是国家不进行干涉的话，那什么大事也办不成。农民们对于那些规矩最为反感，就连他们都认为，要是农业不能有所发展的话，那政府应该负有主要责任，因为政府没能解决问题，也没有提供资助。某个农民给总督写了一封信，表达了强烈的愤慨，这封信可以算作是大革命的征兆："政府应当委任巡查人员，每一年都到各个地方去视察农业的情况，教给农民怎么去改良作物的耕种，教给他们怎么去豢养牲畜，如何能把牲畜养得比较好，喂什么东西，要去哪里卖掉以及怎么卖掉。要给那些巡查人员以高薪水，要给耕作最为优秀的农民以名誉奖励。政府为什么不做这些？"

塞福克郡的农民们肯定不会想到这个办法：巡查人员和十字勋章。多半人都认为，现在的社会生活只有靠政府才能维持：唯一能让民众惧怕的就是骑警，那些有资产的人唯一信赖的也是骑警。在他们的眼里，那些骑警不光是在维护规则，他们自己就是规则。吉耶纳省议会是这么说的："一些平时没有任何恐惧的人，当看到骑警的时候，就会变成乖乖听话的好孩子，这些情景大家都是看到过的。"所以所有的人都盼着有一队骑警能整天在自己的家门口溜达。在总督所管理的那些文件当中，有很多这样的申请，好像没有人考虑到，在护卫者后边隐藏的就是统治者。

那些贵族流亡到了英国之后，最让他们感到奇怪的是，英国竟然没有这样的护卫队伍。他们对此不停发出感慨，偶尔也会对英国人嗤之以鼻。当中就有

1　立宪派领导者米拉博伯爵的父亲，是重农学派的代表人物之一。——译者注

一个人，尽管他才能非常出众，但是他学到的东西并没有让他对见到的景象有所思考。他写下了这些话：“那些英国人被偷了东西之后，反而很高兴，说幸亏自己的国家没有骑警。这可都是的的确确发生的事。他们对破坏社会秩序的所有东西都非常愤怒，但是当不安定因素回归到了社会的时候，他们则感到很欣慰，觉得法规比一切都重要。”另外，他还说道：“并不是每个人都抱有这样不正确的观点，有一些聪明人就有相反的观点。时间长了，这些聪明的观点就会占据优势。”

发生在英国人身上的那些奇怪的事情，跟他们所拥有的自由是有一定的联系的，不过那个逃亡过去的贵族没有考虑到这方面。他喜欢用更加科学的方式来对这种情况进行理解。他说：“英国的空气潮湿而又很少流动，这种环境因素会让人的性格中有阴暗的元素。身处这种地方，人们当然会钟情于那些规规矩矩的东西。英国的民众从骨子里就喜欢关心国家大事，在这方面法国人就相差很多。”

政府现在坐到了上帝的位置上，那么人们为了自己的利益，就肯定要把愿望诉诸政府。那些数量庞大的状纸都是打着公众权利的旗号，但实际上只是为了自己的小小利益。能够把旧体制下的每一个等级都集合到一起的，恐怕只有存放那些状纸的箱子了。那些状纸都写得很伤感：庄稼人想要关于他们的牲口和房子的赔款；富人们想要得到地产开发的支持；企业家们想要得到总督的特别授权，以争取有利地位。最经常见到的情况是，工厂的所有者跟总督抱怨生意的低落，跟总督申请贷款或者支援。就为了这件事，好像是设立了某个基金。

那些贵族某些时候也会发出请求，但是他们的地位导致他们即使在请求别人的时候也是倨傲无比。他们里面大部分人的依赖毛病，是来源于念一税[1]。每年贵族的赋税额度都是由内阁会议参照总督的汇报进行确定的，所以总是会有贵族给总督寄信，请求对他们的赋税进行减免或者延期。我看到过许多这样的书信，作者都是来自于贵族阶级，差不多每个人都有称号，就连大领主也经常包括在内，他们宣称写申请原因要么是收入太少，要么是过得比较困难。通常贵族都把总督称为“先生”，但是我发现在那些申请里面，他们跟普通的资

1　也称二十分之一税，既收取二十分之一的土地税。——译者注

产阶级一样称总督为“阁下”。在申请当中，有的时候贫困和倨傲会被滑稽地融合起来。有一个贵族给总督写信（注释详见第175页）说：“您的心底那么善良，肯定不愿意见到哪个贵族的父亲被一分不少地征收念一税，就跟一个普通人的父亲一样。”

18世纪的时候经常闹饥荒，那个时候所有财务地区的民众都会向总督求救，好像只有他才能给他们吃的。也难怪，所有的人都把贫穷的责任推到了政府身上，就连那些不可抗拒的天灾以及气候的不正常也都怪罪政府。

对于这个世纪初期中央集权的体制在法国这么容易地就重新建立起来，我们一点都不用感到奇怪。1789年的那些勇敢的人们毁灭了这座大厦，然而它的根本残留在了那些人的心底里，只要有这个根本在，这座大厦就可以一瞬间重新建起，并且比以前更加稳固。

第七章 ▶

法国的首都吸纳了整个帝国的精华，它的地位已经非外省可比，在欧洲各国中，法国是如何成为这样的国家的

首都虽然地理位置优越、经济发达、建筑宏伟，但这些并不是它对帝国其他部分具有政治优势的原因。政府的性质才是真正的原因。

伦敦人口众多，甚至与一个王国的人口数量不相上下，不过，直到现在，这座城市并没有对大不列颠的命运起到过决定作用。

让纽约人民决定美联邦的命运，恐怕任何一个美国人都没产生过这样的想法。而且，就连纽约州的居民自己，也不会想到纽约市能够独自处理各种事务，尽管今天纽约拥有的居民数量相同于大革命爆发时巴黎的居民数量。

在宗教战争[1]时期，巴黎的人口并不比1789年时少，可是它却无法起到任何作用。在投石党运动[2]时期，巴黎只不过是法国最大的城市，到了1789年，它已经可以与法国画等号了。

孟德斯鸠曾在1740年给他的朋友写过一封信。他在信中写道：法国只分为巴黎和遥远的外省，那些外省之所以存在，是因为巴黎尚未将它们吞并。1750年，米拉博侯爵，就是那位想象力丰富且有时非常有见地的先生说："首都当然必不可少，但如果头脑不断发育，超过应有的范围，身体就有中风的可能，甚

1 宗教战争又称胡格诺战争，16世纪40年代，加尔文教开始在法国传播后，得到了法国南部的大封建贵族的信奉。为了夺得宗教地产，他们打算发动宗教改革运动。北方的大封建贵族信奉天主教，双方产生了不可调和的矛盾，最终演变成长期内战，对16世纪的法国造成了严重的破坏。

2 投石党运动是发生在西法战争时期，巴黎高等法院反对专制王权的政治运动。

至会导致彻底崩溃。如果直接让外省依附于首都，把外省的居民当作二等居民看待，彻底断绝他们出名或者发财的道路，把所有的人才都集中到首都，那么将会有什么后果呢?”在米拉博看来，这种做法是一种悄悄进行的革命，它让那些达官贵人、商人及有智慧的人从外省离开。

造成这一现象的原因，仔细地阅读过前面几章的读者已经知晓，为了不使他们感到厌烦，这里就不再重复了。

这场革命被政府发现了。它惊动了政府，但它只是以城市的壮大这种最具体的形式做到这一点的。看着巴黎每天都在变大，政府深感担忧，因为一个这样庞大的城市，治理起来必定非常困难。尤其是在 17、18 世纪，为了限制城市的发展，国王颁布了很多命令。这些君主希望巴黎不再继续扩大，维持小规模即可，可是他们却做出与此相悖的举动：将整个法国的公共生活集中到巴黎城内或巴黎郊区。他们禁止修建新房屋，不过他们也知道，有时候必须要修建。为此，他们制定了专门的对策，指定偏僻的地方为修建地点，而且修建者需要付很多钱。尽管国王颁布的命令一道接着一道，但仍然没有阻止巴黎扩大的脚步。路易十四全盛时期，为了制止巴黎不断发展，曾先后努力过六次。但遗憾的是，这六次无一成功。巴黎冲破了禁令的封锁，规模在不断扩大。

尽管巴黎的城墙增长得很快，但它的重要地位比城墙的增长速度还要快。巴黎地位的重要性之所以飞速增长，是来自巴黎城外的事件，而并非发生在城内的事情造成的。

就在巴黎的地位不断提升时，各地正在逐渐失去它们的自由权利。各地不再出现独立生活的特征，各个省份的面貌特征逐渐趋同，古老的公共生活的痕迹正在慢慢消失。可是，国家并没有因此而变弱，反而各地都在运动，只不过巴黎才是这些运动的原动力的主要来源。可以证明这一点的例子有很多，在此我只举一个例子。

我查阅就出版状况致大臣的多份报告后，发现了这样一件事：在 16 世纪和 17 世纪初期，有一些规模庞大的印刷厂建立在某些外省城市。如今，这些印刷厂都没有活干了，或者没有印刷工为之干活。与 16 世纪相比，18 世纪有更多的书籍需要出版，这是毋庸置疑的。不过，18 世纪时，中央才是思想动力的主要来源。外省已经被巴黎吞灭了。

这第一场革命在法国革命爆发时就已经全部完成了。

就在三级会议召开之后，巴士底狱被攻克前的那段时间，著名的旅行家亚瑟·扬从巴黎离开了。他在巴黎看到的景象与他在外省看到的景象完全不同，这种巨大的差异让他深感惊讶。巴黎的一切都在蓬勃发展；政治小册子随时都会与人们见面，有时每周甚至会有92册问世。他说："像这样的出版发行运动，我从来没有见过，即使在伦敦也没有。"他感到，除了巴黎之外，到处都笼罩着一种死寂的气氛；没有报纸发行，类似巴黎那样的小册子，人们也很少印。可是，外省的居民情绪都比较激动，随时都有可能爆发，只是他们还没有采取行动；除了听取从巴黎传来的消息，公民们几乎从不集会。亚瑟·扬询问了每座城市的居民要做什么。

他说："每座城市的居民都这样回答：我们所在的城市，只是一个外省城市，必须唯巴黎马首是瞻。"他进一步强调："在了解巴黎人的想法前，他们甚至连自己的意见都不敢有。"

让人难以置信的是，制宪议会竟然能够一下子把法国所有的旧省份都废除掉。这些旧省份历史悠久，某些旧省份甚至在君主制出现之前就形成了。制宪议会就像在新世界划分处女地那样，将王国井然有序地划分为83块。

这件事情使得欧洲深感诧异，甚至感到有些恐怖，因为欧洲对此一点儿准备都没有。伯克说："在此之前，我从未见过人们用如此野蛮的方式分割自己的国家。"是的，人们仿佛在把一个具有生命的身体撕成一块一块的。其实，他们分割的并不是身体，而是尸体。

于是，巴黎终于从外部获得了最高的权力。同时，巴黎内部也完成了转变，这一转变具有历史意义——以前的巴黎只是一个贸易之都、娱乐之都、消费之都，而此时，它已经成为制造业之都，工业之都；这种转变使得巴黎变成了一个崭新的同时让人感到恐惧的城市。

从中世纪开始，巴黎仿佛已经是王国内最大的城市，同时也是工匠手艺最为精湛的城市。到了近代，巴黎的这些特点变得更加明显。随着行政事务及工业集中到这里，巴黎越来越成为时尚之都；成为艺术的中心，权力的中心，且是唯一的中心；成为其他城市的引导者，全国的活动主要都是由此发起的；法国的工业生活不断地向巴黎收缩、集中。

尽管在一般情况下，旧制度的统计文献可信度很低，但在我看来，人们可以自信地说：在法国革命前的60年里，巴黎工人的数量翻了两番，而人口总量只增长了三分之一。

上文所讲的只是将工人从法国各地吸引到巴黎，并促使他们聚集在某几个区内——这几个区最终演变成为工人区——的普遍因素。除此之外，还有一些特殊因素：与其他地区相比，巴黎当时对工业设置的财政立法障碍要少很多；巴黎的工人更容易从行会师傅的束缚中逃脱出来。在这方面，坦普尔区、圣安特万区等一些郊区还享有其他地方无法享受的特权。尤其是圣安特万区，路易十六还使它在这方面的特权得以扩大，他还尽可能地让工人聚集到该区。这位悲惨的国王还在一道命令中说："要把圣安特万区工人纳入我们的保护之下，他们面临着各种障碍，那些障碍既损害了他们的利益，也损害了贸易自由，要使他们摆脱那些障碍。"

在大革命爆发前，巴黎的制造业迅速发展，工厂和高炉越来越多。政府终于察觉到了这一点。看到工业飞速发展，种种凭空想象的恐惧让政府深感不安。1782年御前会议的判决文件写道："制造业在飞速发展的同时，消耗了大量的木材，导致城市的木材供应不足。因此，国王禁止今后此类工厂修建在城市方圆15里之内。"不过，当时并没有人意识到这种人口聚集所带来的真正危险。

如此一来，巴黎摇身一变，成为法兰西的主人。而且，一支军队已经在巴黎形成，它将成为巴黎的主人。

在我看来，我们所看到的40年来不断更迭的那些政府之所以会垮台，很大程度上在于巴黎拥有最高的权力以及行政上的中央集权制。今天很多人都会这样认为。我不费吹灰之力就能证明给大家看，它正是旧君主制突然灭亡的主要原因。另外，它也是第一场革命爆发的主要原因之一。第一场革命爆发后，其他革命才相继爆发。

第八章 ▶

法国人变得千人一面

那些认真考察旧制度下的法国的人，将会发现两种景象，而这两种景象是完全相反的。

表面看来，那些生活在旧制度下的人们没有任何不同，尤其是那些处于社会中上层的人们——只有他们才受到人们瞩目。

可是，那只是表面现象。其实，有无数小障碍物位于这些看起来完全一样的人群中，将其分割成若干部分。而在每个部分内，一个特殊的社会似乎又形成了，它不参与集体的生活，只考虑自身利益。

一想到这种似乎无休无止的划分，我就明白了一件事——与其他地方的公民相比，在危机面前，法国的公民更缺乏一致行动、相互帮助的精神准备，正因为此，法国社会才会被一场伟大的革命在刹那间推翻。被这场大革命推翻的所有小障碍物，都出现在我的头脑中。一个比过去世界上能见到的社会更加紧凑一致的、冷冰冰的社会，即将出现在我的眼前。

我在前面提到过，在过去一段时间里，王国各省所特有的与众不同的生活已经消失。它使得所有法国人都趋于相同。通过各种差异——这些差异依然存在，已经能够清晰地看到国家即将统一。而国家统一的表现，就在于立法的一致性。

进入 18 世纪后，国王颁布的命令以及御前会议的判决数量不断增加，它们在整个帝国执行着同样的规章制度，而所用的方式也是相同的。统治者和被统治者都认为，无论在哪里，无论对什么人，法律都应该是一样的。在大革命爆发前 30 年，接连不断出现的改革规划中，便有这种思想的雏形。这种思想的材料——如果这样说没有问题的话，在两个世纪之前根本无处可寻。

不只是各省之间，即便是在同一个省，不同阶级的人尽管立场不同，但仍然变得越来越相似，至少那些与普通百姓处于不同阶级的人是这样的。

这一点，在1789年各阶级的人上呈的陈情书中体现得尤为明显。人们看到，那些起草陈情书的人因为利益不同，所以观点存在着很大的分歧，但是在其他方面，他们则完全相同。

假如你对初期三级会议有所研究的话，你就会看到另一番情景，它与上述情景完全相反：在那时，贵族与资产者就像两个完全不同的种族似的，尽管他们有着更多的共同利益，他们需要一起处理更多的事务。

时间起到了非常奇怪的作用，它在维持并且加强这两种人的各种特权时，又使他们在其他方面变得相同。

从前几个世纪到现在，法国贵族变得越来越贫困。1755年，一位贵族曾这样难过地写道："贵族尽管享有种种特权，但破产、灭亡者每天都有，财富被第三等级占有了。"贵族一直保持着他们的经济地位，保护他们财产的法律也从来没有更改过，可是随着权力的丧失，他们的财富也消失了。

有些人会说，在人类制度中，就像在人体内一样，除了各种器官——它们负责履行不同的生存职能，还有另外一种力量存在；这种力量是无形的，人类无法看到，但它却非常重要，它才是生命的本源；没有这种力量，器官仍然能够正常运转，但无法维持生存；当这团使生命燃烧的火焰熄灭时，生命立刻宣告结束。各种替代继承权，法国贵族仍然可以继续享受。伯克发现，在他生活的时代，在英法两国中，替代继承权，如永久地租、长子继承权以及人们所说的一切用益权在法国更容易看到，而且更加具有强制性；贵族已经无法继续享受百姓为战争所支付的大量财富，但是他们的免税权依然保持着，而且这种权利得到了很大增强。这就意味着，尽管失去了职务，但是他们的补贴依然存在。除此之外，他们还享有很多金钱方面的好处，这些好处是他们的先辈从未享受过的。可是，他们逐渐丧失了精神，再加上治理的习惯，所以他们变得越来越贫困。贵族越来越贫困，正是造成我们前面提到的那种大规模的地产划分的部分原因。除了领主的定期租金（注释详见第175页），贵族的土地已经无法保留了，只得一块块地卖给农民。若是没有定期租金，贵族们恐怕连虚假的门面都难以维持了。像蒂尔葛提到的利姆赞省，那里只有贫困的小贵族，他们拥有的土地极为有限，甚至不再拥有土地，生活只能依靠地租和领主权勉强维持。这种现象在法国的很多省都存在。

早在本世纪初期，一位总督曾这样写过："在这个财政区里，贵族家庭的数量仍然迅猛增长，达到了几千家。不过，其中只有不到15家年金接近两万里佛。"1750年，我看到了弗兰什·孔泰的总督向他的继任者所作的介绍。在这份资料中，有如下几句话："这个地方的贵族总是与人为善，但他们十分贫困，尽管他们认为自己地位高贵。他们的境遇完全无法与过去相提并论，他们受到了天大的屈辱。那种让贵族陷入贫困之中，迫使他们向我们求助的政策并不坏。"那位总督还补充道："他们组成了一个团体，只有那些四代宗亲为贵族的人才有资格被接收。这个团体并没有得到正式认可，不过，总督容许它存在下去。它每年都会召开一次会议，不过，开会时，总督必须在场。这个团体的成员一起吃饭、做弥撒，之后各回各家。他们一部分人步行，一部分人骑着劣等的马。这种集会太可笑了，你将会看到的。"

除了法国，位于欧洲大陆的其他国家同样能够看到贵族贫困化这种现象，只是程度不同而已。那些国家像法国那样，封建制度已经烟消云散，新的贵族制形式又没有形成。这种现象在位于莱茵河流域的德意志民族中体现得非常明显。完全相反的现象也存在，但只存在于英国。在英国，历史悠久的贵族世家依然存在，而且，他们还变得比以前更加富有。无论是在财富上，还是在权力上，他们都占据着统治地位，尽管新贵族不断成长，但是那些新贵族只有向他们学习，使自己变得富有，却无法超越他们。

在法国，贵族失去的所有财产，可能全部被平民百姓占有了。有人说，平民百姓之所以不断壮大，是因为他们充分吸收了贵族的养分。帮助资产者、阻止资产者破产的法律一片空白，但他们却不断变得富有。通常来说，他们的富有丝毫不亚于贵族，有时甚至还要比贵族更加富有。而且，一般来说，他们的财富来源是相同的。他们一般都拥有田地，有的甚至还获得了领地，尽管他们平时都住在城市里。

资产者已经与贵族具有大量相似之处，这是由他们的生活与教育的方式导致的。贵族所具有的知识，资产者全都具有，而且需要注意的是，资产者的知识是从一个地方获得的。对于资产者与贵族来说，教育是相同的，都具有文学性和理论性：巴黎已经赐予所有人同样的形式和行为举止，这座城市逐渐成为法兰西的唯一导师。

在18世纪末期，贵族与资产阶级在行为举止上还存在着一定的差异，因为人民称为行为举止的这种外表的东西，没有很长一段时间，是不会形成一致性的；可实际上，所有那些高于百姓阶级的人看起来没有任何不同：他们讲同一种语言，有着同样的思想，爱好、习惯、娱乐也都是相同的，读的书也是同一类型的。除了权利之外，他们没有任何不同。

在其他国家，这种现象是否达到了类似法国的程度？就算是在英国，尽管在共同利益的驱使下，不同的阶级紧密地联系在一起，但是在风俗与精神方面，不同的阶级还是经常会表现出不同。这是由政治自由决定的。尽管这种具有神奇力量的政治自由能够把所有的公民都联系起来，让他们产生相互依附的关系，却无法使他们变得一样。其实，独夫体制[1]的长久影响，才使得人们趋于一致，却从不关心其他人的命运。这是独夫体制所造成的后果，充满了必然性。

1　独夫体制是指由残暴无道的统治者统治的政治体制。

第九章 ▶

与过去相比，这些如此相似的人为什么会被分割成大量陌生的小团体，只关心自己，不关心别人

这些法国人尽管趋于一致，却比其他国家的人更加缺少联系。这种现象在法国也从来没有出现过。现在就让我们来探究一下其中的原因。

在封建制度出现在欧洲的时代，那些被人们后来称为贵族的那类人，可能当时并没有马上形成自己的宗族。贵族最初仅仅是执掌政权的阶级。之所以这样说，是因为从根源上来说，贵族是由国家中的所有首领构成的。先不说这个问题了，因为我不想在此讨论，我只需要指出：贵族早在中世纪就变成了宗族。也就是说，贵族的出身就是他们的特殊标志。

贵族是对百姓进行统治的公民团体，他们保留了掌握政权的阶级的固有特征。不过，团体的掌权者仅仅是由出身决定的。因此，他们形成了一个特殊且孤立的阶级，将所有非贵族出身的人排除在自己的阶级之外。那些非贵族出身的人，永远都只能位于从属的地位，尽管他们的地位高低不同。

在欧洲大陆上，所有建立了封建制度的地方，贵族最后全都变成了宗族，只有英国例外。英国的贵族最终又重新变为掌握政权的阶级。

有这样一个事实，它使英国不同于所有现代国家，并且这也是人们理解英国精神、英国历史、英国法律的特殊性的唯一途径；可是，政治家和哲学家并没有足够地重视它，而英国人在习惯的影响下，并没有发现它，这一直让我感到不可思议。人们看不清这个事实，无法将它说明白。我觉得人们从未全面而深入地认识它。孟德斯鸠在1739年游历英国时，曾写道："我所在的这个国家，

与欧洲其他国家迥然不同。”这句话一语中的，但可惜他并没有继续说下去。

英国与欧洲其他国家的不同，既不在于它的国会，它的陪审团，也不在于它的自由和公开性，而在于另外某种东西。那种东西更加特殊，也更加能达到目的。英国是唯一将宗族制彻底毁灭，而非使其变成另外一种形式存在的国家。英国的贵族与普通百姓选择同样的职业，做同样的事情。而且，英国的贵族与普通百姓通婚，这更加有意义。在英国，最大的领主的女儿嫁给一个普通百姓并不丢脸。

考察一下英国人的婚姻状况，可以让你明白宗族以及它在人民中造成的各种思想、习俗、障碍是否依然存在。若想找出带有决定性的特征，同时也是你一直没有发现的特征，你就只能这样做。你在法国经常无法找到这样的特征，尽管到今天为止，民主已经有长达60年的历史。法国的新家族与过去的世家仍然千方百计地阻止联姻，尽管它们在各方面都已经十分接近。

与其他国家的贵族相比，英国贵族一直都更加开放，更加小心，头脑也更加灵敏。这种特点经常令人们瞩目。有一点在此必须指出：英国从很早以前就已经存在有那种严格意义上的贵族了。当然，这需要加上一个前提，那就是“贵族”这个词仍然继续使用它在其他国家保留的古老而严格的定义。

这场特殊的革命因为发生在很早之前，所以被人们遗忘了，但它仍然留下了鲜活的证据——习惯用语。经过几个世纪的演变，roturier（民众）一词在英国已经消失，gentilhomme（贵族）一词的意思也已经改变了。

莫里哀在1664年写出了《达尔杜弗》，剧中有这样一句话：Et，telquel’onlevoit，ilestbongentilAhomme.（他依然是一个出众的贵族，尽管模样不怎么样。）现在根本不可能将这句话一个字一个字地翻译成英文了。

如果想通过语言科学来了解历史科学，那就请你穿越时空，追踪gentleman（绅士）这个词。它来源于法语gentilhomme（贵族）一词。在英国，随着社会地位不同的人的接触和融合，它的意义也在不断扩大。每过一个世纪，这个词所代表的那类人的社会地位就会更低一级。后来，英国人把它带到了美国。到达美国后，它所指的是全体公民。这个词的历史，就是民主的历史。

Gentilhomme（贵族）这个词在法国一直保持着它的原始含义，所指的范围并没有扩大。法国大革命之后，这个词被人使用的次数少之又少，不过它仍然用来指宗族的成员，词义没有任何变化。这个词之所以被保留下来，并且保持原意不变，在于宗族制度被保留下来，仍然像过去那样是一个独立的等级。

我要更进一步地指出，宗族与其他等级的分离程度，远比这个词产生之时要强很多，而且运动轨迹与它在英国的方向完全相反。

如果说资产者越来越像贵族，那么同时它们之间的距离越来越远。这两方面不能混为一谈，它们的相似并没有使双方的距离变得更近，反而经常使双方的距离变得更远。

在中世纪，只要统治权还掌握在封建制度手中，经营——按照封建时代的语言，称为附庸才更合理——领主土地的所有人（这些人中的一大部分并非贵族）经常与领主共同治理土地。后来领地转让，要求只有此类人才能接收。当有战事发生，那些人必须要与领主一起作战，而且根据特许权，他们每年必须抽出一段时间，在领主的法庭中帮助领主进行审判，与领主共同对居民进行治理。领主法庭在欧洲所有古老的法律中都出现过，直到现在，在德国很多地方还能够清晰地看到它的遗迹，它是封建政府非常重要的组成部分。知识渊博的封建法学家艾特姆·德·费利曼维尔曾在法国革命前30年打算写一部大部头的著作，专门对封建法与领主的土地赋税户籍革新进行研究。费利曼维尔说，他在“很多领主的文件中，看到依附于领主土地的人每隔半个月必须去领主法庭，与领主或领主手下的普通法官一起，对发生在居民之间的纠纷和刑事案件进行审理。”他还提到，“有时候，会有80个，150个甚至200个这类人出现在同一块领地上。普通百姓占他们之中的多数。”我在这里原封不动地引用他的话，并不是要以此作为证据，因为证据实在太多了；我只是以此来说明，在最初阶段和成长期，农村的阶级与贵族是怎样接近、融合及处理相同的事务的。领主法庭为农村小所有者做了省三级会议及全国三级会议为城市资产者所做的事情。当然了，全国三级会议比省三级会议晚很多年才出现。

对14世纪三级会议留下来的资料进行研究，尤其是对14世纪的省三级会议进行研究，我们就会发现一个令人感到惊奇的问题：第三等级在这些会议中所占的地位，所发挥作用相当之大。

从个人的角度来说，14世纪的资产者与18世纪的资产者有着明显的差距；但是从整体的角度来说，资产阶级在14世纪的政治社会中，所占的地位无疑更高。在14世纪，资产阶级在政治会议中所起的作用一直都很重要，有时甚至非常重要；而且，资产阶级具有无可争议的参加政府的权利。

不过，贵族与第三等级如此轻易地共同抵抗敌人，管理事务——后来又分道扬镳了，却让人无法理解。除了14世纪的三级会议（那时由于各种灾祸频繁发生，三级会议带有不正规的革命的性质），同时期的省三级会议也是这样。而那时的省三级会议通常都要按照规定办事。这在奥斐涅省就有所体现。该省最重要的会议就是由三个等级共同制定的，在实行的过程中，负责监督的人也是从三个等级中选出来的。类似的情况还出现在同一时期的香槟省。在14世纪初期的很多城市中，为了使国民自由和各省的特权免遭王权的破坏，贵族与资产者联合起来发动了大家熟知的运动（注释详见第176页）。在那个时期，这样的插曲（注释详见第176页）经常出现，就像来自于英国历史一样。不过，类似的景象在此后的世纪里再也没有出现过。

其实，三级会议随着领地统治的瓦解，召开的次数不断减少，后来便停止了，普遍自由权利被宣判死刑。受其影响，地方自由也消失了，资产者与贵族在公共生活中的联系戛然而止。他们觉得没有必要再与对方接近，与对方为共同的目标而奋斗了。于是，他们越来越疏远，越来越陌生。这场革命在18世纪完成了。在私人生活方面，这两种人偶尔会碰面，在阶级层面上，他们变成了竞争对手甚至敌人。

法国有一个特殊的地方：贵族等级不再拥有政治权力，但在丧失这种权利的过程中，贵族作为个人，却获得了很多特权——这些特权是他们以前从来没有享受过的，或者在他们所享有的特权上，又增加了一些新特权。或许这样说比较合适：四肢依靠死亡的躯干而发财。贵族阶级的统治权的确在不断减少，但是那些贵族们所享受的专有特权却在不断增多，这里所说的专有特权，是指担任主人第一仆人的权利。与路易十六时期相比，路易十四时期的普通百姓做官更容易。在法国还很难见到这种情况时，在普鲁士则完全不同。在那里，这种情况屡屡出现。那些贵族一旦获得这些特权后，便会一代一代地传下去。随着贵族阶级越来越脱离掌权阶级，它变成宗族的程度越高。

下面让我们看一下免税权吧，它是所有此类特权中最让人反感的。从15世纪开始，一直到法国革命，免税特权一直在不断增长。这种变化是非常明显的。

随着国家开支高速地增长，这种特权也在增长。查理七世统治时期，政府只征收120万里佛的兵役税。因此，那些贵族只有很小的权利免交兵役税。到了路易十六统治时期，兵役税增长至8000万里佛，因此贵族的免税权就相当大。当普通百姓只交兵役税时，贵族所拥有的这种权利还不是很明显。不过，当政府通过各种方式、各种名目不断地增加这类捐税，使其达到以往的数倍时，其他四种捐税也被纳入到兵役税之中，像所有公共事业及工程的种种徭役——这在中世纪根本没有出现过，全部被添加到兵役税及其附加税中，而且征收的对象也被区别对待，贵族的免税权在这个时候就显得愈加庞大（注释详见第177页）。不平等虽然显而易见，但实际上并没有外表体现得那样明显。这是因为，虽然贵族本人可以不用交税，但他们必须得为佃农交税。但在这方面，人们感受到的不平等，显然没有人们所看到的不平等危害更大。

路易十四末期，政府为了扩大财政收入，将二十分之一税和人头税确定为普遍税。但是，就像免税是一种令人尊敬的特权，人们对它相当尊敬，不敢轻易触犯那样，人们都非常小心，那些共同交税的地方（注释详见第177页），征收时也要区别对待。对一部分人来说，捐税是严厉的，而对另外一部分人来说则正相反。

尽管整个欧洲大陆都存在捐税不平等的问题，但是像法国那样的不平等，那样经常让人深有感受的国家非常少。在德国很多地区，大多数捐税并不是直接税，而是间接税。而那些直接税，贵族阶级也会承担一部分，尽管这部分比例较小。另外，为了保证无偿服兵役的特权，贵族还得缴纳一些特别税。

可是，捐税的不平等是所有那些将人和阶级区分开来的措施中危害最大的，它很容易使不同的阶级孤立起来，甚至说，使不平等和孤立达到无法挽救的地步。这从后果中可以看出：当贵族与资产者所缴纳的捐税不同时，捐税摊派征收每一年都会在双方之间划出一道阶级的鸿沟。

每一年，那些特权者都会感到一种现实的力量，这种力量要求他们努力与民众划分界线，使双方分离。

所有的公共事务，几乎都会导致捐税的产生，或者由捐税而来。因此，自从这两个阶级所缴纳的捐税不平等后，他们就不再需要彼此了，也不用一起商讨问题了，因为没有任何理由可以要求他们这样做。再也不用想办法让他们分开了，因为他们一起行动的意愿和机会已经被人们用某种方式剥夺。

伯克曾做过这样一件事：勾画法国政体的肖像，并将其美化。他对我们的贵族制度持肯定的态度，尤其是资产者很容易就能当官进入贵族阶级这一点，是他最为看重的。在他看来，这很像英国开放的贵族制度。没错，路易十一为抑制贵族，贬低贵族，曾成倍地赐予资产者爵位。他的继任者授予了更多人爵位，当然，那是以获得金钱为目的的。内克对我们说，在他生活的那个年代，共有 4000 个官职可供资产者晋升为贵族。这样的现象在欧洲其他国家从未出现过，伯克竟然打算证明法国也出现了此类现象，他完全搞错了。

并不是因为英国贵族具有开放性才会导致英国的中产阶级非但没有与贵族进行战争，反而与贵族紧密地联系起来，而是因为英国的贵族没有清晰的界线——人们通常都这么说；不是因为人们无法进入贵族阶级，而是他们进入该阶级后，却不知道是从什么时候进去的；因此，那些接近贵族的人，都会有这样一种感觉：我能与贵族政府相结合，我是贵族的一部分，贵族的权势能够为我带来益处，让我更加荣耀。

但是，法国贵族与其他阶级之间的鸿沟，一直是显而易见的，而且是固定不变的，尽管双方之间的鸿沟并不难跨越。这道鸿沟非常容易辨认，因为它带有鲜艳的标志，同时它受到那些非贵族痛恨。那些非贵族跨越这道鸿沟之后，他们就脱离了以前的阶级，可以享受特权了。对于仍处在原来阶层的人来说，这些特权是一种耻辱，同时也令人难以忍受。

贵族授封制度一点儿都没有减少，普通百姓本来就很痛恨贵族，而这种制度又使痛恨变本加厉。一部分人变成了新贵族，以前与他处于平等地位的人便妒火中烧，从而使得贵族与非贵族的仇恨变得更深。因此，在陈情书中，第三等级对世袭贵族的愤怒要小于受皇帝封赐的贵族的愤怒，他们非但不要求将普通百姓迈向贵族的门槛降低，反而要求提高。

1789 年，法国的贵族爵位非常容易获得，这在法国历史上是绝无仅有的。另外，1789 年法国资产者与贵族的分离程度也是其他时代无法比拟的。那时，如果在选举团中嗅到带有资产阶级气味的东西，贵族便无法忍受，不仅如此，资产者也会赶走那些带有贵族特征的人。在个别省份，新封贵族受到世袭贵族和资产阶级的双重排斥。世袭贵族之所以排斥新封贵族，是因为在前者眼中，后者不够高贵；而资产阶级排斥新封贵族的原因则是新封贵族的贵族气太过浓重。我听别人说，这种情况曾发生在著名的拉瓦锡[1]身上。

如果我们不谈贵族阶级，只单纯地考察资产阶级，完全相同的景象就会出现在我们眼前：资产者与人民就像贵族与资产者那样相互分离。

在旧制度下，城市是几乎所有中产阶级的居住地。这是由兵役税与贵族特权所导致的。居住在自己土地上的领主平时总是亲切友好地对待农民，但对资产者这个自己的邻居却蛮横粗暴。而且，随着政治权力缩小，这种蛮横粗暴愈演愈烈。这是因为，由于失去了统治地位，那些帮助他们维护统治的人已经无法帮助他们了，他们已经没有必要再去敷衍对方；另一方面，由于失去了真实的权力，他们的心理很不平衡，便肆意地使用那些表面权利来安慰自己。甚至领主不居住在自己的领地这一点，都会使邻居的痛苦增加，而不是减轻。地主制的废除并没有对此产生积极的影响，因为由代理人行使的各种特权反而让资产者更加无法忍受。

兵役税及其他没有纳入兵役税的所有捐税，是不是更能说明问题呢？我无法确定。

在我看来，本来我可以用几句话讲清楚兵役税及其附加税给城市带来的负担远没有给农村带来的负担更重的原因。不过，这对读者来说并不一定有用。所以，我只这样说就好：居住在城市的资产者，有多种办法使加诸在他们身上的兵役税的压力得以减轻，而且很多时候，他们甚至可以不用缴纳兵役税。如果他们仍然居住在领地上，那么这些办法是他们无法找到的。他们通过这种方式将征收兵役税的义务推却，与缴纳兵役税的义务相比，他们更恐惧这项义务。之所以这样说，是因为在旧制度下，在我看来，无论是在哪种制度下，教区兵役税征收员都是最倒霉的。我将在下面对这个问题作出解释。可是在乡村，除贵族外的所有人都必须要履行这项义务，那些有钱的百姓，宁愿把财产出租给别人，迁到附近的城市里，也不愿意做这件痛苦的事。蒂尔葛对我们说："由于征收兵役税，农村中所有的有钱人几乎都迁入城市，成为城市资产者。"我曾获得一个查阅一份秘密文件的机会，在这份文件上，我看到了与蒂尔葛类似的观

1　拉瓦锡是法国著名的化学家，近代化学的奠基人之一。他于1726年生于巴黎，1789年当选为三级会议代表，进入新政府担任包税官，法国大革命时期被处死。

点。顺便提一下，与欧洲大部分国家相比，法国拥有更多的城市，特别是小城市，与此有很大关联。

有钱的百姓居住到城市之中不久，就不再对田园感兴趣了，同时也失去了田园精神，对于继续留在农村中的同类人的所作所为，他们已经不再有所了解。可以这样说：成为现在居住的城市中的政府官员，已经变成他们今后生活中的唯一目的。

在一些人看来，大革命是今天所有的法国人，特别是中产阶级酷爱职位者的摇篮。这种观点完全不正确。他们酷爱职位的根源，产生于好几个世纪之前，而且，从那个时代开始，人们就细心地添加各种养料，促进这种酷爱不断增长。

旧制度下的职位与我们今天的职位有很多相似之处，也有一些不同点。在我看来，那时职位比现在的职位要多得多，而且较小的职位多得无可胜数。从1693年到1709年这短短几年里，各种职位加在一起竟然有4万个，就算是最微不足道的资产者，几乎也能够谋得一个职位。我曾做过统计，在一个规模不大不小的外省城市，1750年竟然有109人担任法官职务，有126人担任执达吏[1]，这些人全部来自城市。资产者热衷于各种职位，他们的热情是以前从来没有过的。他们中间的某个人一旦自认为拥有一点儿资本后，并非拿钱来做生意，而是立即拿钱购买职位。这种野心是非常可悲的。对法国商业与农业的发展而言，它甚至比兵役税和行会师傅所造成的危害还要大。有些时候，因为谋求职位的人太多，职位就会出现短缺。此时，求职者就会绞尽脑汁，以最快的速度发明一个新的职位。有一位叫朗贝尔维尔的先生，为了谋求职位，专门发表了一篇论文，论证了在某个行业之中设立监察员对公共利益而言更有好处。在论文的结尾处，他主动提出，他愿意出任这一职务。我们每个人都知道这位朗贝尔维尔先生，他很富有，也有一点儿文化，对职位有着极大的热情，如果无法获得一官半职，他甚至死都不会闭上眼睛。当时曾有人这样说："从国王那里获得职位是每一个人的梦想，他们会根据自己的情况，努力实现这一目标。"

我在这里所讲的时代与我们生活的时代有着很大区别。其中，最大的区别就是，当时的政府把职位卖给有钱人，而现在的政府则是把职位授予某人；现

1　执达吏是负责维持法庭秩序、传唤当事人的小官吏。

在人们不用掏钱，通过把自己出卖的方式——这比花钱购买职位更加高明，就可以获得职位。

资产者与农民越来越疏远，这是由于双方的居住地不同，生活方式的差异——这是更主要的原因，再加上一些利害关系所导致的。贵族在捐税问题上享有特权，人们对此进行抱怨，这也无可厚非；但是对于资产者的特权，人们又该怎样评论呢？资产者可以通过几千种官职，使自己的全部或者部分公共负担得以免除：这个人不再缴纳兵役税，那个人不再服劳役，另外一个人免除自卫队的负担。当时有一篇文章指出，除了教士与贵族外，无论在哪个教区，都有一些居民通过委任或者依靠职位而享有某种免税权。有些时候，国家削减了大量本该提供给资产者的职位，国家这样做有很多原因，其中之一为：国家的收入由于免于缴纳兵役税的人实在太多而减少。我非常肯定地认为，资产阶级中的免税者并不比贵族中的免税者少，有时还要多。

那些被剥夺了特权的人，对于这些可悲的特权妒火中烧，而那些享有特权的人，又因为这些特权变得不可一世，唯利是图。郊区对城市的嫉妒及城市资产者对农民的仇视在整个18世纪都表现得异常明显。蒂尔葛说：“每座城市都一样，它们只顾自己的特殊利益，有些时候，它们甚至会牺牲本区农村来获得这种利益。”蒂尔葛在其他地方对总督代理讲话时，还这样说过：“那种每时每刻都带有侵略性和抢夺性的倾向经常出现，你们必须要去制止它，这种倾向还体现在城市对于本区农村所做的行为。”

资产者甚至觉得，与他们共同生活在城市里的人变得越来越陌生。他们将确定的本地开支转嫁出去，下层阶级被迫独自承担了其中的大部分。蒂尔葛在他著作的另外一处曾这样讲：城市资产者为了逃避入市税这个重担，已经想出了办法——他们找到了制定入市税的一种方法。对于这句话，我曾多次证实过。

有一点是在资产阶级的所有行为中最为突出的：资产者十分担心政府会将他们与人民混为一谈，并想尽办法，急不可耐地想要从人民的控制之中挣脱出来。在一封致总督呈文中，城市资产者这样写道：“假如国王同意恢复旧制，通过选举制来选出市长，那么最好对选举人下达强制命令，要求他们从主要达官贵人，甚至只从初级法院中选出他们心中合适的人选。”

国王通过各种政策，不断地将城市人民手中的政治权力剥夺。至于剥夺过程，我们已经看得一清二楚了。从路易十一到路易十五，国王的所有立法无不以这一思想为中心。城市资产者也是这项立法的参与者，有些时候，他们还会提出一些建议。

1764 年市政改革期间，一位总督向一座小城市的市政官员提出过这样的问题：手工业者及其他公民选举行政官员的权利，是不是必须要保留下来？那些市政官员回答说："人民对于自己享有的挑选官员的权利，从来没有胡乱使用过。毫无疑问，对他们来说，继续享有这项权利是一种莫大的安慰。不过，还是将这项权利交给显贵会议比较好，这样做有利于维护良好的秩序及公共安定。"总督代理说，他与"六个优秀的城市公民"在他的住所召开过一次秘密会议，那六个优秀公民并未同意将选举权委托给显贵会议，而是将其委托给构成显贵会议的不同团体中的某些代表。与这些资产者相比，总督代表更支持人民的自由权，在将资产者的意见转达给总督后，他继续说道："不过，对于缴纳捐税的手工业者而言，他们无法忍受没有掌控这笔钱的权利。那些征收捐税者，与这个问题几乎没有任何利害关系，因为他们享有捐税特权。"

就像我们曾将资产者与贵族阶级分隔开来，单独考察贵族阶级一样，现在让我们把人民与资产阶级分隔开，单独考察资产阶级。我们发现，这些远离其他国民的一小部分国民分成了无数小块。在我看来，法国人民如同生物学上所讲的基质，随着现代化学对它们进行更深入地观察，新的可分离粒子就会不断出现。在一座小城市的显贵中，我竟然找到了至少 36 个不同的团体。这些彼此各异的团体尽管非常微小，但仍然在不断地分化，不断地变得更加微小。为了缩简为单一元素，他们每天都在为将内部可能存在的异质部分清除出去而忙碌。在经过这样大刀阔斧的清洗后，有些团体仅剩下三四个成员。不过，这些成员的个性所形成的反差变得更加明显，他们更喜欢争论。所有这些团体都会出现这种情况：它们的成员都会因为某些小特权而相互分离，最不诚实者显得最为光荣。这些小团体还会为了争位而斗争不止，没有哪个团体愿意居于下位。总督和法官因为这种无休止的争吵而头疼不已。"人们终于决定了进献圣水的先后顺序，初级法院排在城市团体之前。高等法院还在犹豫之中，并没有做出最后的决定。不过，国王已经做出了决定，并将此案交给御前会议审理。这件曾让全城轰动的案子是时候宣告结束了。"在显贵大会中，如果有人让一个团体屈服于另外一个团体，那么前者就不会出席会议。他们不想看到自己的尊严受到损害，为此，他们宁愿将公共事务放弃。箭城假发师团体决定“他们将通过这种方式让人们明白，他们因面包师位居首位而痛苦不已。”某座城市中的部分显贵拒绝履行他们本该履行的职务，而且态度非常顽固。对此，总督说道：“由于几个手工业者被吸纳进显贵会议，首要的资产者觉得与他们相处是一件非常耻辱的事情。”另外一个省的总督说：“如果让一位公证人担任助理法官，那么其他显贵就会对此产生强烈得不满，在这个省，公证人并非出身显贵之家，他们的出身都非常卑微，而且全都做过书记。”我在上面提到过的六位优秀公民，对于必须将人民的政治权利剥夺这件事，随随便便就做出了决定，但当问题牵扯到将成为显贵的是哪些人，这些人哪部分人排在前面，哪部分人排在后面时，他们没来由地显得异常窘迫。他们只是非常谦恭地表示疑问，还说，他们担心他们的答案“会令他们一些同胞感到莫大的痛楚。”

这些小团体为了维护自尊心，不断地爆发冲突。在这个过程中，法国人的虚荣心——这是他们与生俱来的——变得更敏感、更强烈，而公民合理的自豪感却被忘得一干二净。我刚刚提到的行会的大部分早在16世纪时就已经存在，它们的成员在处理好所属的联合会的事务外，为了维持城市的普遍利益，还不断地与其他居民相聚在一起。到了18世纪，情况也完全不一样了。那些行会的成员几乎不再与其他居民交流。这是因为，有关市政生活的活动变得越来越少，而且他们还将这些事务全部委托给别人处理。因此，每个小团体都只谋求自己的利益，与自己利益无关的事情概不过问。

个人主义这个词汇，在我们祖先生活的时代并没有出现，它是我们自己编造出来的，供我们自己使用。在我们祖先生活的那个时代，不属于任何团体，只按照自己想法办事的人其实并不存在。不过，法国社会是由若干个小团体构成的，而每个团体只考虑自己的利益。其实，这就是一种集体个人主义——如果我有权利这样说的话，它为真正的个人主义——对此我们并不陌生——做好了精神方面的准备。

有一件事情让人感到异常惊奇：这些人心尽管彼此隔离开来，但他们无一例外地全部变得非常相似，只要将他们的位置调整一下，那么再想将他们认出来，根本就不可能。而且，探究他们思想的人必然会发现，在这些相同的人的眼中，那些将他们隔离开来的小障碍物是有悖于公共利益的，而且从理论上来讲，走向统一已经成为他们共同的渴望。他们本来是愿意与其他人融合为一个整体的，但是，有些人因为地位而搞特殊化，享受超出共同水平的特殊待遇，所以他们才会一直坚持各自的特殊地位。

第十章▶

各个阶级的分离，政治自由沦丧，激发了几乎全部旧制度的弊病，促使其灭亡

刚才我描述了所有腐蚀旧制度机体，毁灭旧制度的弊病中的一种，而这也是最致命的弊病。现在我要探讨一下这样奇怪和危险的疾病是从何而来的，并说明还有多少种其他疾病会与它一道前来。

如果从中世纪开始，英国人就像我们一样，将政治自由丧失，出现由此衍生出来的地方独立现象，那么组成英国贵族的各个不同阶级就很可能像出现类似于法国和其他一些欧洲国家的现象，即各阶级相互分离，而且无论哪个阶级，都有与人民分离的可能性。

不过，有一样东西促使他们一直保持着联系，以便在必要时达成一致。它就是自由。

让人觉得可笑的是，英国贵族为了满足其野心，在必要的时候竟然能够假装与下属处于同一个团体之中，与下属融合为一个整体。我在前面曾提到过著名的旅行家亚瑟·扬，要想研究旧法国，他的书能够提供很大帮助。他曾讲过这样一件事。他在农村时，有一天他到莱昂古尔公爵家做客，他对公爵说，他想找附近几个最能干最有钱的种田人了解一些情况。公爵便吩咐管家将附近的几个种田人叫来。对此，这位英国人大发议论道："英国的领主，把三四个庄稼汉请到自己家里来，邀请他们与自己的家人一起吃饭，让他们与上流社会的贵妇人坐在一起是一件很正常的事情。我在英国见到过至少一百次这样的事情。可是在法国，从加莱到巴约纳，根本看不到这样的事情。"

从天性的角度来说，毫无疑问，与法国贵族相比，英国贵族更加目中无人，

更不擅长与那些地位低下的人融为一个整体。不过，他们的处境逼迫他们必须收起自己的傲慢，与地位低下的人打成一片。为了维护统治，无论做什么，他们都会做。在英国，几个世纪以来，捐税不平等已经被废除，只剩下有利于贫困阶级而陆续推行的纳税不平等依然存在。这两个相邻的民族，会被不同的政治原则带到哪里去呢？请好好想一下吧！18 世纪时，英国的穷人享有捐税特权。而在法国，享有捐税特权的是有钱人（注释详见第178页）。在英国，最沉重的公共负担由贵族承担，贵族以此换回统治权；而在法国，贵族直到灭亡也没有失去免税权，这一特权是他们失去统治权所获得的补偿。

14 世纪时，法国和英国都将“在没有征得纳税人同意的情况下，不能向其征税”这句格言确定下来。这样一句话经常被人们挂在嘴边：恪守它就是服从法律，违反它与实施暴政无异。在那个时代，英法两国的政治机构存在着很多相似之处——就像我所说的那样。可是随着时间的流逝，这两个民族的命运差别越来越大。它们就像由两个相距不远的点出发的两条射线，由于倾斜角度不同，所以它们越向前延长，距离也变得越远。

自从国王约翰[1]被俘、查理六世[2]得了精神病后，法国陷入长期混乱之中，百姓民不聊生。我可以肯定，从那时开始，国王就可以避开国民合作，将普遍税确定下来；而贵族并不会对国王向第三等级征税表示不满，只要自己享有免税权，他们就任由国王胡作非为。从那时开始，几乎所有弊病与祸害的种子便埋下了，它们摧残着旧制度后期的生命，并促使旧制度溘然长逝。克米内曾说过一句非常有远见的话，我深表认同。他说：“查理七世终于做到了这一点：随意征派兵役税而不需要征求各等级同意。这给他及他的继任者带来了沉重的心理压力，并一刀切在王国身上，切出一道伤口，鲜血将会流个不停。”

试想一下，随着时间的推移，这道伤口将如何不断地扩大；至于它所造成的后果，请一步步地观察。

福尔博奈曾写过一部非常有水平的著作。他在这部著作中说，中世纪时，

1　国王约翰是法国瓦卢瓦王朝的第二位国王。英法百年战争时期，约翰被英国名将爱德华亲王俘虏，之后被押解到英格兰。

2　查理六世是法国瓦卢瓦王朝的国王，于 1380 年至 1422 年在位。他患上精神病后，把国家交给他的叔父们治理，结果导致内乱爆发。1415 年，英格兰国王查理五世利用法国内战，重新开启百年战争，并占领了整个法国北部地区。1420 年，法国被迫签订丧权辱国的特鲁瓦条约。

领地的收入是国王经济的支柱。他还说："既然特殊捐税提供了特殊需求，那么就由教士、贵族和人民共同来承担特殊捐税吧！"

在14世纪时，这一特点体现在大部分经三个等级投票表决的普遍捐税上。这一时期所制定的捐税几乎全是间接税，也就是说，无论是哪个阶级的消费者，都需要缴纳捐税。有时制定的捐税是直接税，收入而非财产是缴纳这种税的根据。教士、贵族和资产者必须在一年之内将其全部收入的一定比例，比如十分之一上交给国王。由各省三级会议所制定的本地区的捐税，也应该包括在我所说的经三级会议表决的捐税之内。

从那个时期一直到现在，贵族从来没有被征派过被称为兵役税的直接税。贵族可以不用缴纳兵役税，因为他们有无偿服兵役的义务。不过在当时，兵役税作为普遍税一般只适用于领地，并不适用于整个王国。

国王第一次依靠自己的权威征收捐税时，征收的是兵役税。他之所以征这种税，是因为当时贵族是与王权相对立的危险阶级，对于损害自身利益的革新，贵族阶级一定会强烈反对；国王明白这一点，所以他就选择了兵役税这项贵族免交的捐税。

于是，一项更为普遍的不平等加到已经存在的所有个别不平等上面，从而使那些个别不平等变得更为强烈。自此之后，随着中央政权权限的增长，国库的需求也在与日俱增，兵役税以各种名目出现，而且不断加剧，很快就增加到了以前的十倍，而且所有的新捐税都以兵役税的形式出现。如此一来，捐税的不平等每天都在分化各个阶级，使人们的距离越来越疏远，这种疏远程度比过去任何时代都要剧烈。交得起税的人不用交税，没有能力交税的人却必须要交税，这就是此时捐税的宗旨。它必然会导致穷人纳税、富人免税的可怕后果出现。有人说，马扎冉为了敛财，曾打算向巴黎那些富豪们征收一种捐税。不过，在遇到那些富豪们的抵抗后，他便打消了这个念头，将他所需要的500万里佛分摊到普通百姓的兵役税上。马扎冉本来打算向最富有的公民征税，结果没有成功，只得让最贫困的公民来分摊这笔巨资。

君王们的需求是没有穷尽的，而摊派不均的捐税只能让他们获得有限的收益。即便这样，他们也不愿意通过召开三级会议的方式谋求财富，也不愿意向贵族征税，因为这样做可能会迫使贵族要求召开这类会议。

由此，一种让人难以置信的理财本领便产生了，这种本领只能起有害作用。君主制最后的三个世纪里，这个奇怪的特征一直贯穿于国家对金钱的管理之中。

一定要对旧制度的行政史和财政史进行深入研究，才能明白这样一个道理：一旦人们认可了一个温和的却失去控制且封闭的政府的权力，并且让它不再恐惧革命——那是人民的最后保障，那么它就会无耻而粗暴地采取手段来攫取金钱。

在一些历史记载中，随时都可以看到这样的情况：国王将自己的财产卖出去，但很快又以不能卖为由，将其收回；践踏契约，有些人获得了一些权利，却得不到认可，每当危机出现，国家债权人就要做出牺牲，国家不断做出违背诚信的事情。

有些人获得了终身特权，但这些特权随时都可能被收回。如果有人觉得因为愚蠢的虚荣心造成的痛苦值得可怜，那么他一定会对这些倒霉的受封贵族的命运深感同情，在整个 17 世纪和 18 世纪，他们尽管已经多次花钱购买没有实际意义的荣誉或不公正的特权，但他们还是被迫一次次地购买。路易十四一声令下，将 92 年以来人们取得的贵族头衔全部取消，而且，那些贵族头衔大部分还是他亲自授予的。人们只有重新花钱，才能够保住贵族头衔。国王颁布命令称，之所以取消全部贵族头衔，是因为它们都是人们趁他不注意弄到手的。80 年后，路易十五也采取同样的方法来敛财。

国王禁止自卫队的士兵找人替代自己，有人说他之所以下达这样的禁令，是担心国家用于征兵的代价会变得更大。

为了借钱给国王，城市、社区、收容院只能做出违背自己誓言的事情。教区被禁止兴办有益的工程，因为国王担心这样做会使财富分散，无法将兵役税全部交齐。

我听说，桥梁公路工程局局长特雷代纳先生和财政总监奥雷[1]先生提出这样一个方案：每个区的道路维修所需要的费用由各区居民负责，如此一来，那些居民就不需要再缴纳公路徭役了。不过，这项计划很快就被那两位精明的行政官给否决了，其原因为：据说，他们担心国库在征齐这些资金后，很可能会

1　奥雷是路易十五执政时期的财政总监，后来担任建筑工艺制造局局长。

拿来做其他事情，那样的话，人们就得同时承担徭役和新捐税了。这个原因可以启发人们进行深入地思考。

我敢断定，无论是哪个人，如果他像国家处于全盛时期时国王支配国家财产那样随意地对个人财产进行处理，那么司法的判决很快就会降临到他头上。

假如你遇到某种有害的新机构，或者遇到某种违反时代精神的中世纪旧机构，那就想办法把病根挖出来：你就会发现，某一项财政措施原本只是为了某种目的而暂时采取的办法，后来却转变为制度。你将会发现，为了偿还一天的债务，新的权力机构便被确立起来，而且一直持续了好几个世纪。

在遥远的过去，当普通百姓拥有贵族的财产时，必须要缴纳封地获取税这种特殊的捐税。封地获取税使得人与人之间，土地与土地之间出现了分裂，而且，这两者相互影响，加剧了这种分裂。

尽管封地获取税阻碍了贵族与普通百姓的融合，因为拥有土地所有权可以最大地将不同阶级的人同化，但它在促使普通百姓与贵族之间的鸿沟越来越大这方面是否比其他捐税所起的作用更大，我就无法确定了。就这样，在贵族和他的邻居普通百姓之间，一道鸿沟重新划出。英国的情况与之相反。从 17 世纪初，英国就将世袭领地与平民占有土地之间的差异给废除了，这两个阶级的联系从而变得越来越紧密。

14 世纪时，获取领地只需要缴纳很少的封建税，而且征收的时间相隔很久。但到 18 世纪时，封建制度走向了尽头，这项捐税每隔 20 年就会征收一次，而且征收的数额很庞大，高达普通百姓一年的收入。父亲死了，捐税也不会终止，由儿子继续缴纳。1761 年，图尔农业协会说："这项捐税严重地阻碍了农业技术的进步。国王向他们的臣民征收很多捐税，但是在农村，这一项捐税是最让人无法承受的。"同时代的一个人说："开始时，这种税一辈子只征一次，可是后来，它就逐渐演变成一种非常苛刻的捐税。"（注释详见第 178 页）那些打算购买贵族土地的普通百姓，由于受到这项捐税的影响，只得放弃自己的购买计划。因此，贵族也想将其废除。可是，它并没有被废除，因为它能满足国库聚敛财富的需求。

有人认为，中世纪是工业行会所造成的一切弊端的根源，这种观点并不正确。事实表明，行会师傅和行会管事会最初只是以联系同行业成员为目的的，它们只是行业内部的一个微不足道的自由管理机构，主要是为了抑制和救助工人的。这就是圣路易[1]的最高要求了。

直到16世纪初，文艺复兴运动达到鼎盛时期，人们才极具创造性地想到，把劳动权看成国王能够出卖的一种特权，这时，每个等级团体完成了向封闭性的小贵族的转变，垄断权这种严重阻碍技术进步的特权也随之建立起来。我们的先辈曾对此表示强烈的愤慨。亨利三世虽然并不是制造这一弊端的人，却使得它不受阻碍。这一弊端，直到路易十六时期才被革除。从亨利三世到路易十六这一段漫长的时期，行会管事会制度的弊端一直在不停地扩散，在这个时期内，随着社会不断进步，人们越来越无法忍受这种弊端，公众舆论将其揭露出来。每一年都有一些旧行业获得了更多的特权，而失去自由的新行业越来越多。被人们习惯性地称作黄金时代的路易十四统治时期，这种弊端起到了极大的推波助澜的作用。之所以这样说，是因为那时不向国民求助的决心前所未有地坚定，而对金钱的需求也是前所未有地迫切。

莱特罗纳在1775年说："无论是创造工业集团，还是出卖特许权，或者设置各种新官职，强迫各集团购买，国家的目的都是为了赚钱。1673年，通过逼迫所有集团购买批准证书，勒令还没有加入集团的手工业者加入等卑鄙手段，国家共赚了30万里佛。"

为了给国库捞钱而并非出于政治目的，人们已经把城市整个体制给搞乱了。这一事实已经摆在我们面前。

正是由于渴望获得金钱，加上又不想向三级会议讨取，便促使卖官鬻爵制度的产生，这种现象在其他国家从未出现过。由于这种以获取钱财为目的的捐官制，三个世纪以来，第三等级一直保持着虚荣心，获取官职成了他们唯一的想法。于是，这种对职位的渴望深入到国民的内心深处，这种渴望造成了后来的革命与奴役。

国家越没钱，设置的新职位就越多。所有新职位都获得了特权或免税的报酬。由于并非出于行政的需要，而是出于国库的需要，所以新官职多到令人难以置信的地步，这些新官职要么一点儿作用都没有，要么有害。克尔贝尔从

1　圣路易也就路易九世。他曾参加过十字军东征，是一个励精图治的君主。

1664 年开始进行一项调查，结果显示：人们投入了 5 亿里佛在捐官这项不正当的事业上。有人说，黎塞留曾将 10 万个官职予以废除。可是，这些官职很快又出现了，只是换作不同的称呼而已。为了搜刮钱财，人们不再领导、控制、强制自己的官员了。于是，一个庞大的行政机器就建立起来了，它不起任何作用，而且难于运转。可是，人们只能让它以某种方式空转，同时再设置另外一个政府工具，它更为简便，能起到更大的作用，用它来办理一些所有官员都在装模作样地办理而实际上根本就没有办理的事情。

如果让人们来决定这些讨厌的机构的命运，那么这些机构将会很快灭亡，即使暂时没有灭亡，维持 20 年也必然会灭亡。如果人们当初召集了三级会议，便会听到一些意见或者怨言，那么这些机构根本就不会出现。几个世纪以来，三级会议一直没有停止反对这些机构，尽管它召开的次数很少。这些会议曾不止一次指出，一切弊端全部来自国王越权随意征收捐税。如果用 15 世纪那种具有震撼力的语言来表述，就是：国王窃取了“没有经过三个等级的同意便用民脂民膏来敛财的权力”。三级会议在关注自己权利的同时，还强烈要求人们对各省与城市的权利予以应有的尊重，而且能经常实现这个目标。无论哪次会议，发自肺腑的反对负担不平等的呼声都会涌现出来。三级会议曾不止一次要求将行会管事会制度废除，还曾对几个世纪以来愈演愈烈的卖官鬻爵制度进行猛烈的攻击。它们说：“卖官鬻爵是非常可耻的举动，那些这样做的人，简直就是在出卖正义。”捐官制确立下来后，三级会议对滥设官职进行严厉的谴责，对毫无用处的职位和危险的特权进行反对。不过，这种做法并没有收到成效。这套机构建立起来的目的，正是要反对三级会议；它并不是为召开三级会议而建立的，而是把捐税乔装打扮以掩人耳目，使法国人无法认出来。

无论是最优秀的国王，还是最坏的国王，他们都会使用这种卑鄙的手段。这一点是必须要注意的。路易十二最后将捐官制确立下来，亨利四世开始出售官职世袭权；与推行这套制度的那些人的美德相比，这套制度的罪恶显然更加明显。

逃避三级会议的监督，客观上促使最高法院掌握了大部分政治职能，这导致政府的司法权混乱不堪，对良好的秩序造成了极大的危害。为了代替被剥夺的保障，必须要装模作样地提供新的保障。这是因为，只要专制政权不推行暴政，那么法国人就能够忍受它，不过，法国人从来不愿意正面面对专制政权；因此，在专制政权面前设立一种虚假的障碍是十分明智的，这样做虽然无法限制专制政权，却至少能够掩饰一下它的罪恶。

最后，正是这种不断地向国民索取财富，又阻止国民获取自由的愿望，不断地促使各阶级越来越孤立，使它们无法打成一片，不能向彼此靠拢，以至政府在每个时期的对手都只是一个阶级。在这段漫长的历史进程中，才华出众、思想卓越的君主不断出现，他们几乎文韬武略样样精通，可是，无论哪位君主，都不会促使各阶级走到一起，形成一个庞大的整体。我所说的并不正确，有一位国王这样想过，也曾为此而努力过，他恰恰正是路易十六！上帝的判断力真让人捉摸不透啊。

阶级分裂是旧王国所造成的后果，并且后来成为了它的借口。这是因为，国民中既有财产同时又有学识的那些人无法在政府中融洽相处、为对方提供援助时，国家似乎就无法进行自我管理了，必须有一位主宰者对其进行管理。

蒂尔葛曾给国王写过一份秘密报告。在这份报告中，他忧心忡忡地写道："国民是由不同等级构成的社会，这些等级联系得并不紧密；是由只为自己着想、与其他等级极少联系的人民构成的社会。在这样的社会里，人们根本就没有共同利益可言。各个城市、各个村庄的联系也非常少，就像它们所属的各行政区那样。即便是在公共工程方面——这对他们来说具有极其重要的作用，也无法取得一致。各种企图与愿望没完没了地进行斗争。在这个过程中，一切事务都需要由陛下亲自决定，或者委托给别人处理。人们是否要为公共利益作贡献，是否要尊重别人的权利，是否能够行使自己的权利，全部取决于您，没有您的命令，他们根本无法做事。"

在过去的几个世纪里，同胞们彼此之间就像是陌生人或者仇人，要使他们打成一片或者教育他们共同进行他们的事务，绝对不是一件无足轻重的小事。与让他们不计前嫌，和睦相处相比，让他们彼此分离更加困难。我们已经向世人证明了这一点。在60年之前，使旧法国四分五裂的不同阶级重新进行了接触，在此之前，它们被各种障碍隔绝了很久。重逢后，他们想到了对方给自己带来的伤痛，便与对方展开了厮杀。即便到了今天，他们虽然已经灭亡，但是他们的仇恨和嫉妒并没有随之消逝，这两样东西尚在人间。

第十一章

旧制度下的各种自由及它们对大革命的影响

如果有人读到这里就不再继续往下读了，那么旧制度政府在他心中只能留下一个片面的形象，他对产生大革命的那个社会也就无法理解了。

公民们彼此孤立，只考虑自己的利益，王权四处扩张，变得越来越强大；看到这样的景象，人们可能会产生这样的想法：独立精神已经随着公共自由一起消失了；所有的法国人都失去了反抗能力，一味地迁就。其实，情况并不是这样的。政府虽然独断专行，所有公共事务全部由其指挥，但是它远远没有主宰所有个人的命运。

自由精神仍然存活在为专制政权制定的许多规章制度中。这种自由是一种奇怪的自由，对于今天的我们来说，它非常陌生。只有详细地对它进行考察，我们才能搞清楚它为我们带来的好处和坏处。

当中央政府将所有地方政权取代，在整个行政领域的影响力越来越大，那些规章制度、古老的风俗，以及各种弊端——这些都是它一手创建或者予以默认的——全都在阻碍着它的行动，并使反抗精神仍然存在于很多人的灵魂深处，使各种特征的特色及坚固性得以保留。

无论是性质、程序还是目的，中央集权制那时便与我们今天的制度大同小异。不过，那时它还没有取得今天我们的制度所拥有的权力。政府将大部分官职售出，以便实现其捞钱的目的，这就导致它不再具有随意封官免职的能力。政府有着极强的权力欲望，但是它的贪婪损害了它的这个欲望。为了办事，在无奈的情况下，它只能不断地使用不是它自己制造而它又无法毁掉的那些工具。这就导致它的专制在实际办事过程中变得柔弱不堪。公职是一种古老的结构，它对百姓并无益处，但它却成为抵抗到处存在的中央集权的政治保障。这就像一道修建得非常差的堤坝，能够缓解中央集权的冲击，削弱它的力量。

当时的政府尚不具备今天的政府那样的能力，可以随意支配金钱、荣誉、恩典，所以，虽然它也掌握了大量强制性手段和诱惑性手段，但这些手段远远不如今天的政府那样多。

再者说，政府并不了解自身权力的准确限度。它的权利还没有牢固地确立起来，也没有得到正式的确认。尽管行动范围已经非常宽广，但是它在行进的过程中，还是遇到了一些阻碍，就好像置身于陌生的地方，被一片黑暗包围起来。这片恐怖的黑暗分布在所有权力的四周，使得所有权力的界线变得模糊不清，为国王剥夺臣民自由的企图提供了便利，但同时也有利于臣民保卫自由。

政府感觉到身份卑微，进入社会时间不长，所以无论办什么事都小心翼翼的，担心遇到阻碍。当人们阅读 18 世纪大臣和总督们之间联系的信件时，就会发现一种奇怪的现象，因而便会深感诧异。这种奇怪的现象为：这个政府的专制特征十分明显，而且侵略性十足，臣民完全听它的，但当它遇到反抗——即便是最微不足道的反抗，它就会慌乱，哪怕是最轻微的批评，都会让它惴惴不安，惶惶不可终日。于是，它就停下来进行商议，最后采取折中的办法继续做事，不敢跨越自己权力的天然范围一步。这一点在路易十五缺乏决断的利己主义及他的继任者的仁慈品德上均有所体现。而且，这些君王根本没有想到，他们会成为别人推翻的对象。在他们之后的统治者，无不因为恐惧而带有一种冷酷的焦躁的性格。而这种性格他们并不具备。

现在，独立的精神依然保持在大量臣民的心中，这要得益于那些对确立正确的自由最没有好处的偏见、特权和错误思想，它们让那些臣民对当局滥用权力的不当行为进行坚决的反对。

贵族们尽管有时还要求助于严格意义上的行政当局，但他们却极度鄙视它。他们即便将旧权力放弃，但先辈的骄傲仍然保留了下来，所以他们对法规和奴役都十分痛恨。对于公民们的普遍自由，他们漠不关心，当政府加强对公民的控制时，他们也觉得无所谓。可是，一旦政府对他们进行控制，他们便无法容忍，有时甚至会冒着各种危险反抗政府。

当大革命拉开序幕时，这个即将与王权一起灭亡的贵族阶级，在面对国王，特别是面对国王的代理人时，态度非常激烈，言语也非常自由。在这方面，即使把王权推翻的第三等级都要甘拜下风。我们在代议制[1]的37年里所拥有的几乎所有反对滥用权力的保障，就是在贵族们的强烈要求下获得的。从贵族的陈情书（注释详见第179页）中我们可以感受到，贵族的精神和一些高尚的品质让人印象深刻，当然，那些怪癖和偏见另当别论。可是，人们推翻了贵族，并将其彻底根除，而没有将其纳入法律的约束下，这让人深感惋惜。如此一来，国民机体中那不可或缺的部分被割除了，自由多了一道永远也无法愈合的伤口。

贵族阶级很多个世纪以前一直走在最前列，它那令人敬佩的伟大品德一直在发挥作用，这使得它产生了一种骄傲之感，对自身力量形成了一种强大的自信，而且习惯受到人们特殊看待，这几点使它成为社会机体上抵抗力最强的部位。它不仅具有雄浑的气质，还促使其他阶级的气质变得更加雄浑。贵族被彻底铲除后，它的敌人也变得一蹶不振。世界上可以完全取代它的东西根本就不存在。它不具备复生能力，再也无法复生了，尽管可以重新获得财产和头衔，但前辈的品质再也无法恢复。

从那个时期开始，教士们便开始对任何一个尘世的君王唯命是从，只要君王给他们一点儿好处，他们就极尽阿谀奉承之能事。可是在过去，国民中最具独立性的团体就是他们这类人，除了他们之外，没有任何人拥有人们必须尊重的特殊自由。

外省的自主权已经不复存在，城市只保留一点儿自治的权力。贵族十个人聚集在一起商讨任何事务，都要获得国王的批准才能进行。一直到最后阶段，法国教会仍然定期举行会议。在教会内部，教权必须要遵守各种准则，这些准则使得教权受到了限制。低级教士拥有各种保障，不必担心上级会残暴地对待他们，同时也不用担心主教滥用权力逼迫他们向君主屈服。我并不想对教会这个古老的体制随意做出评判，我只是想要表达这样一个意思：由于教会的影响力，教士们的心灵一点儿也没有受到政治奴役。

此外，很多教士具有贵族血统，贵族阶级所具有的那种自豪感及对抗精神被他们带进了教会。还有，他们处于国家的上流阶层，可以享受很多特权。这

1　代议制是一种政治制度，它是指公民通过选举代表组成代议机关，从而行使国家权力一种制度。

些封建特权严重地破坏了教会的道义威力，不过，它却让每一个教士不向世俗政权屈服，保持独立精神。

是土地所有权将公民的思想、情感、需求乃至公民热情赐予了教士。

我在以前曾仔细地阅读过省三级会议遗留下来的很多报告和辩论资料，由于朗格多克省比其他省的教士更多地参与公共管理，所以该省的三级会议资料我阅读得更多。此外，1779 年和 1789 年召开的省议会的记录，我也曾仔细地阅读过。在阅读的过程中，我一直以我这个时代的思想去思考，结果发现了一个令我感到非常诧异的现象：无论是那些主教，还是那些修道院院长——他们中的大部分人知识渊博，而且以圣洁闻名，曾就修建道路或者运河撰写过一些报告。在这些报告中，他们非常专业地对修建原因进行论述，从科学与技术的角度探讨促进工业发展、保障居民福利、增加农业产品的最有效的方法。与那些负责同类事务的非教会人员相比，他们表现得一点儿也不逊色，甚至还经常超过对方。

很多人认为，将天主教教士的土地占有权全部剥夺，将其所有收入改为薪俸，可以让人民获得更多的自由。这种观点大肆盛行，而且根深蒂固。而我却并不这样认为。在我看来，这种做法只能让罗马教廷和尘世的君主们受益，人民非但不会拥有更多自由，反而还失去了自由的一个很重要的成分。

一个人在他一生最美好的时光里受到一种外来权威的压迫，又无法在他所居住的国家建立家庭，对于这样的人来说，只有地产才能够将他紧紧地束缚在土地上。如果将这种唯一的联系破坏，对他而言，任何特殊归属都不复存在。在他意外降生的地方，在世俗社会中，他就如同一个陌生人，在这个社会里，根本不存在与他直接相关的利益。在物质生活方面，他只能依赖君主；在精神生活方面，他只能依赖教皇。教会是他唯一的祖国。每次政治事件发生，他只辨别对教会有利和有害的事情。只要教会保持繁荣和自由，他就心满意足了。在政治方面，他几乎对什么都不关心。他是基督世界里的出色成员，其他地方的普通公民。一个团体，既是幼童的导师，同时还负责指导人们的品德，既然具有这样的思想和情感，那么在涉及公共生活的问题上，整个民族的灵魂变得软弱无力也就在所难免了。

若想对人们的地位变化所产生的精神革命有正确的认识，必须要重新阅读

1789 年教士等级的陈情书。

在陈情书中，教士经常表现出不宽容，有时候还会对他们以前的特权显得过分依恋。即便如此，就像贵族和第三等级那样，他们热爱政治自由，对公民自由十分支持，对专制制度深恶痛绝。他们提出，应该依靠与人身保护法[1]类似的法律程序为个人自由提供保障，只以承诺作保障是不行的。他们要求：将特别法庭和调案废除，公开所有法庭辩论，不得罢免任何法官，将国家监狱彻底毁灭；选拔人才要以才干作为标准，所有公民均能够担任公职；无论是什么人，都不得免除兵役，征兵时对人民少一些压迫与侮辱；将内地关税废除，保障劳动自由；推行免费教育，大力兴办私立学校——他们要求每个教区都要设立一所学校；赎买领主权利，他们说，领主权利是封建制度的产物，与自由对立；在乡间设立如慈善工场和济贫所一类的慈善机构；大力鼓励农业生产。

在严格意义的政治方面，他们宣布：国民拥有自由表决捐税、制定法律和召开议会的权利，这种权利是不能被剥夺的，同时也是无法转让的。在宣布这一观点时，他们的态度比任何人都要强烈得多。在他们看来，国王只有在公民本人或者其代理人投票表决的情况下才能征缴捐税，否则不能强迫任何法国人纳税。教士还提出如下要求：每一年都要召开自由选举的三级会议；三级会议必须制定普遍法律，在这项法律表面，任何特权或者特殊惯例都要做出让步；三级会议所讨论的全部重大事务，必须要让国民知晓；三级会议编制预算，甚至要对王室进行控制，大臣们一直都要对三级会议负责，保障三级会议代表的安全。他们还要求每个城市都设立市政府，每个省都要设立三级会议。值得注意的是，他们根本没有提任何神权问题。

尽管教士之中存在着一些臭名昭著者，但从总体来说，我认为在大革命即将爆发之际的法国教士比世界上其他国家的教士都优秀、开明，他们更加具备公共道德，更少坚守私人道德，民族性在他们身上体现得更为明显。对教士的迫害就是我这种观点很好的证明。在开始对旧社会进行研究时，我对教士充满了偏见，但当我结束该研究时，他们让我深深地敬佩。毫无疑问，教士身上存在着一些缺点，但这些缺点只不过是所有行业所固有的，无论是宗教组织还是

---

1 人身保护法是保障被告人身权利的一种法律，该法律规定，被告人享受人身权利，未经法院签署法令，不得将其逮捕。

政治组织，当它们建立起严密的结构时，它们就会缺乏宽容，充满侵占的欲望，本能的或者盲目地维持本团体的特殊权利。

与今天的资产阶级相比，旧制度的资产阶级更加能够体现独立精神。尽管它在结构上存在着诸多缺陷，但是这种缺陷甚至使这种独立精神体现得更加明显。资产阶级在当时占据的职位数量要多于现在，而且中产阶级也非常想获得这些职位。我们已经看到了这一点。但需要注意的是，时代已经完全不同了。由于这些职位是政府无法授予同时也无法剥夺的，所以政权就无法随意摆布任职者了，这就意味着，今天迫使很多人唯命是从的因素，在那时正是他们受到尊重的最主要因素。

此外，种类繁多的豁免权——正是它们造成了资产阶级与人民大众的分离——将资产阶级变成了假贵族。真贵族所具有的那种抵抗精神和骄傲，在这些假贵族身上同样有所体现。资产阶级被特殊的小团体分割成很多部分，从而导致人们在每一个这样的联合体中，一心只想着小团体的权利和利益，从而将整个团体的利益忽略。共同的特权和尊严，使得人们联合起来，与统治者作斗争。从来没有一个人会主动消失在人群中，苟且地活下去。每个人都登上了舞台，尽管舞台很小，但光线充足，同样的观众一直站在舞台下面，随时准备鼓掌或者喝倒彩。

与今天相比，那些平息反抗的手段还不是很丰富，那时的法兰西还不像我们今天生活的这个地方这样死气沉沉，相反，它充满了生机，尽管政治自由尚未出现，但离出现也不远了。

在那个时代，被压迫者只有通过司法机构这一种途径让上面听到自己的呼声。由于政治与行政制度，法国当时已经变成一个专制的国家，但是它的司法制度让它的人民仍然享有自由的权利。

旧制度下的司法机关复杂极了，办理手续要等很久，需要高昂的费用，而且还有很多阻力。这些都是非常严重的缺陷，不过，司法机关从来也不会向政权屈服，而屈服是卖官鬻爵造成的后果。卖官鬻爵这一弊病不仅毒害了法官，而且很快就要给全体人民造成危害了。不过，这一弊病当时并没有侵入司法机关。法官实行终身制，这使得担任这一职务者没有升迁的欲望，因此就能够很好地保持独立性，无论使用什么手段都不能将其收买。

普通法庭中差不多所有涉及当局的讼案的审理权都已经被王权窃取了，这一点是毋庸置疑的。不过，尽管王权将法庭的权力剥夺，但它还是十分害怕法庭的。这是因为，王权虽然阻止法庭审理案件，但这种阻止只是暂时的，它没有胆量一直阻止法庭听取控诉，发表意见。古法语具有为事物正名的嗜好，而当时的司法语言与古法语的风格是一致的，因此，政府的举动，经常被法官直接称为武断与专制的行为。法院通过这种形式干预了政府，经常妨碍行政事务的正常进行，不过，有些时候，这种情况通过以毒攻毒的方式保障了个人的自由。

在司法团体内部及其周围尽管充斥着新思想，但旧风俗并未消失，而且依然保持着活力。毫无疑问，高等法院对公共事务的关心远不及对自身的关心。不过，有一点不得不承认，当独立与荣誉受到挑战时，它们一直顽强地进行捍卫，而且，它们还把这种顽强的精神传递给了周围的人。

巴黎高等法院于 1770 年被撤销时，法院的法官们失去了他们的权力和地位，但是他们并没有一个人屈服于国王的意志。另外，其他各种法院，比如审理间接税案件的法院，虽然并没有受到牵连，但当它们得知国王的严厉处罚已经无法更改时，它们全都站了出来，表示愿意与高等法院一起接受惩罚。此外，在最高法院出庭辩护的首席律师们也站了出来，他们以实际行动表达了对高等法院的支持：宁可放弃荣华富贵，保持沉默，也不在遭受羞辱的法官面前出庭。就我所知，此时发生的事情是自由人民的历史上最伟大的事件，可是，它就发生在路易十五的宫廷附近，当时还只是 18 世纪。

司法习惯后来逐渐演变为民族习惯。法庭的这样一种思想被人们所接受：所有的事务都可以提交辩论；无论什么样的决定，都可以重新进行讨论；做事情讲究方式方法；充分利用公开性。这种思想与奴役性格形成了巨大的反差。这也是我们的自由人民从旧制度继承下来的唯一部分。政府的很多语言，也是从司法用语中选取而来的。国王认为，无论发布什么样的命令，都要在命令发布前阐明理由，无论得出什么结论，都要将其原因讲清楚；御前会议在下达的判决书中，附上一篇很长的前言；总督有什么命令，都要派执达吏来传达。在所有古老的行政机构内部，比如当选人团体或者法兰西财政官内部，人们在做出决定之前，都要进行公开讨论。所有这些形式和习惯，都成了君主专权的障碍。

只有百姓，特别是农村地区的百姓，始终无法反抗压迫。当然，使用暴力除外。

我刚才列举了大量抵御王权的手段，但其中大部分百姓都不具备。只有那些在社会上有一定的地位的人，才能使用这些手段。但是除了百姓，在法兰西没有人——只要他有这个想法——不能使用灵巧的手段指责顺从，在屈服的过程中奋起反抗。

国王并不是以主人，而是以领袖的语气向国民讲话。在路易十五统治时期，在他所颁布的命令的前言中，有这样一句话："我们统领着一个自由豪迈的民族，这让我们感到无上光荣。"路易十五的一位祖先早就表达过同样的思想，只是这位君主使用的是更古老的语言，在向勇于进谏的三级会议表示感谢时，他说："我们更希望，我们讲话的对象是自由人而不是农奴。"

18 世纪的人并不贪图安逸——这是一种培养他们奴性的不良倾向。追求安逸的欲望虽然并不强烈，却非常顽固，它很容易与崇尚风俗、热爱家庭、尊重宗教信仰以及对现行宗教漠然置之但仍然按时参加的态度等私人道德混合起来，甚至交织在一起。它使人变得虔诚，但对英雄主义极度排斥；造就中规中矩甚至懦弱的公民，是它最擅长的事情。与现在的人相比，18 世纪的人要好些，但也坏些。

当时的法国人热爱欢愉，对享乐十分痴迷；与今天的法国人相比，他们的思想和感情更加混乱，更加放纵任性。有节制、崇尚礼节的肉欲主义在我们这个时代十分盛行，而他们却对此一无所知。在上层阶级中，人们更想扬名立万，而不是拥有巨额财富；更想让生活丰富多彩，而不是让生活变得更舒适。就算是那些中产阶级，也经常暂时放弃追求安逸生活，转而追求更愉悦更高雅的享受。他们不但拥有金钱，还在各处置有其他财产。当时有一个人，用让人感到莫名其妙而又带有自豪感的语气写道："我对我的民族十分了解：我的同胞擅长铸造，在浪费金钱方面也十分出色，但他们不会对金钱过分崇拜，他们随时准备重拾古代的精神——荣耀、价值、慷慨激昂。"

此外，如果用对最高权力的服从程度去评判人们是否卑劣，那就走上了歧途，因为所采用的衡量标准是错误的。即便处于旧制度下的人们向国王的意志屈服了，但是有一种服从是他们绝对不会接受的，因为他们不会因为某个政权对他们有利或者任由他们为所欲为就盲目屈服，他们更在乎这个政权是否合法，是否有争议，是否受到尊重。对他们来说，那种不被尊重、不合法的政权所推行的奴役形式始终都是陌生的。国王在他们心中所激发起来的各种情感，这些情感即使是以前世界上最为专制的君主也无法带给他们的，大革命将他们心中的这些情感全部摧毁，因此它们让我十分难以理解。

他们对待国家的态度十分复杂，既像对待上帝那样充满敬意，又像对待父亲那样充满温情。哪怕是国王发出最为专制的命令，他们也会服从，他们这样做，并不是被逼迫的，而是出于爱，因为他们虽然对国王极度依赖，但他们仍然保持着自由的精神。对于他们而言，强制是服从最大的弊端，而这对我们来说，只是最无关紧要的毛病，逼迫人服从的奴性感才是最大的弊端。

我们根本没有瞧不起我们先辈的权利。我希望，我们对待他们的态度应该是这样的：在发现他们的缺点与片面时，也能够发现他们的崇高。

因此，并不能盲目地认为旧制度的时代是一个奴役与依附的时代。那时的自由要远远多于我们今天所拥有的自由。只不过，那种自由是一种并不正规的，时有时无的自由，它始终也没有跳出阶级的樊篱，始终与特权思想紧密相联，它既允许人们对专制行为对抗，也允许人们与法律对抗，却根本无法为所有公民提供他们最需要的各种保障。尽管这种自由形式发生了改变（注释详见第188页），而且范围狭小，但它的生命力仍然顽强。在中央集权越来越使所有性格都变得顺从、相同、毫不光彩的时代，正是自由使得很多人心中仍然保留着与生俱来的气质和鲜亮的色彩（注释详见第188页）。而且，自由还培养了他们的自豪感，使他们崇尚荣誉，经常将对荣誉的热爱超越所有爱好。即将出现的充满生机的精灵，勇猛骄傲的天才，都出自自由这个摇篮，就是因为这些人，法国大革命才会成为后代既顶礼膜拜又胆战心惊的对象。在没有自由的土地上，根本无法生长出这样强健的品德。

可是，这种自由毕竟是不正规的，畸形的，如果说它为法国人将专制制度推翻提供了条件，那么它可能又成了法国人在专制制度的遗址上建立自由与和平的法治国家的阻碍。

第十二章▶
文明在很多方面都取得了长足的进步，可是与 13 世纪的农民相比，生活在 18 世纪的法国农民境况更加糟糕，这是为什么

18 世纪时，法国农民的处境相当不错：他们拥有一部分土地，享受着自由的权利，政府很少对他们实施暴行，那些封建小恶霸也不再欺负他们。不过，他们却遭到了所有其他阶级的抛弃，非常孤单。或者世界上任何地方也没有像他们那样孤单的群体了。他们遭到了一种独特的压迫，这种压迫所造成的后果值得仔细考察一番。

据佩雷菲克斯介绍，从 17 世纪初期开始，亨利四世就对贵族抛弃乡村的行为多有抱怨。到了 18 世纪，贵族从农村逃离几乎成了非常普遍的现象。这种现象出现在那个时代所有的文献里，包括总督的通信，经济学家的著作以及各农业协会的论文，那些人对此感到痛心疾首。确凿的证据，可以从人头税登记簿里找到。人头税征收的地点为居民的实际住所，而所有大贵族和部分中等贵族的征收地点为巴黎。

那些拥有一定的资产却又无法搬到巴黎的贵族只能留在农村。他们与农民做邻居，无论白天还是黑夜都与农民相处。我觉得，他们的处境在有钱人中可谓相当独特。既然不再是农民的领导者，他们也就不会像过去那样领导农民了，也不再为农民提供帮助。另一方面，由于不需要像农民那样承担公共捐税，所以他们也就不再同情农民的悲惨处境，因为类似的经历，没有发生在他们身上。至于农民的痛苦，他们也不会再分担了，因为他们从来没有承受过这种痛苦。这些农民不再听命于他们，而他们也还没有与农民打成一片——这种现象以前

从来没有出现过。

于是，一种心灵上的缺席地主制——如果这样说没什么问题的话——出现了，与严格意义上的缺席地主制相比，他们更加有效，更加频繁。所以，那些在自己的土地上继续居住的贵族经常会产生各种感情和观点，而这些感情与观点，是他们不在乡村时他们的管家所持有的。在他们眼里，佃农只是债务人，因此他们千方百计地勒索佃农，决不放过按照惯例或者法规属于他们的东西，从而导致农民受到的勒索比他们在封建时代受到的还要严重。

生活在农村的贵族的生活一直非常贫困，还经常欠下一屁股债，在城堡里过着省吃俭用的生活。为了能够在冬季到城里肆意花钱，他们的心里除了攒钱外便无其他想法。老百姓经常用身材最小的一种猛禽——燕隼[1]来称呼这类小贵族。

我知道有人会认为我说得不对，用个人的例子来反驳我。我要说的是，我在这里探讨的是阶级，只有阶级才能够在历史上占有一席之地。当时肯定也有一些有钱的小贵族一直在默默关心着农民的福利。这一点我无法否认。但毫无疑问，他们的做法完全违背了他们新的社会地位的规律。无论他们是否愿意，他们都会受到这条规律的影响，不关心农民的死活，同时痛恨他们以前的附庸。

通常来说，人们认为是某些国王或者大臣的特殊影响促使贵族抛弃了农村。有些人认为是路易十四，有些人认为是黎塞留。毫无疑问，在君主制的最后三个世纪里，历代君主几乎一直秉承着这样一种思想：以官职作为诱饵，把贵族吸引到宫廷，使贵族离开人民。在17世纪时，贵族让王权感到畏惧，所以这种思想表现得更加明显。国王竟然会向总督提出这样的问题："你省里的贵族愿意到宫廷来，还是愿意留在家里？"

有一个总督作出了回复，他在信中发牢骚说，他省内的贵族情愿与农民混在一起，也不愿意去国王身边效劳。

不过，有一点需要指出：我谈到的省份是安茹，它后来被称作旺代。有人说，当法国的君主制受到威胁时，只有这些拒绝向国王效劳的贵族拿起武器为之战斗，最后甚至付出了生命的代价。他们之所以敢于捍卫君主制的尊严，根

1 燕隼是一种小型猛禽，主要分布在欧洲、西北非、温带亚洲及整个亚极圈。

本原因就在于他们对农民来说有着强烈的吸引力，能够让农民围绕在他们身边，尽管有人指责他们愿意与农民生活在一起。

可是，如果将构成民族首领的那个阶级抛弃农民的现象，归结于某几位国王的直接影响，那就大错特错了。某些个人的意志并不是导致这种现象出现的最主要且持久的原因，各种制度虽然缓慢却持续不断的运动才是。有力的证据为：18 世纪时，政府打算将弊端革除，可是弊端非但没革除，还不断扩展。贵族的迁移随着地方自由的消失及政治权利彻底被剥夺不断增多，他们已经没有继续留下来的想法了，因为他们已经厌烦了毫无乐趣的田园生活，人们再也不会勾引他们离开农村了。

我论述贵族的话应该从两方面理解，一方面为全国各地有钱的地产主；另一方面为中央集权的国家，思想开放的富人不断离开的乡村。我不知道是否可以这样说：中央集权的国家，以粗放落后的方式耕作的国家。孟德斯鸠说："土地的产出是多是少，与土地的肥沃程度没有太大关系，居民是否享有自由才是决定因素。"我是否可以对孟德斯鸠意义深刻的话语进行评论，并将他的话的含义明确下来？我觉得还是不要这样做了，因为这样做严重偏离了我们的主题。

资产者抛弃农村，想尽各种办法进入城市的情况，我们在别处曾谈到过。旧制度的所有文献与其保持着一致。文献指出，农民们一旦靠辛辛苦苦的劳作获得一点财产，就会立刻让自己的孩子离开农村，到城市里去，并给他买个一官半职，所以超过两代的富裕农民在农村里几乎就不存在。到了今天，法国的农民还经常会厌恶令其获得财富的这个行业，这实在让人感到奇怪。这种现象就是这个时期留下的印记。原因虽然已经不复存在，但后果并没有彻底消除。

其实，本堂神甫才是长期与农民居住在一起，并与农民联系紧密的唯一有教养的人，或者唯一的绅士——这是英国人的说法。尽管伏尔泰在此之前曾说过，假如本堂神甫本人并非那样肆无忌惮地与政治权力制度紧密相连，他就能够成为农民的领导者；尽管政治权力制度让本堂神甫拥有了很多特权，但是正是因为他们，人民才更加仇恨这种制度（注释详见第 188 页）。

农民与上层阶级就这样几乎完全断绝了往来，他们还疏远了那些本来能够领导他们，为他们提供援助的乡亲们。那些人获得了知识，积累起财富，就躲到别处，不再与农民往来。农民就好像被人扔出整个国民之外。

欧洲任何一个文明的大民族都没有出现过这种现象，就算是在法国，也是近几个世纪才出现的。14 世纪的农民受到更严重的压迫，但是他们也得到了更多的救助。虽然贵族偶尔会残暴地对待农民，但他们从来也没有将农民抛弃过。

18 世纪时，村庄是一个整体，它的所有成员都缺乏物质基础、粗俗无礼、蒙昧无知。村里的行政官也好不到哪里去，他不识字，受到别人的轻视；村里的理事也胸无点墨；村里的收税人连清理邻居与自己财产的账目都不会。以前的领主早就失去了对农民的统治权，而且他们觉得，参与治理村庄简直是一件丢人的事情，只有决定徭役、征集自卫队、制定兵役税这些卑鄙的勾当才是他们理想的职业。关注农村共同体的，只有中央政权。由于中央政权与农村相距甚远，根本就不害怕共同体中的居民，所以它关注共同体实际上只是为了榨取共同体制的财富。

对于这个被抛弃的阶级，既没有人服务于它，引导它，也没有人打算将暴政施加到它的身上。这就是这个阶级的处境。

毫无疑问，封建制度已经撤销了压在农民身上的各种最为沉重的负担，即便有些负担还在，但也减轻了很多。但是，另一些负担又压在了农民身上，这些负担或许比以前的负担还要沉重。对此有深入了解的人并不多。农民承受着很多他们的先辈根本就没有听说过的痛苦，尽管他们不必再承受其祖先所承受的所有苦难。

两个世纪以来，兵役税增加了十倍，农民必须拿出大部分血汗钱去交税。这是大家都知道的。在此，我必须要将人们向农民征收兵役税的方式详细地解释一番，只有这样才能够更好地说明，有哪些法律还能够在那些文明的世纪里制定，或者继续存在，而那些最有教养的人任由其为所欲为，并不想改变这些野蛮的法律。

1772 年，总监亲自给各省总督写了一封机密信件。在这封信中，我找到了有关兵役税的描述。总监说："兵役税可以任意摊派，在征收时是与责任联系在一起的，在法国绝大部分地区，它针对的都是人而不是物。兵役税并不是一成不变的，它每年都会随着纳税人的财产状况变化而变化。"虽然只有简短几句话，但是就把这个人们用来以公肥私的弊端形容得恰到好处。

每年应缴纳的税额，全由教区决定。根据这位大臣的说法，税额并不是固定的，而是不断变化的，这就导致农民今年无法知道明年应该缴纳多少税款。在教区内，每年都会有一名农民被指派担任收税员，将捐税负担分配到所有农民身上。

下面我要讲述一下收税员的处境，我答应过要这样做的。1779 年贝里的省议会发言能够让我们更好地了解收税员的处境。下面就让我们来倾听一下这个发言吧。这个省议会的组成人员为国王选定的特权者们，他们不需要缴纳兵役税，所以它是合理合法的。它在 1779 年说："由于没有人愿意担任收税员，所以由农民轮流担任，每个人都躲不了。这使得征集兵役税的责任每年都落到一个新收税员头上，无论那个人是否正直，能力如何。每一年，收税员的人品，都会影响到纳税人名册的制定。在这份名册上，收税员的恐惧、罪恶、柔弱都有迹可寻。此外，他如何才能做好这件事呢？他在盲目地寻找答案，因为他根本不知道邻居有多少钱。于是，收税员只能根据自己的想法做出判断，他要履行收税员的职责，否则他的全部财产甚至他的人身都会受到伤害。一般来说，在两年时间里，他至少要花一年的时间四处奔波。如果有不识字的人被选为收税员，他必须要找一位邻居代替他履行收税员的职责。"

蒂尔葛曾在早些时候讲到另外一个省的情况。他说："这个职务毁了那些任职者，他们差不多都因此而破产。后来，农村里所有的富裕人家先后变得贫困不堪了。"

可是，这些走了霉运的人不缺少大肆搜刮其他人财富的本领。他既是牺牲者，同时也是残暴的君主。在任期内，他自己难逃破产的命运，而其他人破产的命运，也掌握在他手里。那个省议会说得很对："在他的心中，正义感与其他复杂的感情不断地斗争。那些复杂的感情是：对亲友及邻居的优惠，对庇护者的需求，对敌人的仇恨，对引起派活儿的富有公民不快的担忧。"收税人经常因为恐惧变得冷酷无情。在有些教区内，收税员只有在催税员和执达吏的陪同下才能够顺利开展工作。1764 年，有一位总督给大臣写了一封信，信中写道："当执达吏不陪着收税员一起收税时，那些本该交税的人很不配合。"济耶内省议会说："仅韦勒弗朗什财政区，整天来回奔波的执达吏助理和拘役传令人就多达 106 人。"

18 世纪法国鼎盛时期，为了逃避这种敲骨吸髓的捐税，法国农民便学习中世纪的犹太人，故意装得非常贫困。其实，有时候他们并不贫困，但由于富裕所带来的危害，他们还是要这样做。有一份文献就提供了非常好的证据。它是我在距离吉耶内百里之内的某个地方获得的。曼恩农业协会在其 1761 年的报告中宣布，为了鼓励农民缴纳捐税，它打算赠送给纳税者一些牲畜。“由于卑鄙的嫉妒心理会给那些获得奖励的农民带来伤害，使他们在此后几年里为强派的捐税而发愁，所以我们只能将这一举措放弃。”农业协会写道。

在这样的捐税制度中，偷偷地观察邻居，将邻居财富的增加报告给收税员，与每一个纳税人的直接或长远利益都有密不可分的联系；每个人都受到挑拨，被教唆去嫉妒、痛恨别人，去悄悄地举报别人。据说，只有印度斯坦的贵族领地上才会发生这种事情，难道不是吗？

不过，在同一时期的法国，某些三级会议省份的徭役并不繁重，它们有自行征税的权利。比如在朗格多克，兵役税并不是随着纳税者的富裕程度而变化的，它只按地产抽取。为了更好地征税，该省编制了固定的土地清册以供查阅。清册编订得极为精致细密，每隔 30 年就会重新修订一次。另外，在清册上，土地被划分为三个等级，划分的标准为土地的贫瘠程度。在纳税之前，每个纳税人就会对缴纳多少捐税十分了解。如果他不缴纳，对此负责的只有他本人，或者说只有他的土地。如果他认为摊派对他不公平，他就有权要求将他的捐税份额与另外一个居民的捐税份额进行对比，那个居民所在的教区由他自己选择，而且这项权利永远都不会消失。这就是我们今天所说的比例平等上诉。

毫无疑问，所有这些正是我们现在遵循的那套规章制度。从那时直到现在，我们只是把它推广开来，并没有对它进行改进。这是因为，尽管我们的国家管理形式是由旧制度的政府中继承下来的，但是旧制度政府的其他东西，我们并没有去效仿。我们最好的管理方式，并不是我们从旧制度那里借鉴而来的，它来自省议会。我们把产品给抛弃了，只利用了机器。

农民经常贫困的现象促使很多对消除贫困十分有害的格言出现。黎塞留在他的政治遗嘱中这样写道：“人民一旦拥有了财富，就很难遵守各项规章制度。”18 世纪的人们尽管认为黎塞留的话有些过分，但仍然认为，农民只有经常受到生活的压迫，才会辛勤劳作——贫困是医治懒惰唯一的灵丹妙药。我偶尔听到的人们谈论殖民地黑奴的那套理论，与此没有任何差别。执政者十分认可这套理论，所以那些经济学派不得不站出来对此进行反驳。

最初，兵役税只是国王为了免除贵族及其附庸的军役而购买士兵所征收的税。这是众所周知的。但到了17世纪，自卫队取得了军役的义务，所以兵役税完全落在了人民或者说农民头上了。这一点我们有目共睹。

征募自卫队遇到了各种障碍，这一点在总督官府中大量关于追捕抗命的自卫队士兵或者逃跑者的骑警队办案笔录就有充分的体现。自卫队这种公差是农民最无法忍受的，为了逃避这种差事，他们经常躲藏到森林里。政府为了抓捕他们，只能动用武装力量。今天实行强迫征兵制实在太容易了，所以这种情况让人感到相当不可思议。

旧制度下的农民之所以对自卫队厌恶到了极点，并不是由法律原则引起的，而是由执行法律所使用的方法所引起的。更主要的是，那些可能被征召的人被这种做法吓得长时间忐忑不安——只要没有结婚，即使到了40岁，也存在被征召的可能。他们想找人替换，却不被允许；他们担心政策随时会发生变化，即使抽到免征签也难逃被征召的命运；对于农民来说，这是一项毫无提升希望却充满了危险的活动，他们不愿意去做；但是最令农民厌恶的一点在于，他们尤其是其中的最穷苦无助者将独自承担如此沉重的担子，他们的地位十分低下，所以更加难以忍受苛政。

1769年，大量教区举行免征者抽签仪式。我手头上有很多关于此事的记录。抽签记录上列有每个教区的免征者的情况——这个人是修道院的守卫，那个人是贵族家的仆人，还有一个是过着贵族式生活的资产者的仆人。免征者都是富有的人。当一个农民每年都被列入最高纳税者行列时，他的后代就可以享受免于征入自卫队的特权，这就是所谓的鼓励农业。那些在其他方面大肆宣扬平等的经济学家，对此却漠然置之。他们认同这种做法，还要求将其推广开来，就是要使最为贫穷、无依无靠的农民身上的负担变得更重。这些经济学家中的一位说道："士兵彻底的依附性，生活的方式，以及微不足道的军饷，对于除去下层百姓的其他人来说，都是难以忍受的。"

到了路易十四统治末期，人们忽略了对交通要道的保养，有时候，国家或者沿途全部所有者即使用者会对其进行保养。大概就在这个时期，国家便开始通过劳役的方式，让农民单独负担交通要道的维修。既能保障道路畅通，又不需要花费钱财，这种方法实在是太独特了，正因为如此，总监奥雷才会在1737年的通报里，将其推广开来，让整个法国都采用这种方法。有些农民拒不服从，对于这类人，总督有派兵去他们家里搜捕或者将他们关押起来的权利。

从那个时候开始，农民的徭役负担更加繁重了。这是因为，每当商业发展促使良好的道路变成一种普通需求时，国家便征召农民开辟新道路。

1779年贝里省议会所作的报告显示，据估计，这个并不富裕的省每年通过劳役完成的工程价值为70万里佛。1787年下诺曼底估计的数额与此相当。这是农村人悲惨命运的最好证明。随着社会的进步，所有其他阶级无不变得越来越富有，而农村人却依然贫困，文明只与他们为敌。

差不多在同一时期，各地的总督在通信中强调，由于交通要道才能使用徭役，或者说只有王家道路——当时的人都这么说——才能使用徭役，所以农村之间的特别道路上不能使用徭役。最贫困，最少外出的人却要缴纳交通费，这种想法真是让人感到不可思议。不过，尽管这种想法非常特别，却在那些从中捞取好处的人的头脑中根深蒂固，没过多久，他们就觉得这是解决此事的最好方法（注释详见第188页）。1776年，人们打算将徭役改为地方税，于是徭役变成了新税，不平等并没有消失，只是换成了另外一种形式。

以前的徭役为领主徭役，后来改为王家徭役，并且范围逐渐扩大，涉及所有公共工程。1719年，修建兵营居然也使用徭役了。法令强调，该项工程比所有其他工程都重要，各个教区必须派遣最优秀的工人。

徭役的范围逐渐扩大（注释详见第189页），将乞丐押送到慈善收容所，将苦役犯押进监狱都属于徭役。军队换防时，将军队用具搬到新的驻地，也是一种徭役，而且这种徭役还非常繁重。这是因为，当时每支军队都有大量物资，要拉走这些东西，必须从遥远的地方征集大量的牛和车辆。开始时，这类徭役并不多，不过，后来随着常规军的数量不断增加，此类徭役就越来越多，成为一种最沉重的徭役。我看到的有些国家承包人强烈地要求给他们调派劳役，以便使森林里的建筑木材顺利地被送到位于海边的军舰修造厂。一般来说，这些服徭役者都能获得一定的工资，不过，工资并不是固定的，一般都是随意发放，而且数额低到了极点。不合理的赋税负担，以及时而沉重的徭役，使得兵役税收税人非常担忧。

一位收税人在1751年这样写道："修路向农民征收的各项费用已经快使农民倾家荡产，他们根本没有钱再缴纳兵役税了。"

如果一些既拥有财富同时又有教养的人在农民身边，那么他们就算不想保护农民，至少有向主宰穷人和富人的命运的那个人为农民求情的权利，也有这样做的兴趣，那么农民很可能就不会再承受这些新的压迫了。

我读到过一封信，是一个大所有者写给他所在省的总督的。在信中，那个大所有者诚恳地请求总督开辟一条使农村兴旺发达的道路，还列出了这样做的各种理由。他还提议建立一个集市，并信誓旦旦地说，由于有了集市，食品的价格将会翻一番。这位热心的公民还说，只要稍微在资金方面提供一些帮助，人们就可以创办一所学校，有了学校，将会有更多优秀的臣民为国王效劳。这些必要的改良是他最近两年才开始考虑的。在两年之前，国王下达密令，限制他的行动自由，只允许他在自己的城堡里活动。从那个时候开始，这些问题才成为他思考的对象。他坦诚直率地写道："过去的两年，我一直被软禁在自己的城堡里，这段生活让我确信这些事情很有意义。"

可是，人们发现，以前农村大所有者与农民之间的依附关系——这是保持紧密联系的保障——已经不再像过去那样牢固或者彻底破裂了，这一点在饥荒年代体现得更加明显。被孤立起来且十分软弱的中央政府，每当危机来临就会非常害怕。它打算暂时将被其毁灭的政治团体和个人的影响力重新恢复，以便让他们帮助自己渡过危机，可并没有得到响应。它发现，原来那些人已经不在人世了，其中的一部分还是政府杀死的。

在这种危机面前，一些贫困省份的总督，比如蒂尔葛，置法律于不顾，下令让那些有钱人必须养活他们的佃农，直到第二年庄稼收获为止。我发现了大量本堂神甫于1770年所写的信件。在信中，他们向总督提出了这样的建议：向本教区内的大所有者——既包括在教的，也包括在俗的——抽税。他们还写道："这些人在农村拥有很多田产，攫取了大量财富，可是他们并没有在那里居住，把财富挥霍到了其他地方。"

农村经常遭到乞丐的骚扰，即便是在正常年代，这种现象也时有发生。这是因为，城市里的穷人能够得到救济，但是在农村，每当冬季来临，乞讨就非常有必要了。——这是莱特罗纳说的。

人们经常使用最为凶残的手段对付那些不幸的人。1767 年，法国行乞现象过于严重，舒瓦塞尔公爵打算予以制止。对付乞丐所用的手段残酷极了，这一点从总督们的信件中可以看出来。骑警队接到命令，将王国内所有的乞丐都逮捕。据说竟然有 5 万多名乞丐被捕。那些身强力壮者被送去干繁重的体力活，其余的人被分配到 40 多家乞丐收容所——让那些富人大发慈悲难道不更好吗？

正如我所说的，旧制度的这个政府在对待那些高居人民之上的人时，总是非常恭敬、温和、谦让，而它却经常残酷地对待下层阶级特别是农民，并且总是在他们没有防备时下手。我看过很多文件，但其中总督下令将资产者逮捕的通告一份都没有，可是农民，无论是在服军役、乞讨、还是服徭役，无论身处何地，总是不断遭到逮捕。那些高居人民之上的人犯了法，将会被送到独立的法庭，法庭会对其进行公开审理，在审理的过程中将进行长时间的辩论；而下层阶级特别是农民犯了法，法官在法庭上就会作出判决，并禁止他们上诉。

内克在 1785 年曾这样写道："存在于人民和所有其他阶级之间的巨大鸿沟，很容易使人忽略政府被人操纵，用来对付所有平民百姓这一事实。人道与仁慈已经深入法国人的骨髓，成为他们的特征和世纪精神，这使得那些自己免受贫困但对于下层阶级的不幸遭遇抱以同情的人们感到忧伤。"

但是，处境不断恶化只是那些不幸者受到压迫的一个方面，被禁止改善自己的处境是另外一个方面。他们拥有自由，但愚昧程度几乎和他们的农奴祖先一样，而且要比他们的祖先更加贫穷。他们所处的时代，各种工艺奇迹不断涌现，可是他们却连一项技艺也没有。他们生活在一个知识丰富的世界，思想却一片混沌。他们种族独具的智慧和灵敏，依然保留在他们身上，可他们根本没有学会如何使用。他们靠种地来维持生计，可是甚至连种地都种不好。一位著名的英国农学家曾这样说道："我所看到的是 10 世纪的农业。"只有当兵打仗是他们所擅长的，至少在这方面，他们与其他阶级还有联系，而且这种联系是与生俱来的，也是必要的。

农民就是这样被孤立地囚禁于贫困的深渊中，与外界的所有联系都被切断了。在天主教崇拜遭到禁止，教堂遭到冒犯之前不到 20 年，政府经常采用这样的办法来确定一个区的人口数量：本堂神甫在圣桌上清点参加复活节的人数，再估计一下病人和小孩子的数量，将两者加在一起得出来的总和即为居民的数量。这种情况让我既惊讶又害怕。可是，时代的思潮已经从各个方面涌向这些野蛮人，深入到他们的心中；它们采用多种奇特的形式，通过一条条被其他东西遮盖起来的地下渠道进入。不过，从外表看，一切还保持着原来的样子，农民的信仰、习俗仍然像过去那样。他们已经被残酷的压迫压得心悦诚服。

即便面对最为沉重的痛苦，法国人也经常能够表现得轻松愉悦。不过，这种轻松愉悦并不可信，因为它只能证明，法国人确信他们的厄运难以避免，所以根本不去想这件事，忙着寻找快乐。不去想并不意味着彻底忘记。所以，请给他们一条出路吧，让他们与那些看起来并不在乎的苦难说再见，他们会毫不犹豫地向那里飞奔而去，如果挡在他们前面，他们会从你的身体上跨过去。

发生在下层阶级百姓的灵魂中，特别是农民的灵魂中的一切，上层阶级的人们是很难分辨清楚的。受教育与生活方式的影响，对于人类事务，农民有着他们独特的理解，这种理解具有封闭性，其他所有人根本无法体会得到。可是，当穷人和富人几乎不再有交集时——他们的共同事务，共同利益及共同怨恨全都烟消云散，那就会有无穷无尽的黑暗将他们的精神遮蔽起来，穷人和富人便会没有任何联系。当大革命开始时，所有身居上层社会和中层社会的人们，一直被一种古怪的安全感包围着，当1793年即将来临，他们还在高谈阔论。他们谈论的内容为：人民的忠诚、顺从、美德、愉悦。当听到这些，看到这些时，人们一定会深感奇怪，因为这幅景象实在太可笑，太恐怖了。

讲到这里，让我们稍微停顿一下，通过我前面论述的所有这些小事，对上帝治理社会的一条最伟大的法则进行思考。

法国贵族阶级一门心思地要与其他阶级划清界限；贵族终于可以不再缴纳大部分公共捐税了，这部分捐税由其他阶级去承担。他们认为，没有了这些负担，他们的威严就得以保全。真相似乎的确是这样。不过，没过多久，他们就受到了一种无形的内脏疾病的纠缠，他们每况愈下，却没有人理会。他们所拥有的豁免权不断增多，可是他们的财富却越来越少。与他们的境况形成强烈反差的正是他们千方百计想要摆脱的资产阶级。资产阶级越来越富有，而且有了教养。对于生活在贵族周围的资产阶级而言，贵族是他们的反对对象。贵族根本不愿意将资产阶级当作合作者和同胞。不久后，贵族就发现，资产阶级是他们的对手，与他们进行竞争，之后又变成了他们的敌人，最终成了他们的主人。他们的保护、救助、领导及其责任全部消失了，一个奇怪的政权将其全部解除了。但同时，他们的各种荣誉特权及金钱权利被保留了下来。他们自认为并没有任何损失，因为他们觉得起领导作用的仍然是自己，走在最前列的仍然是自己，可是，实际情况并非如此。公证书中称为臣民者、自由租地保有者、附庸、佃农依然簇拥在他们周围。可实际上，他们的命令对谁也不起作用，他们是一群孤立无助的人，当攻击最终降临到他们头上时，他们除了逃跑别无选择。

毫无疑问，贵族和资产阶级的命运有着天壤之别，但不可否认的是，双方存在着一个共同点——他们最终都和人民分离了。资产者竭力避免与贫困的农民接触，他们没有与农民紧密联系在一起，共同反抗普遍的不平等，还打算建立一种新的不平等，以满足自己的私利。贵族千方百计地维持特权，而资产阶级则是想尽一切办法谋取特权。资产者原本就是农民，可是在他们眼里，农民简直形同陌路。只有当武器授予农民时，他们才意识到，他们不留神将民众的激情唤醒，而对于那些农民，他们已经无法控制了，更无法领导了。他们曾激励了农民去战斗，但不久后就将被农民推翻。

法兰西曾险些成为整个欧洲的主宰者，当它变成废墟时，后代将会感到异常惊奇。但是，那些仔细阅读它的历史的人，对于它的衰亡，可能就会有所理解了。我在上面描述的差不多所有罪恶、错误及严重的偏见，它们之所以会产生，并能够不断发展，其实主要是由我们大多数国王一直采取的分裂各阶级，然后分别治理的方法所造成的。

但当农民被排斥在贵族与资产者之外，贵族与资产者彻底隔离时，在各个阶级内部，与此类似的现象不断上演。于是，每一个阶级内部都产生了一些特殊的小团体，它们就像各阶级之间那样完全隔离开来，这时，一个同质的整体可能会出现，但各部分之间是完全孤立的。约束政府的力量再也组织不起来了，同样，援助政府的力量也组织不起来了。最终，当作为政府的基础的社会发生动荡，君主这座规模庞大的大厦瞬间就坍塌了。

最后，获得好处的似乎只有农民，他们的好处来自他们所有的主人的失误和过错。实际上，就算他们不再受过去的主人的统治，获得了自由，但他们仍然无法摆脱一种束缚。这种束缚是他们的主人灌输给他们的，或者是他们从对方那里吸收的各种罪恶的习俗、错误的思想和不正确的倾向。人们有些时候会发现，在行使自由权利时，人民竟然借鉴了奴隶的好恶，他们无法控制自己的行为，从而导致自己的教师受到野蛮粗鲁的对待。

第三编

第一章 ▶ 18世纪中叶，文人成为国家的最重要的政治家，这种现象是怎么发生的，又会带来什么样的后果

为这场伟大的革命做准备的那些一般性事件，我也会描述的。不过，现在我先忽略它们，论述一些最近的特殊事件，大革命的开端、性质和地位都是由这些特殊事件确定的。

在欧洲所有民族中，法兰西一直以最具文学天赋而著称。文人在法国18世纪中叶前后所展现的精神此后再也没有展现过，所占据的地位此后也没有占据过。在法国，这种情况以前从来没有出现过。在我看来，在其他国家也不会出现类似的情况。

与英国文人不同，法国文人从来没有比这个时期更超脱，不过他们从不介入日常政治生活。在一个到处都是官吏的社会里，他们没有任何职位，一点儿权力都没有。

可是，他们又不像德国文人那样一心一意地研究美学或哲学，对政治没有丝毫兴趣。那些与政府有关的各种问题，都引起了他们高度的关注，而这也正是他们真正所关心的。

政府和公民的原始权利，社会的原始形式和起源问题，习俗的合法性或不当之处，人与人之间的联系，包括人为的与自然的，法律的各种原则等等问题，都是他们每天谈论的内容。他们每天都在研究政治问题，甚至探索到他们所处时代的政治体制基础，他们对政治体制的结构进行严格地考察，之后对设计这种政治体制的人进行批判。当然了，大部分作家研究这些重大问题只是浅尝辄

止，以此来打发时间，真正将其作为特殊研究对象，进行深入研究的并不多。可是，每一个作家都无法回避这些问题。在那些时代的所有著作中，无论是长篇大论的理论，还是诗歌，都或多或少地包含了这种抽象的文学政治的因素。

这些作家的政治体系存在的分歧非常大，有人想调和它们，从而形成一个统一的政府理念，不过，由于分歧实在太大，这项工作并未完成。

尽管如此，如果抛开细枝末节，探寻事物的根本，那么就很容易发现，这些作家虽然处于不同的体系之下，但至少他们在一个最普遍的观念上是一致的。这个观念早就存在于他们的头脑之中，比其他所有特殊思想都要早，这些特殊思想全部都是由它而来的。无论他们在前进的过程中分歧有多么大，但他们的起跑点却是相同的：他们一致认为，统治社会的复杂的传统习惯应该被取代，取代者为从理性与自然法中汲取的简单而基本的法则。

那些仔细观察的人们就能发现，严格地说，上面讲到的那个唯一的观念就涵盖了18世纪的政治哲学。

这样的思想一点儿也不新奇，3000年以来，它不停地出现在人类的想象中，但瞬间就消失了，所以从来也没有固定下来。那这一次，全部作家的头脑，又是如何被它占据的呢？为什么没有停留在为数不多的哲学家头脑里？以前不都是这样的吗？为什么会深入到大部分人的头脑中，使他们在此后很长一段时间里，一直保持政治热情，从而使得关于社会性质的广泛而难以理解的理论，竟然成为有闲者茶余饭后的谈资，连农民和妇女的想象力都被激发起来了呢？这些作家既没有权利和地位，也没有荣誉和财富，为什么会变成当时名副其实的首要且独一无二的政治家呢？因为执掌权威的只有他们，而其他人都在行使政权吗？对于这个问题，我打算用几句话进行说明，从而让大家看一下，这些事件对于大革命及我们的今天产生了何其重要的影响，尽管这些事件好像只属于我们的文学史。

与当时作为社会基础的观念相比，18世纪的哲学家们普遍形成的那些观念形成了很大的反差。这种现象会出现，并不是偶然的。他们那些思想来源于他们所处的那个社会，当时社会上充斥着荒唐的特权，这些特权让人们越来越难以忍受，并逐渐认为不应该继续存在，这种现象让人的社会地位天生平等的思想成为每个哲学家的思想的主宰。那些哲学家发现，从来没有人整顿从过去的时代流传下来的纷繁复杂、千奇百怪的制度，使其适应新的需求，这些旧制虽已经失效，却好像还要继续流传下去。发现这一点后，他们情不自禁地开始厌恶旧事物和传统，从而向理性不断靠拢，以此对当代社会进行重建。

这些作家之所以对政府问题的普遍抽象理论深感兴趣（注释详见第 189 页），与他们自身的处境有着密不可分的联系。而且，他们自身的处境也促使他们轻易地相信了这些理论。

他们的生活并不切合实际，他们没有相应的经历，使他们天性中的热情受到应有的节制；他们不知道，现存事实会通过各种办法阻碍哪怕最急切的改革，因为没有任何事物事先提醒过他们。另外，他们从来都没有想过与必要的革命一起到来的那些危险。他们对政界的了解极为有限，而且从未仔细观察过，这是由于根本没有政治自由所造成的后果。他们在政界没有做出任何成绩，甚至也看不到别人做出的成绩。

那些曾目睹过自由社会，听过自由社会的人们争论的人，即便从不过问国家大事，也能够从中受到教育。尽管这种教育是肤浅的，但他们甚至连这种教育也没有接受过。如此一来，作家们就更加看不起古代的那些哲理，更相信自我的理性，对那些普遍的思想和体系也更加热爱，在创作时就敢于更大胆地标新立异。一般来说，这种现象很难从那些专门研究政治学的作家身上看到。

人民与他们一样愚昧无知。正因为此，人民才会十分信任他们，并发自内心地拥护他们。假如法国人像过去那样在三级会议中参政，每天在省议会中为地方行政而忙碌，那么毫无疑问，法国人像现在这样受到作家思想的煽动是不可能的。他们按照规章制度办事，以防止只知道理论，却不能用于实践。

如果法国人能像英国人那样，通过实践使旧体制的精神逐渐改变，而不是将旧体制废除，那他们所有的新花样可能就不会被他们创造出来。然而，无论哪一天，某种陈旧的政治惯例，某种陈旧的法律，某些旧权力的残余势力，都会给每个法国人的人身、财产、自尊、福利等诸多方面造成影响。这使得那些法国人无法看到他们能够将这种疾病治愈的任何希望。他们似乎已经别无选择，要么就将国家政体彻底摧毁，要么就忍受所有的摧残。

然而，虽然我们失去了各种自由，但有一种自由还是保留了下来。这种自由就是：我们可以进行哲学思考，对人类的原始权利、政府的本质和社会的起源进行论述，在做这些事情时，我们几乎不受到任何限制。

那些受到日常立法影响的人，很快就对这种文学政治产生了强烈的喜爱。即便是那些由于天性或者社会地位而被抽象的思考辩论隔离开来的人们，也爱上了这种文学政治。

每个人都应该平等的思想，让所有因不平等的兵役税摊派而受到损害的纳税人欢呼雀跃。当听别人说，所有的特权都应该受到理性的谴责后，那些遭受贵族邻居的兔子祸害的小所有者全都异常欣喜。如此一来，所有的公众激情都披上了哲学的外衣，政治生活成了文学的附庸，舆论被作家控制了，一时之间，在自由国家里一般由政党领袖占据的位置，就被作家占据了。

这个地位牢牢地掌握在作家手里，再也没有人能夺走。

在贵族阶级的鼎盛时期，事务和舆论都由贵族领导，他们还给作家定下基调，钳制作家的思想。到了 18 世纪，这一部分统治权已经不归贵族所有，随着权力的消失，他们的信誉也消失了，在精神领域，一向由他们占据的统治地位已经变得一片空白，这就给了作家随意扩张的机会，使得作家将这个位置独自占据。

贵族的位置尽管被作家夺走了，但他们却对作家的事业给予支持。贵族将这一点彻底地忘记了：普遍理论一旦被认可，就会转化为政治激情和行动，这是不可避免的趋势。因此，他们竟然做出了一个愚不可及的措施：将其特殊权利，甚至生存的各种学说看作一种精神娱乐。他们愿意以此来打发时间，在享受豁免权与特权的同时，心平气和地论述那些由来已久的习俗是多么荒唐可笑。

没有人会想到，旧制度的上层阶级竟然会如此无知，自己把自己推向毁灭的深渊。不过，他们的希望又在何处呢？只有自由的体制才能使主要的公民对自己面临的危险有所了解，这就像只有自由的体制才能使百姓捍卫自己的权利。早在一个多世纪之前，公共生活的最后痕迹就已在我们面前消失了。从那时开始，那些最想要维持旧政体的人们，根本没有注意到这座古老的建筑的腐朽，也没有听到它所发出的任何噪声。他们一直认为，一切都没有改变，这是因为他们从表面上没有看到任何变化。他们还保持着祖先的观点。在 1789 年的陈情书里，贵族曾担心王权的侵犯行为，这种担心曾出现在 15 世纪的陈情书里。在国王方面，伯克曾直截了当地指出，在即将被民主洪流淹没之前，悲惨的路易十六仍然认定，王权的最重要的敌人就是贵族。他对贵族一点儿也不信任，好像当时仍处于投石党运动时代。就像他之前的国王那样，在他看来，王室最忠诚的支持者，非资产阶级和人民莫属。

我们已经目睹了无数场革命留下的痕迹，可是，暴力革命这个概念，竟然从来没有出现在我们先辈的头脑中，这实在让人难以理解。暴力革命对他们来说是如此陌生，他们从来没有设想过，也没有讨论过。公共自由不断地轻轻撼动着不可动摇的社会，每一天都在提醒社会，一定要保持警惕，否则就会有灭亡的可能。可是，在即将走向灭亡的 18 世纪的法国社会，这类警告根本不存在。

在 1789 年三级会议召开前，贵族阶级、教士阶级和第三等级都起草过陈情书。我曾仔细地阅读过这些陈情书。

我在不同的地方看到，人们要求对惯例或者法律进行改革。我用笔将这些要求记录下来。当我做完这项复杂的工作，将所有这些个别要求集中到一起时，我发现了一个问题，它让我惊慌失措。这个问题为：人们要求的是将现行的惯例和法律在同一时间全部废除。我马上就意识到，这是迄今为止规模最大的一场革命。那些马上就要成为牺牲品的人根本没有察觉到这场革命，在他们看来，只依靠理性的力量就能够四平八稳地对社会进行一场全面而突然地改革，尽管这个社会是如此腐朽和复杂。这群可怜的家伙！他们竟然将他们的祖先在 400 年前用当时朴实无华却充满力量的法语所表达的那句格言——那些追求过大的独立自由的人们，将会受到过大的奴役——忘得一干二净！

贵族和资产阶级表现出来的这种奇特的缺乏经验并不足为奇，因为长期以来所有的公共生活都禁止他们参与。然而那些总督、大臣、行政官等国家事务的领导人竟然一点儿先见之明都没有，实在让人无法理解。他们中的很多人都能够非常出色地完成本职工作，对于当时的政府的所有细小问题，他们无不知晓。可是，当涉及治国这门科学，这门教授对社会普遍劳动进行理解，对群众精神进行判断，并对这种精神所造成的后果进行判断的科学时，他们就像民众一样，什么也不懂了。实际上，政治家只有通过自由政治制度才能够完全学会治理国家的方法。

这一点在 1775 年蒂尔葛写给国王的文件中有所体现。他向国王提出建议：

进行自由的全民选举，每年召开代议制会议，每次会议为期六周，不授予议会任何实权；议会只讨论除政府之外的行政问题，禁止表达意志，只提供咨询，拥有讨论法律的权利，但没有制定法律的权利。蒂尔葛说：“如此一来，王权就能够在不受影响的前提下获得启发，在确保安全的情况下让公众舆论满意。这是因为，这些议会对国王的必要行动进行反对，就算他们不听话，当然这种事情不可能发生，国王陛下永远统治国家。”蒂尔葛所在时代的精神和此项措施的意义，是不会受到任何人低估的。蒂尔葛的政策其实就是只给人们自由的影子，却不给他们真正的自由。人们经常在每次革命马上结束时才能实行这一政策。奥古斯都曾进行过尝试，并取得了成功。一个国家的人民对没完没了的辩论感到厌倦时，只要能获得安定，就算被别人欺骗也会甘之如饴。历史让我们明白，只要在全国集合起一批无名之辈或者没有独立性的人，以金钱诱惑他们，使他们在国民面前扮演政治议会的角色，就能够让国民感到满意了。

这样的例子不胜枚举。可是，在一场革命即将拉开帷幕时，这种做法就行不通了，它不仅无法让人民感到满意，反而还会激怒人民。这一点即使是自由国家里最卑微的公民也都知道，而作为行政官的蒂尔葛却不知道。

法兰西民族没有任何处理自身事务的经验，国家制度让他们难以忍受，可他们却没有能力对其进行改良。另一方面，在当时，它又是世界上最热爱智慧，文学素养最高的民族。想到这些，人们对作家登上法国的政治舞台，并最终成为最主要的力量就不会感到奇怪了。

在英国，研究治国策略的作家与国家的统治者形成了一个群体，一些人在获得新思想后，将其引入实践之中，另外一些人则通过实践对其进行修订。在法国则是另外一番景象。法国的政界一直分为两个区域，它们彼此孤立，没有任何联系。在一个区域内，人们治理国家和百姓；在另外一个区域内，人们制定任何政府都应该遵从的抽象原则。

在这个区域，人们向国民宣扬普遍法则，至于实施，就不在他们的考虑范围之内了，他们只负责指导思想；在那个区域，人们采取具体措施管理日常事务、领导事务是他们的职责。

现实社会结构依然是不正规的，混乱不堪的，传统守旧的，法律依然花样繁多，彼此矛盾，社会地位永远无法改变，负担不平等。人们逐渐在这个现实社会之上，建立起一个简单合理、协调一致的虚构的社会。

此后，民众的想法逐渐将现实社会抛弃，流连于虚构社会之中。

社会现实再也无法让人们感兴趣了。他们在思考着未来的种种可能。在精神层面上，他们终于生活在作家建立起来的理想国度里了。

人们经常说，美国革命是我们的革命爆发的原因。美国革命确实在很大程度上影响了法国革命，但这种影响仍然比不上法国的思想对法国革命的影响。当欧洲其他国家还将美国革命当作一个新奇的事件时，法国人就已经了解它了。尽管如此，它只不过在法国人的心目中更加鲜活、震撼力更大而已。

它震惊了欧洲其他国家，赢得了法国人的敬佩。美国人似乎只是将我们作家的设想付诸实践，就像在费内隆[1]出人意料地出现在萨朗特那样，他们让我们头脑中的梦想，变成了现实。

历史显示，那些伟大的人民的政治教育，全是由作家来完成的。这实在让人感到新奇。这种情况对法国革命有着重大的影响，法国革命本身的特征，可能就是由此决定的，而法国在革命之后展现出来的容貌——正如我们今天看到的那样，也与此有关。

除了对参加此次革命的人民进行思想洗礼，作家们还赋予了人民自己的情绪和气质。由于只接受了他们的教育，而且这种教育持续的时间很长，对实践没有任何了解，所以全体国民就染上了作家们的性格、癖好、本能。于是，当他们进行革命时，他们把所有的文学习惯都搬入政治之中。

人们对法国革命史进行研究，就会发现，大革命在进行的过程中，所秉承的精神，与大量对治国策略进行评论的抽象著作的精神是一致的。这种精神为：对理论的深信不疑；对存在于世上的所有事物的蔑视；对完整的立法体系、普遍理论及精确的法律的热爱；对政治机构中新奇巧妙的东西的喜爱；按照统一方案和逻辑法则，放弃对细枝末节的修补，对结构进行彻底改革的愿望。这样的景象实在太吓人了！这是因为，同样的东西，在作家身上是美德，而到了政治家身上，就有可能是罪恶；庞大的革命，就是由那些经常使人写出优美著作的事物所引起的。

1　费内隆是法国天主教神学家，被公认为18世纪思想家的先驱。

那个时候，就连政治语言，也从作家的语言中汲取养料，成为一种充满抽象的术语，华丽的辞藻、各种文学句式及一般性词组的语言。在政治热潮的影响下，这种文风轻而易举地深入到了最下层阶级之中。在大革命尚未爆发前，自然法和人权就经常出现在路易十六所发布的命令中。农民在他们的诉状中，用“同胞”来称呼他们的邻居，用“可敬的行政官”来称呼总督，用“圣坛使者”来称呼教区本堂神甫，用“最高主宰”来称呼上帝。如果这些农民懂得拼写法，那他们就能成为非常优秀的作家。

这些新品格与法兰西的旧性格完全混合在一起，于是，经常有人将这种仅由教育产生的东西与天性混为一谈。我曾听人这样说过：从过去的60年到现在，我们在政治方面崇尚体系、普遍思想和言过其实，这种爱好或者癖好与我们民族那种被称为法兰西精神的略微夸大的属性是相关联的，就好像这个属性一直存在于我们的历史中，它只是隐藏了，直到上世纪末期才突然出现。

我们从文学之中获得了习惯，并一直保持着，可是竟好像彻底失去了对文学的热爱，这实在让人难以理解。我在参与公共生活的过程中发现，人们对18世纪的作品并没有多大的兴趣，对于其他任何世纪的书更是兴味索然，非常看不起作家，可他们却忠实地保留着在他们出生之前文学精神所体现出来的一些严重的缺陷。对此，我时常感到诧异。

第二章 ▶

非宗教思潮怎样成为18世纪时法国的主流激情，对大革命的特点有哪些影响

16世纪时，在各式基督教传统中都存在着一种企图，即通过对一切问题都有所考察的精神，来辨别其中的真假。也正是从发生在16世纪的那场大变革[1]开始，人类历史上涌现出了大批的人才，他们不但具有极强的好奇心，而且胆识过人，不仅敢于对基督教传统提出质疑，甚至还敢于抛弃它们。在路德时期，这种质疑和抛弃宗教的思潮，影响了天主教和基督教，有数百万天主教徒宣布脱离天主教，有不计其数的基督教徒退出了基督教。

大多数意见认为，在18世纪的欧洲大陆，基督教损失惨重，失去了大部分势力。不过，很多国家尽管抛弃了基督教，但并没有对它发动迅猛的抨击，这似乎让一些抛弃了基督教的人心生遗憾。

之后，在君主和知识分子阶层，流行一些宗教学说之外的思潮，但这些思潮仅限于君主和知识分子阶层，距离中产阶级和普通民众很遥远，因此，它们看上去似乎更像是某些阶层在一段时期内的见解，并不具有普遍性。正如米拉博[2]在1787年所说那样，“德国盛行过一种见解，这种见解认为‘无神论者活跃在普鲁士的各个角落’。这是一种偏见，事实上，当时虽然有一些推崇自由主义的思想家，但普通民众依然信奉宗教，依然有大批宗教狂热分子，与世界上

---

1 大变革：此处是指16世纪的宗教改革运动。

2 米拉博：（1754—1792），法国政治家，法国大革命初期的核心领导人，反对法国的旧制度，反对三级会议这种形式，支持国民会议，曾经担任国民议会的主席。1790年以后，他接受了路易十六的秘密酬金，与王室保持通信。

其他信教的地方并无二致”。此外，米拉博认为，弗雷德里希二世[1]禁止天主教教士结婚和禁止已婚教士领取圣职俸禄的命令令人遗憾。他还说，“执行（允许天主教教士结婚）的措施，无愧于这位伟人”。

非宗教思潮在法国之外的所有地区都没有形成一种普遍的情绪，这是一种强烈的激情，但它既不显得宽容，也不带有压迫性。这预示着，法国正在发生着一件前所未闻的事件。

虽然在过去也发生过人们攻击旧宗教的事件，但在那些时期，人们之所以满怀攻击激情，是因为对新的宗教产生了虔诚的信仰。即使是那些令人生厌的古老的虚假宗教，也是在要被基督教取代之时，才遭到人们的疯狂攻击。在被取代之前，它正在缓慢地走向消亡，人们虽然怀疑它，但并不攻击它，而是冷漠以对。这是宗教正常的衰亡。

法国的情形是，人们满腔怒火地攻击基督教，却并不打算让新的宗教取代它的地位。人们满怀激情地要清扫掉灵魂深处的信仰，然后让信仰变得空空荡荡。这件劳而无功的事件吸引了很多人。尽管在宗教层面而言，彻彻底底的没有信仰有违天性，尽管没有信仰会使灵魂感到痛苦，但普通民众似乎不关心这些，他们只对扫除信仰感兴趣。这种情形以往只会引起病态的颓废，但在法国却形成了一种热情的布道氛围。

有几位意欲否定基督教教义的文学巨匠聚到了一起，但这并不能完全解释即将发生的事件的奇特之处。关键在于，他们的见解为什么都集中到了这个领域，而没有集中到其他领域？他们之中为什么没有出现对立的见解？而且，他们是如何取信于普通民众，让人们愿意相信他们，愿意听从他们的号召的？他们是怎样做到超越前辈的？要解释这些文学巨匠为什么选择这项事业和他们为什么能成功，就要看到他们所处的时代的特殊性和所在的国家的特殊性。举例而言，伏尔泰的主张已有很多年的历史，但只有在18世纪的法国，伏尔泰才具有主宰地位。

首先应该承认一点，即使在法国，教会也没有理由遭受比在其他国家更猛烈的攻击，恰恰相反，相比于大多数天主教国家，教会在法国体现的罪恶和弊

---

1 弗雷德里希二世：（1712—1786），即腓特烈大帝。他是欧洲历史上最伟大的君主之一，在政治、经济、军事、哲学、法律和艺术等多个领域卓有建树。

端要少得多，即使与以往的任何一个时代相比，即使与其他任何一个民族相比，法国教会都显得宽和得多。因此，从教会的状况中并不能找到法国人民攻击基督教的原因，要解释这一现象，必须从社会环境方面寻找原因。

要理解这一见解，就得牢记我在上一章里提出的一个见解，即：既然政府的错误在政治层面引起的反对思潮无法体现在公共领域，那么一定会隐藏于文学作品之中。这就意味着，文学家成了一个群体的实际领袖，这个群体可能是志在推翻现行国家政治制度的一个党派。

理解了这一点，问题的对象也随之发生了改变，了解作为宗教机构存在的教会有何错误已经不是问题的关键，关键在于，教会在哪些方面阻碍了即将发生的政治变革？它怎么成了发动革命的文学家的障碍？

文学家们想要在政府中建立起自己的一套规则，但教会却以自身特有的规则对他们加以阻止。两者的矛盾主要体现在：教会的行为以传统为准则，而文学家们却对这一套嗤之以鼻；教会所认可的权威，是凌驾于个体理性之上的权威，而文学家们只信赖个体的理性；教会寄生于阶级制度之上，而文学家们却要消灭阶级制度。如果他们有和平共处的打算，那么他们必须认识到，不能用同一套规则来同时治理教会和管理政府，因为这两者的性质有着根本性的区别。但是，在当时的条件下，教会和文学家在这一点上并不能达成共识。

教会制度是政治制度的基础和蓝本，因此，要想改变政治制度，只能先捣毁教会制度。在当时，教会还掌握着政治权力，尽管这些权力并不具有压迫性，但却饱受诟病。掌握政治权力并非教会的原始使命，因此这项职能与教会的性质显得格格不入：教会谴责罪恶，却又保障和神化了政治权力的罪恶性，反过头来，教会又利用自身的神圣性来粉饰政治权利的罪恶。看上去，教会的这种行为好像有意让政治权力也永葆生命力，这让普通民众更乐于攻击教会了。

不过，除了上述这些普遍存在的原因之外，教会被文学家们确定为最先攻击的对象，也有一些特殊原因，这些特殊原因也可以被称为“个人原因”。对文学家而言，教会是政府中距离他们最近、对立性最强的机构，尽管他们只是偶尔感受到教会权力的存在，但这些权力却时时刻刻在影响着他们，因为这些权力监视着他们的思想变化，还可以审核和查禁他们的作品。文学家们攻击教会，是在捍卫人类精神的普遍自由，同时也是为自己的文学事业争取权利。所有这一切，必然要从离他们最近的束缚开始下手。

还有一个原因，在文学家们的眼中，在他们要攻击的整个庞然大物中，教会是暴露在外的没有防御的一部分，当然最好下手。事实也的确是这样。在过去的一段时间里，教会的地位高于世俗的王权，后来有过一段平起平坐的时期，再后来，世俗王权得到强化，教会的权利被削弱，沦到受世俗王权庇护的地步。世俗王权与教会之间达成了这样一种交易：教会给君王提供道义层面的权威，换取君王给予的物质保障；教会命令教徒遵从君王的政令，换取君王使人民遵守教规的承诺。然而，在革命即将爆发时，对教会而言，这种交易毫无用处，因为教会是建立在信仰基础之上的，没有强制力的支撑，这种交易不会有利可图。

虽然那时的法国国王依然宣称自己是教皇的儿子，但在实际上并不愿意积极履行对教会的义务，相比保护自己政权的热情而言，他在保护教会时几乎毫无热情，他虽然禁止民众近距离攻击教会，但却默许民众在远处向教会投掷标枪。国王并没有完全制止人们攻击教会，这使得攻击教会的势力不仅没有减弱，反而愈发的强大起来了。

有时候，对文学实行高压政策的确可以压制思想的发展，但更多时候高压政策反而助推了思想的发展。因此，当时所实行的对待文化出版的制度，反而使文学家的力量得到了百倍的激增。

当文学家们受到压迫时，不会像普通民众那样惊慌失措，他们反而会产生更大的怨恨。对于他们而言，沉重的精神封锁能摧毁他们，但非人的折磨只能激发他们的斗志。政府对于文学家们的控诉缓慢而毫无头绪，最终只能不了了之，不仅不能达到让他们停止思考的目的，反而激励着他们继续思考。如此看来，如果放松对文化出版的控制，也许教会受到的打击反而会少很多。

在狄德罗[1]于1768年写给大卫·休谟[2]的信中，有这样一段话："在你看来，相比于你们的完全自由而言，我们限制自由更有利于推动思想发展，但我

1　狄德罗：（1713—1784），法国唯物主义哲学家、文学家，启蒙思想家，百科全书派的代表人物。他主编的《百科全书》概括了18世纪启蒙运动的精神。

2　大卫·休谟：（1711—1776），苏格兰哲学家，与约翰·洛克、乔治·贝克莱并称为"英国三大经验主义者"。

告诉你，霍尔巴赫[1]、爱尔维修、默尔莱和絮亚尔这几个人有不同的意见。”但是，结果是苏格兰人说对了，因为他是生活在崇尚自由的国度的公民，有相应的经验，即：狄德罗的见解是文学家的判断，而大卫·休谟的判断以政治为依据。

无论是在哪里，即使是在美国或者其他国家，如果我随机拦住一个美国人，就“是否认同宗教对社会稳定和法律有序有帮助”这一问题询问他，他会不假思索地告诉我，在他看来，如果脱离了宗教，人在文明社会或者自由社会里是无法生存的。他会认为，只有信仰和尊重宗教，政治的稳定和个体的平安才会得到保障。由此看来，对治国之道最不明就里的人都懂得这个道理。然而，相比与其他任何一个国家，美国运用的哲学家在 18 世纪时提出的大胆学说最多，这些学说都集中在政治领域。与此相反，虽然美国没有限制文化出版的自由，但美国却从未出现过反宗教的学说和书籍。英国的情形与美国相似。在法国，宗教之外的哲学思想流行得很早（注释详见第 190 页），甚至在大多数本国的哲学家出生之前就开始流行了，可以说，是博林布鲁克[2]影响了伏尔泰[3]。

在整个 18 世纪的一百年间，英国始终都有不信仰宗教的名人，他们是才思敏捷的文学家、见解独到的思想家，但由于有一群畏惧革命的人出面拯救宗教信仰，因此这群不信仰宗教的英国人并没有像法国同行那样取得成功。他们之中，也有人对法国有深刻的认识，认为法国文学家们所言并非全无道理，但他们同样因为惧怕危险而拒绝参与革命。就像那些崇尚自由的民族所做的那样，有实力的政治团体发现，如果将自身的利益与教会的利益联系在一起，将有利于自身发展。在这种情况下，博林布鲁克与主教们结盟，成了盟友。有了这样的例子，教会不会感觉受到了孤立，也更愿意为了自身利益而殊死搏斗。虽然英国的教会也有各种弊病，但还是承受住了世俗的攻击。在教会内部，也诞生了极力维护基督教的文学家和演讲家，在这些力量的批判和驳斥下，人们最终

---

1 霍尔巴赫：（1723—1789），法国启蒙思想家、哲学家，是百科全书派的成员，主张机械唯物主义和无神论。爱尔维修、默尔莱也是百科全书派的哲学家，与霍尔巴赫有相似的主张。

2 博林布鲁克（1678—1751）：英国思想家、政治家，民族主义思想的代表人物，强调英国的民族利益。

3 伏尔泰：（1694—1778），法国启蒙思想家、哲学家、文学家，是 18 世纪法国资产阶级启蒙运动的领袖，被誉为“法兰西思想之王”。他信仰自然神论，经常批评天主教教会的教条和法国的制度，强调自由与平等，主张开明的民主制度。

抛弃了反宗教的学说。自始至终，政府权力都没有参与其中。

可是，为什么要在其他国家寻找证据，而不在法国寻找呢？现在还会有法国人写作类似于狄德罗或爱尔维修那样的书籍吗？那样的书籍还会有读者吗？我甚至想问，谁还记得那些书籍的名字呢？在过去的60年间，我们从社会生活中获得了一些经验，尽管这些经验并不全面，但足以让我们对那些书籍产生厌烦。看看我们的周围，不同阶层的民众在革命这所残酷的大学堂中都学到了一些经验，这使得尊重宗教重新成为人们的共识，宗教逐渐重新树立了威信。旧贵族在1789年之前是反宗教的代表阶层，但在1793年以后成了最信赖宗教的阶层，他们最先受到冲击，又最先信仰宗教。资产阶级获得了胜利，但当他们察觉自己受到了打击时，又选择靠近宗教。慢慢地，在混乱中可能会受到损失的人们开始虔诚地信奉宗教，由于产生了对革命的畏惧心理，反宗教的势头销声匿迹了，或者隐藏了起来。

旧的制度在终结的时候，就不是这样的情形了。人类在重要的事务中的实践精神被我们遗忘了，同时，我们并不知晓宗教在国家管理方面发挥的作用，所以，在那些能从非宗教中获得切身利益，或者最需要维护现有政治秩序的人群中，得到了对非宗教思想的确立。他们迎合非宗教思想，还不加辨别地传播这种思想，他们的行为，就像是将对宗教的反对当作生活的消遣。

法国教会内部曾经诞生过一些著名的演讲家，在此时，他们却开始保持沉默，因为他们产生了一种被抛弃的感觉，抛弃他们的是那些因为与教会有共同利益而群起维护教会的人。有一段时间，人们认为，只要教会还保有物质财产和社会地位，它就会谴责它的信仰。

从那时开始，我们经常可以看到，反对宗教的人往往喜欢高声疾呼，而依然信仰宗教的人则大都保持沉默，不仅在宗教的问题上是这样，几乎所有的问题上都是这样。那些依然信仰宗教的人不愿意成为唯一信仰宗教的群体，为了避免被孤立，他们甚至甘愿冒着犯错的危险，加入到思想完全不同的群众团体中。当时，少数人的见解似乎也能变成所有人的意见，因此，在此之后，在构成这种现象的人看来，少数人的意见更像是不可违背的了。

在上个世纪步入尾声时，宗教地位的变化在法国产生了重大的影响，这项变化是，宗教大范围地丧失了原有的威信。这也成了法国革命的一大特点，正是因为这个特点，法国革命给人们留下了面目可憎的坏印象。

当我打算分辨清楚攻击宗教的行为对法国产生的各种影响时，我得出这样的结论：认定这些行为使人们的道德败坏，不如认定它们使人精神混乱，正是因为精神混乱，人们才有那些奇怪的极端举动。当宗教和人的灵魂发生分离时，情况并不像之前经常出现的那样，导致了灵魂空虚，相反，灵魂在那段时间产生了诸多情感和思想，这些情感和思想填补了宗教留下的空白，灵魂在短时间内不会显得颓废。

如果说在对待宗教的态度上，比起我们其他人，发动大革命的法国人显得更加不够虔诚，那么他们至少还保留着一种信仰，这是一种我们缺少的值得称赞的信仰，即相信自己。他们向往人类的荣耀，肯定人类的美德，对人类的完美和力量坚信不疑。他们已经将这种荣誉感和自信心转化为自身的力量。

不可否认，傲慢和自信可能招致错误，但如果缺少了自信，人就会被奴役。他们坚信他们肩负着改变这个社会、让人类获得新的生机的使命。对他们而言，这项事业就是他们信奉的宗教，是一种新宗教。这导致的结果是，产生了宗教本应具有的一些重大的效果，让人们放弃了斤斤计较的利己想法，不再考虑个人得失，而是以坦荡的胸怀推崇忠诚、正义和英雄主义。我曾经投入地研读过历史，我可以负责任地讲，我从来没有在历史上发现这样的革命，在一开始，它就显示出了数量众多的人群所具有的爱国热情和正直无私。在这场大革命中，法兰西这个民族暴露了他们最大的缺点，但同时也体现出了具有青春气息的品质，即经验的不足和宽容大度。但是，当时非宗教思潮却造成了极大的灾难。

在此以前，世界各国也发生过很多次政治变革，尽管那些革命者们抨击政治制度，但却极为尊重宗教和信仰。然而，在很多的宗教改革中，那些攻击宗教的革命者却并不打算一举改变或彻底废除政治制度和社会秩序。因此，即使是重大的社会变动，也有一个始终不变的基点。

可是，法国大革命却不是这样。革命者在推翻了宗教规则之后，又废除了世俗社会的法律，人们的精神世界陷入了混乱，不知道可以信仰什么，也不知道可以在哪里停靠。革命者好像成了一个陌生的群体，与其说他们是勇敢，倒不如说他们已经疯狂了，面对新事物，他们见怪不怪；面对谨慎稳重，他们嗤之以鼻；在实施某项计划时，他们雷厉风行，毫不迟疑。

我们绝对不能认为这个群体的出现是偶然或者昙花一现的，他们不是孤立存在的，也不会转瞬即逝，从那以后，他们已经形成了种族，出现在这个世界上任意一块文明之地上，并且得以世代交替。不论是在哪里，他们都保持着高度的一致性，相貌一致，热情一致，特点一致。自从我们降生就看到了他们，时至今日，他们依然会出现在我们眼前。

第三章▶
法国人为什么在革命之后才要自由

在为大革命的发生做准备的一切情感和思想中，有一个现象应该引起注意，即严格层面上的有关集体自由的思考和热情，是最后出现、最早消失的。

人们撼动政府这一庞然大物的行动很早就出现了，这座大厦已经有了倒塌的征兆，但还没有人提出关于自由的任何议题。伏尔泰极少思考有关自由的问题，尽管在英国的三年经历让他发现了自由，但却没有让他爱上自由。他着迷于在英国可以自由传播的怀疑论哲学，对英国的政治及法律问题却兴趣极小。相比于英国社会的优点而言，他更在意其缺点。在他的那部关于英国的书信体的著作中，他很少言及英国的议会。事实上，伏尔泰真正仰慕的是英国自由的学术氛围，并不在意自由的政治氛围，在他看来，似乎即使没有政治自由，还能保持学术自由。

在时间即将到达18世纪中叶时，一些专门探讨公共政治问题的知识分子出现了，他们有一个共同的代称——“经济学派”，或“重农学派”——这是因为他们的很多主张都很相似。在历史上的名气方面，这个学派远不如哲学家，也许是因为他们对大革命的发生发挥的作用较小。但在我看来，想要更好地研究大革命的真实性质，就要研究他们的著作。

在管理国家的问题上，哲学家们的思想依然陷于普遍和抽象之中，经济学派也没有随便抛开抽象的理论，但却更接近现实。有人叙述通过想象看到的事物，有人又指出人们应该做什么。他们攻击的目标，都是在大革命发生后废除的那部分制度，在他们看来，所有制度都应该被废除，无一例外。与此相反的是，在大革命发生当月颁布的所有制度，都是他们早就热情地宣传或公布过的，即使是其中一种制度，人们也很难证明它以前没有在他们的著作中被酝酿过。大革命所有最根本的特点，在他们的身上都有所体现。

此外，已经被我们熟悉的那种革命的民主氛围，在他们的著作中都有了雏形，能够很分明地看出：他们厌恶特权，同样也仇视划分阶级；他们主张公平和平等，哪怕这公平、平等出现在奴役中；他们并不重视契约，只要是阻挠实现计划的事物，他们都主张推翻它；他们不尊重个人的私权，甚至认为只有公共利益，根本不存在个人利益。总体而言，他们温和善良、德行端正，是干练的政府官员或者正直的法官，受忠于事业的特别才能的指引。

经济学派蔑视以往发生过的事物，莱特罗纳就说过这样的话："几百年来，一直都是错误的规则统领着政府，似乎这些都是在偶然间发生的。"以这一认识为出发点，经济学派积极地投入到他们的工作中。只要有一种制度是阻碍他们的，是不利于他们的计划的，哪怕它是古老的、已经深深地植根于国家的历史之上，他们都主张立即予以废除。他们中间有人提议废除原先的行政划分，更改所有省份的名称，在40年之后的制宪议会上得到了落实。

在他们的脑海中出现自由制度的思想之前，经济学派就已经有了改革社会行政制度的想法，这一想法后来由大革命付诸实施。尽管他们真心实意地赞成自由的食品贸易，赞成在工商业领域实行自由放任的政策，但他们却从来没有在严格层面考虑过政治自由的问题，即使这一问题在他们的脑海中偶然闪过，他们也会自然而然地排斥它。他们中的大部分人坚决反对组建议会，同时还反对设立附属的地方政府，概括地讲，他们反对建立在自由民族中的某股力量，这股力量的作用是维护中央政府权力的平衡。魁纳[1]就此说过，"设立平衡权力制度的想法是有害的"，他的一位战友也说，"有关打算设立平衡权力制度的议论都是虚构的"。

公共教育是他们创造的用于防止政府滥用权力的唯一手段，魁纳就有这样的见解，他说，"如果人民受到了教育，就不会存在政府的专制"，他的学生也有相同的认识，"人们震惊于政府滥用公权带来的危害，于是想出了很多对策，但全都没有作用。实际上，人们反而忽视了唯一有用的对策，那就是能够传播

1　魁纳：（1694—1774）资产阶级古典政治经济学的奠基人之一，法国重农学派的创始人和代表人物。他早年对医学感兴趣，做过医生，后来才转向研究经济学。

基本司法和自然秩序的普遍的公共教育。”他们打算通过这些具有文学性质的只言片语，取代保障政治自由的措施。

莱特罗纳深恶痛绝于政府对农村的放弃，他认为这导致了农村没有道路、工业和教育的局面。实际上，他从来没有想过，如果能够将农村交给农村治理，局面会好得多。

那么蒂尔葛的表现怎么样呢？他天赋过人，心地善良，这让他看上去与别人有所不同，但他同样对政治自由没有兴趣，一直到了后来，在广大民众的情绪的启发下，才对政治自由有了热情。对他而言，他应该像大部分经济学派成员那样，最先考虑保障政治自由的措施，就是政府在某种精神的指引下，按照某种计划实行的公共教育政策。

与蒂尔葛生活在同一时代的某个人在名为《一种符合原则的教育体制》的著作中写道，蒂尔葛本人极度信任公共教育在保证政治自由方面的作用。在一份谏言信中，他向君主提出类似建议，他说，“我敢保证，只要十年的时间，您的国家将会大变样。在良好的教育、良好的社会氛围和效忠国王的热情感召下，您的臣民将比其他所有民族优秀。到那时，现在年仅十岁的孩子会成长为国家的人才，理性让他们自觉地热爱祖国，服从管理，乐于助人，养成尊重法律的习惯”。

在法国，政治自由早就被废除了，人们几乎已经忘记了政治自由需要什么样的社会条件、能达到什么样的社会目的。而且，残存的不完整的痕迹，还有看上去是被用来取代政治自由的制度，带给人们的只有对政治自由的怀疑和偏见。三级会议在那个时期得到了保留，但它只能起到阻碍社会进步的作用，不可能推动社会的发展，因为它形式陈旧、思想落后。当时负责替代其他各种政治派别的唯一组织是法院，但如果政府滥用公权，它并不能起到阻止作用，相反的是，它总是阻碍政府做好事。

经济学派的意见是，要实现他们计划中的革命事业不能依靠这些陈旧的工具，同样，他们也不愿意依靠已经成为革命的主宰力量的人民实现他们的计划，因为让人们接受和遵守体形庞大、各部分联系紧密的改革，是一件令人头疼的事情。在他们看来，实现自身计划最容易、最合适的方法，是借助国王和政府的力量。

这个全新的政权与中世纪毫无关系，没有任何中世纪制度的遗迹，经济学派从它的错误中发现了一些积极的信号。它和经济学派一样，热衷于各阶层的平等和法律的一致，发自内心地厌恶一切旧政权，因为旧政权不是受制于封建制度，就是偏向于贵族制度。这样一个组织良好、作用强大的统治工具，是法国所独有的，在欧洲的其他国家再也找不到一模一样的第二个。

对于经济学派而言，法国能够有这样一个政权，简直是绝好的机会，如果当时的情形像现在这样，上帝总是出面干涉，他们一定会说一切都是天意。莱特罗纳就说："相比于英国，法国的情况更为有利。在法国，几乎是在顷刻之间，人们就能通过改革改变整个国家的局面，英国就不行，这样的改革会受到来自政党的阻力。"由此可见，目的并未完全推翻专制政府，而是如何让它有所改变。

美希埃·德·拉·利维埃说过这样的话："政府要维持统治地位，就必须遵循基本的秩序。然而，倘若政府真要这样，那么它还得拥有没有约束的权力。"还有人说，"让政府明确地知道了它的职责之后，在行动上就要让它享有自由"。你会看到，不论是魁纳还是博德修院的院长，他们都有相同的见解，不仅希望国王和政府能够改变当下，还指望国王和政府能够部分地采纳他们关于未来的设想。由眼前看到的这个，让他们产生对另一个的构想。

依照经济学派的主张，政府有权对人民发号施令，还有权通过某种方式教导人民，即事先树立一个榜样，通过榜样教给他们公民意识。政府有这样一项义务：把一些它认为人民应该具备的思想灌输到人民的头脑中，把一些它认为人民应该需要的情感灌输到人民的心灵里。在事实上，政府的权力没有限制，行为也没有限制，它不仅让人民走上正轨，还彻底改变了他们，也许，只有政府才能把人变成另一种模样。正如博多所说，"政府任意地改造人民"，这句话是对他们的全部见解的概括。

与经济学派能看得到的任何一个政权相比，他们设想中的那个政权的权力显得更大，而且，它们在起源和本质方面也有差别。设想中的政权与上帝无关，与传统也无关；它不属于任何个人，也不属于任何家族，被称作国家，而不是王国；它代表着所有的人，个人的意志必须服从于集体意志。

对于这种被称为"民主专制"的特殊专制制度，尽管在中世纪时没有听说过，但经济学派对此是再也熟悉不过了。人们在社会生活中没有了等级之分，也没有了阶级之分，不论是谁，都没有与生俱来的高贵地位，所谓“人民”，是由若干几乎相同和地位完全平等的个体组成，尽管这个鱼龙混杂的组成被设定为国家唯一的合法主人，但他们却没有领导政府的权力，甚至都不能监督政府。在他们之上，有一个代理人，尽管以他们的名义掌握一切权力，却可以不必征求他们的意见而擅自决定一切事物，只有不设任何机构的公共理性能制约他，也只有革命才能阻止他行使权力，虽然法律规定他只是人民的执行者，但实际上他是人民的主人。

在他们的周围，他们无法找到和他们的这种设想相似的东西，于是千里迢迢去了亚洲寻找。毫不夸张地说，他们中的每个人都在某一时期称赞过亚洲的中国，只要翻开他们的著作，就能找到他们对中国的溢美之词，可是，他们并不完全了解中国，因此给我们讲的东西显得很荒唐。在他们眼中，那个衰落而粗犷的国度俨然是值得全世界效仿的榜样，尽管少数几个欧洲人就能够在那里肆意妄为。在他们的心目中，当时的中国就好像是后来法国人心目中的英美。中国的封建君王以哲学为信仰，以知识分子为权贵，以科举为分封官职的依据，此外每年都要举办鼓励生产的亲耕礼。这样的国度无疑令他们感叹和向往。

人们以为，现在我们口中所称的破坏性理论“社会主义”是最近才出现的，其实不然，它诞生于最早的经济学派那个时代。在经济学派打算利用强大的政府力量改变社会生活的同时，还有一些人却打算利用政府力量摧毁社会基础。阅读摩莱利[1]的著作《自然法典》，能找到经济学派所谓政府拥有无限的权力和权力不受制约的所有主张，还能找到法国这几年最害怕的一些政治主张，我们能见证这些事物的产生：财产公有、劳动的权利和义务、完全平等、事物的整齐划一、古板地安排个人的所有生活、上级决定一切的专制、个人的个性从属于集体。

《自然法典》的第一条说，“没有什么是属于一个人的，也不以财产的名义属于个人”。第二条说，“个人拥有财产是应该被憎恨的行为，如果有人打算获

1　摩莱利：（约1700—约1780），法国思想家，也是法国学术史上最神秘的人物之一，摩莱利只是他的笔名，没有人知道他的真名是什么。他的代表著作《自然法典》较为充分地阐述了他的思想。

得个人财产，那么他一定疯了，敢与整个人类作对，应该判处他无期徒刑。每个人都由集体出钱保障和照顾生活”。法典还说，“所有产品都会摆放在集体商店中，分配给所有人，以满足他们的需要。城市建设应该整齐划一，提供给个人的住宅应该完全一样。小孩子长到五岁时，应该由国家接管，按照统一的程序一起培养”。

也许你会觉得这部著作成书于昨天，实际上早在 1755 年它就已经出版了，距今已有一百年，那时魁纳创立了自己的学派。中央专制集权和社会主义萌芽于相同的土壤，如果要比喻它们之间的关系，就好比是人工培育的树苗和野外生长的树苗的关系。

对我们这个时代而言，经济学派是那个时代的人群中最令我们熟悉的群体。他们旗帜鲜明地热爱平等，但却没有以同样的热情热爱自由，像极了和我们同时代的人。当我读到大革命发动者的著作或者演讲词时，很快我就发现自己进入了一个陌生的领域，进入了一个我不熟悉的世界。可是，我在翻阅经济学派人物的著作时，就好像和他们生活在一起，好像刚刚结束和他们的倾心交谈。

在时间即将到 1750 年时，相比于经济学派对政治自由的急迫要求，法国国民的表现就差远了，他们已经没有了追求政治自由的兴趣和意识，因为他们已经用不着政治自由了，相比于权力，他们更希望改革。假如当时的君主是一位如同腓特烈大帝那样有远见和胸怀的人，我敢肯定，他一定能完成许多大革命时已经完成了的变革措施，这不仅能使他保住王位，还能增加他的威信。德·马绍尔是路易十五麾下最得力的大臣之一，有人认为他似乎预见到了这一点，于是向路易十五提出了建议，然而，口头的建议无法决定这些事情，人只有在构想出这些事情时，才愿意付诸实践。

又过了 20 年，情况发生了改变，那时，法国民众的意识中已经有了政治自由的形象，而且还随着时间的推移更加丰富，更加令人感兴趣。相关的表现有很多：一些省份再次提出了自治的要求，全民有权参与治理国家的观念深入人心，产生了对三级会议制度的留恋。法兰西人不喜欢自己的历史，唯独对这一段历史津津乐道。经济学派也受到了这种思潮的影响，被迫将一些体现政治自由的组织添加进了集权制中。高等法院在 1771 年时被撤销，曾经在高等法院吃过苦头的人们，面对它的撤销激动不已。看上去，高等法院的撤销，预示着能够制约君主专权的最后一股阻力被消除了。

来自普通民众的反对令伏尔泰感到很惊讶，但同时也很气愤。在写给朋友的信中，伏尔泰说："几乎整个国家都进入了高度的惊诧之中，其他各省和首都一样，都是群情激奋。但我认为，国王的政令有着浓浓的改革意味，而且还是朝着好的方向改革：禁止买官卖官；免除司法费用，如果有人因来巴黎申诉而导致破产，国王将为其负担诉讼费。这些变化，难道对国家不是大有好处吗？而且，很多时候，高等法院充当的不是迫害人的角色吗？是啊，我只能对这些迫害分子与傲慢不逊的资产阶级的同流合污表示敬佩了。我的意见呢？我毫不怀疑国王的正确性，既然服从是不可避免的，那么我不会考虑投靠我那两百个伙伴，我愿意服从一个出身贵族的雄狮，毕竟它天生就比我强大"。他还辩解似的说道："你看吧！我应该极力地赞扬国王，因为他为各地的领主负担诉讼费用，给予他们无限的恩德。"

伏尔泰离开巴黎已经很长时间了，所以他误以为人们的思想还像他在巴黎时那样，实际上局面早就截然不同了。人民不仅不再满足于政府自发的改良了，他们要求亲自主导改革，一场全面的大革命即将爆发，人民不仅支持它，而且还积极参与其中。

我的意见是，到了这种局面，全面的革命就是箭在弦上了，不论是好的还是坏的，只要是从属于旧制度的，就必须被消灭。人们没有经过充足的准备就参与到了革命中，所以只好摧毁所有旧的事物。而实行专制的君主呢，实际上原本可以成为几乎没有危险的改革领导者。大革命推翻了许多与自由相背离的政治制度和思维意识，与此同时，它也抛弃了一些支撑自由存在的事物，当我想到这些，我愿意作这种认为：如果主导这场革命的是推行专制的国王，那么这场革命有可能让我们变成自由的民族；相反，如果革命是人民以人民权力为名主导的，我们就不能成为自由的民族。

如果想要理解这段历史，就不能脱离以上观点。当法国人再次产生对政治自由的浓厚兴趣时，在关于政府方面的议题上，他们已经有了很多认识，它们不符合政治自由的概念，甚至是截然对立。他们理想的社会，除了公职人员之外，再没有贵族群体，只有人民；此外，还有一个领导国家、保护人民的唯一政府，它掌握着所有的权力。他们想获得自由，却又不愿意放弃这个最初的定义，他们只是想让它和自由融合起来。

于是，他们开始将中央集权制度和立法会议结合起来，政府掌握无限的权力，立法会议则占据压倒性优势，形成了官僚行政和民选政府。人民作为整体时掌握着主权权力，但作为个体时却处于依附之中，作为前者时，人民需要有自由人的意识和品质，作为后者时，则要忠诚顺从。

六十多年来，自由政府做过很多次尝试，打算将政治自由引入与它格格不入或完全相反的制度和思想中，尽管人们早已习惯或喜欢上了这些制度和爱好，但结果都是徒劳的。后来，引发了毒害极大的革命，在大多数法国人都丧失了信心之后，他们终于回到最初的目标上，放弃了追逐第二个目标。他们得出这样的结论：在一个领导者的统治下公平地生活是有好处的。这样看来，现在的我们不像 1789 年的先辈，倒是与 1750 年的经济学派很相像。

我时常问自己，曾经促使人们完成伟大事业的对自由政治的这种热情，它的根源是什么？在哪里？又在哪种情感中孕育？我明确地发现，当人民步入歧途时，他们会强烈要求自治。然而，正是由于专制制度发生了特殊或者临时的弊病，人民才能产生对独立和自由的热爱，随着产生它的偶然原因的消失，它也会很快消失。人们看似向往自由，但实际上他们只是厌恶被统治。为自由而生的民族憎恨的不是依附性，而是依附性产生的恶果。

如果说人们只有在看到自由带来的物质好处时，才会真的热爱自由，这种说法我表示怀疑，它使人模糊。是的，对于懂得怎样保持自由的人而言，自由惯了是会获得好处，但有些时候，自由反而让人在短时间内丢掉好处，而专制在有些时候却能让人在短时间内获得好处。只在意自由带来的好处的人，从来都不会保持自由。

多少年来，总有人时刻向往自由，但他们向往的不是自由带来的好处，而是自由本身的魅力吸引着他们。自由，就是在上帝和法律的唯一制约性下，可以随意地呼吸、说话和做事的快乐。如果打算在自由中寻找自由本身之外的东西，那么这个人就不配得到自由。

有些民族热爱自由，宁愿历经艰辛追求自由，不是因为自由带给了他们物质好处，而是他们视自由本身为必不可少的宝贵物品。没有自由，什么都不能慰藉他们；拥有自由，他们会忘记荣辱得失。一些处于鼎盛时期的民族厌倦了自由，为了维护自由带来的好处，任由别人夺走自由也不敢抗争。如果让他们珍惜自由，他们应该怎么做呢？应该热爱自由。除了亲身体验，我无法分析热爱自由这种崇高的精神，它会主动进入上帝准备的接受它的心灵之中，然后布满整个心灵空间，让心灵光芒万丈。而那些一直都没有察觉到这种精神的人，也不必做让他们有所领悟的尝试了。

第四章 ▶

旧君主制在路易十六时期最为繁荣，大革命为什么会在繁荣时期快速到来

当路易十四称霸欧洲时，他的王国反而走上了下坡路，这是毫无疑问的事实。在路易十四治下最辉煌的时期，法兰西已经有了衰败的迹象，在停止征服战争之前，这个国家就有了疮孔。

沃班[1]留给我们一篇关于政府统计表的骇人简论，有人没读过吗？在17世纪末——或者更早——在西班牙争夺王位的战争开始之前，在呈给勃良第公爵的报告中，各地总督都有关于国家正走向衰败的暗示，在提到这些现象时，都没有将它当成新发现。第一位总督说："本地区人口锐减势头已持续多年。"第二位总督说："这座曾经繁荣一时的城市现在都没有工厂了。"第三位总督说："现在已经放弃了原先的制造业。"第四位总督说："比起现在，20年前的农业生产繁荣好几倍，农民的收成也比现在多好几倍。"来自奥尔良的第五位总督则说："最近30年间，人口和出产减少了五分之一。"真应该让标榜专制制度的人和好战的君主们看看这些报告。

即使路易十四死亡或者停止战争，辉煌和繁荣的局面也回不来了，因为衰败的主因是政治制度有弊端。18世纪上半叶的所有探讨政治制度和社会经济的知识分子都有相同的看法，那就是外省还没有恢复元气，有人甚至认为那些地方的衰退还没有结束。他们的意见是，日益繁荣的只有巴黎一地。在这一点上，总督、实业家等人也持相同看法。

1　沃班：（1633—1707），法国著名的军事工程师，在军事建筑方面有卓越的贡献。

我要承认一点，我不相信法国在18世纪上半叶还处在衰败之中，但是那些交际甚广的人所认可的观点至少能证明，显而易见的恢复并没有出现。我看到的相关文献也表明，当时的法国社会是一片麻木：政府墨守成规，不能与时俱进；在人民生活环境方面，没有相应的改善；没有人带头从事重大的工作。

情况发生改变的开端，是在大革命爆发的三四十年前。当时，社会的各部分好像都发生了一种震动，这种震动来自内部，之前没有引起注意，起初被耐心的观察家发现的，随着时间的推移，震动变得越来越明显了，后来速度逐渐加快，整个法国终于像复活一般动了起来。注意，复活的不是旧的生命，这是由新精神推动的，而且是为了瓦解它而让它短暂复活的。

每个人都显得激动而急迫，当时的普遍现象是努力改变和追求更好。但这种动向让人焦虑和伤感，让人在咒骂过去的同时，憧憬一种与现实局面截然不同的局面。很快，政府也动起来了，外部没有变化，内部有了转变，法律没有改变，执行却变了样子。

我曾经说过，与1780年的总督相比，1740年的总督有很大的不同，政府的信件也证明了这一点。虽然1780年的总督和1740年的总督有相同的权力、委托人和蛮横性，却没有相同的职责。前者责任比较小，只需保证辖区人民服从统治，并按要求招募兵员、征收兵役税；后者管得比较宽，责任比较重，既要考虑制定增加公共收入的计划，还要考虑交通运输、商业制造等方面的问题，此外还要特别重视农业的发展。絮里[1]成为当时名气最大的一位政府行政官员。

就在那一时期，他们组建了我提到过的农业联合会，组织比赛，还发出奖金。一些总督写的报告看上去就像是关于农业生产的论文，根本不像公文。

通过征收的苛捐杂税，人们能够直观地看到领导者思路的改变。和过去一样，法律还是不公平的和野蛮残酷的，但在执法时却克制了一些弊病。在莫里安[2]的回忆录中，他写道："研究税收方面的法规时的发现让我吃了一惊：仅漏税一项，特别法庭就可以做出罚款、体罚和监禁等多种处罚；报税官员可以凭靠誓言掌控几乎所有的财产和所有的人身。可喜的是，我翻阅的不仅仅是法典这一种资料，我因此很快又发现，法律条文和相关执行之间，有类似于旧金融

1 絮里：（1560—1641）法国国王亨利四世时期的政府高官，在农业和财政方面政绩突出。

2 莫里安：（1758—1850）法国政治家、思想家，对法国的财政及税收政策有深入的研究。

家和新金融家在习俗上的差异的差别。法官在宣判时，总是习惯于减轻处罚或判处缓刑。”诺曼底省[1]议会在1787年说过这样的话，“征收税赋导致了很多弊病和麻烦，但在这几年的征税工作中，我们态度温和，注意分寸，这些应当得到正确的评价。”

这种观点被大量的文献资料所证实。那时，经常可以见到尊重生命和自由的现象，也可以见到发自肺腑的关心穷人的现象，这些在以前是见不到的。税务官员很少用粗暴的行动对待穷人，虽然税赋的种类很多，但救济的种类更多。为了救济农村的贫民，国王设立了旨在农村创办慈善工厂的基金，此外还设立其他基金。我发现，1779年时，政府在上济耶内财政区发放了80000里佛；1784年时，在图尔[2]财政区发放了4000里佛；1787年时，在诺曼底财政区发放了48000里佛。路易十六亲自掌管负责发放基金的这个机构，而不是让大臣掌管。

1776年，御前会议作出一项判决：由于国王的猎物损坏了王室狩猎区周边的农田作物，国王应该给予农民赔偿。在御前会议制定了给予农民赔偿的可行办法时，国王还亲笔列明了进行赔偿的各项原因。蒂尔葛为我们讲述了当时的情景。当他接到这位仁慈而又可怜的国王写好的赔偿原因时，国王对他说道：“这样的工作我也在做呢。”如果人们按照旧制度末期的情景描绘旧制度，就会得到一幅比真相美好的画作，遗憾的是，它不像真相。

伴随着领导者和被领导者在精神层面所发生的变化，集体辉煌就以极快的速度发展而来了，所有的迹象都证明了事实的确是这样：人口不断增加，社会财富也在以更快的速度增加。这些变化没有因为北美战争而停滞不前，虽然政府背上了债务，但人民却很富有，他们勤劳能干，有事业心和创新精神。当时的一位官员说：“1774年之后，消费税的内容随着工业的发展扩大。”事实上，如果比较一下在路易十六治下，政府与负责收税的公司之间的各种协议，就会发现，协议每延期一次，地价都会上涨一次，1786年的地租就比六年前多了

1　诺曼底省：诺曼底是法国的一个地区，在首都巴黎和英吉利海峡之间。在历史上，诺曼底曾是一个省，现在则分为上诺曼底和下诺曼底两个大区，总共包括了五个省。

2　图尔：法国地名，位于巴黎盆地的西南角，是一座历史悠久的城市。

1400万里佛。内克[1]在1781年的结算报告中写道："计算得知，消费税所得以每年200万里佛的速度递增。"亚瑟·扬[2]也认为，在1788年时，波尔多的贸易额多于利物浦。他还说："最近几年，在海上贸易方面，法国的发展速度大于英国。在20年间，海上贸易增长了一倍。"

大革命之后的任何一个时期的集体辉煌，都没有大革命之前的20年间发展得迅猛（注释详见第190页），如果你注意比较各个时期的差异，就会相信这一结论。我们迎来迅速发展机遇的时期是实行立宪君主制的那37年，只有这段时间的成就，才能与路易十六时期一较高低。

如果人们还会在意于政府制度方面存在的诸多弊病，还纠结于工业生产遇到的诸多麻烦，那么再看一看眼前呈现出的繁荣兴盛景象，一定会感到惊讶吧？政治家也许会因为无法做出合理解释而矢口否认这种繁荣，他们就像生活在莫里哀戏剧中的医生那样，断定如果病人不按规则吃药，病就不会好。税赋不平等、法律混乱、国内关税、封建专权、行业联合会等，存在这些东西，法兰西居然还能繁荣兴旺？这简直令人难以置信。可是，不论如何，事实上这个民族的确开始发展了。根源很简单，在那些制造粗糙、必然不会推动社会前进的机器之外，还有两股构造简单、运转强劲的力量，有了它们，就能够让整个机器连成一个整体，推动社会向繁荣的方向迈进。这两股力量，一种是政府，转变了专制作风却依然强大有效；一种是看似已经成为欧洲大陆最为开放和自由的法兰西民族，在它的内部，每个人满怀创富梦想。

尽管国王仍旧以统治者的身份发布命令，但在实际上，他开始变得屈从于大众舆论，随时都保持毕恭毕敬的态度，被大众舆论指引着。尽管法律规定国王有专制特权，但在实施过程中，国王的特权受到了限制。1784年以后，内克在一份公开资料中列举的一个事实开始出现。内克说："大众舆论在当今的法国极有威望，这让很多外国人难以想象，他们无法理解，什么力量能够给国王下达命令。但事实的确是这样。"

有一种极其浅薄的见解，认为人民力量的强大是因为法律发挥了作用，事

1　内克：（1732—1804），法国人，三度担任财政总监的职务。在经济上，他支持重商主义，反对谷物的自由贸易；在政治上，他主张各阶层平等纳税和进行温和的改革，

2　亚瑟·扬：（1741—1820），英国农业经济学家，是英国农业革命的先驱。

实上，工具没有创造产品，而是发动机创造了产品。以英国为例，和法国相比，英国的行政法至今仍然不够规范，但欧洲有哪个国家能和英国比拼公共财产的数量？即使是私人财产也很丰富。不是因为英国的法律完善，而是由推动立法的精神决定的（注释详见第 191 页）。只要生命强壮，个别器官的残缺并不要紧。

随着我在上面所述的辉煌日益发展，法国人的精神变得更为紧张不安了，人们愈发地不满，愈发敌视旧的制度。显而易见，整个民族正向革命靠近，后来成为革命发源地的地方，正是有显著进步的地方。

如果有人愿意关注原法兰西岛财政区的历史资料，就会发现，旧制度在靠近巴黎的地方最先发生了深刻的改革。在那些地方，农民的人身自由和财产安全被保护得更好。早在 1789 年之前，就没有个人需要承担的徭役了，当时这种情况已经持续了很久。与法国其他地区相比，这里征收的兵役税更规范、更公平，而且税赋也很轻。

在增加福利和减少贫穷方面，一个总督可以做些什么呢？理解这个问题，就要查阅颁布于 1772 年的那部改进兵役税的法令。可以看到，苛捐杂税已经完全改变了之前的样子。每年，税务官员都会前往各个教区，当着所有人的面确定财产的价值，并经过所有人的确认。在征收兵役税时，行业理事会再也不能横加干涉，也没有了暴力现象，因为所有这一切都由纳税人协商确定。尽管征收方式转变了，但兵役税自身的弊病还在，它是压在纳税人身上的负担，不论是工业还是土地，都是如此。在除此之外的其他方面，与邻近的财政区收取的兵役税有很大的区别。

在旧制度保存得完整程度方面，相比于卢瓦河[1]流域、普瓦图沼泽[2]和布列塔尼荒野[3]，其他地方表现得都不够好。正是在那些完整保存着旧制度的地区，孕育了内战的火种，他们持续而激烈地反抗大革命，这也正是有人说出“法国的境况越好就越令人难以接受”这种话的原因。这种看法令人惊讶，但历史上

---

1 卢瓦河：法国境内最长的河流，全长达 1020 千米。卢瓦河河谷如今是法国著名的旅游景点。

2 普瓦图沼泽：位于法国西部的旺代省境内。据说，法国国王亨利四世在游经普瓦图沼泽时，被美丽的景色吸引，于是找来懂得排水造田的荷兰工程师，对沼泽进行治理。经过这番治理，普瓦图沼泽才有了今天的模样。

3 布列塔尼荒野：布列塔尼是法国西部的一个地区，是一片由农村、村庄和荒野组成的美丽土地，吸引着各地的游人。

总有相似的现象。

爆发革命的原因，并非全是因为人们的处境变糟了。常见的爆发革命的原因是，原本以逆来顺受的态度忍受最严酷的法律的人们，猛然发现法律变温和了，于是就激烈地攻击它。几乎每个被革命推翻的政府都比它的前任好得多，经验也表明，通常来说，当专制的政府打算改革的那一刻，它的危险也就到来了。能够拯救长期被压迫的人民的君主的人，一定是一位天才。人们以为苦难是无法避免的，于是甘心忍受，但如果有人意图消灭这些苦难，它才变得无法忍受了。在消灭了所有苦难之后，人们更愿意相信，他们还经受着其他的苦难，于是情绪波动得更加激烈了。虽然苦难少了，但感觉却更加痛苦、更加敏感。鼎盛时期的封建制度并不比衰落时期更容易激发法国人的仇恨（注释详见第194页）。路易十六治下最微小的专权动作，都比路易十四时期的全面专制更令人难以承受；相比于路易十四时龙骑兵迫害新教徒招致的群情激奋，对博马舍[1]的暂时监禁引起的民愤更激烈。

已经没有人觉得法国在1780年时处于衰败期，相反，人们认为，那时法国的进步没有任何阻力。也正是在那时，人们持续完善的理论诞生了。倒退20年，人们对未来毫无期待，如今却对未来信心百倍。面对即将到来的陌生幸福，人们早有期待，这使得人们一心追逐新事物，却无视既得利益。

发生上述现象，除了普遍的原因，还有一些特殊的强力因素。财政制度依然存有专制时的弊病，尽管在表面上和其他机构同样完善。由于财政制度的保密型和不可保障性，人们只能沿袭路易十四、路易十五时期的一些不当做法。为了促进繁荣，政府竭尽全力增加开支，推进公共事业，发放救助和奖励基金，但财政收入却不见相应的增长。国王因此而陷入了比他的前任更为严重的经济危机之中。和他的前任一样，他到处借债，而债权人未必能获得商定的利息，甚至还讨不回欠款，想要拿回本金，还要看国王是否有诚意。有个人曾经亲眼清楚地看到了这些现象，这位完全可信的证人说："那个时候，法国人和政府的关系满是偶然性。他们花钱买了政府的国债，但却不能指望定期得到利息；他们出钱修筑道路，还出钱建造军舰、缝制军装，却没有人能保证还钱给他，甚

1　博马舍：（1732—1799），法国戏曲家，他的作品的题材，大都指责封建专制制度。

至都没法获知还钱期限。就像参与风险投资那样，他们被迫反复衡量与政府合作的风险。”这位证人还说：“那时，工业生产得到大发展，使人们产生了对财富的热情追求，对那些将财产通过借贷委托给政府的人而言，他们更不能接受政府的毁约行为，毁约者正是原本应该最信守合同的借债人。”

此处指责的法国政府的各种弊病不是最近才出现的，最令人感到新鲜的是这些弊病造成的影响。如果说起财政制度的缺点，以前比现在更多，但如今政府和社会状况都发生了变化，人们对待同一问题的看法更敏感了。

政府在过去的20年间变得更加积极主动了，各种在过去没有想过的事业，在如今被政府发起了，政府成了工业成果最大的消费者，成了国内工程最大的承包商。在普通民众中间，和政府产生关系的人越来越多，他们或借钱给政府，或依靠政府的救助金生活，或投机于政府的市场。政府财政和个人财产之间有了前所未有的联系。

在过去，政府财政制度的弊病仅仅是一项公共劣迹，如今却成了无数人的噩梦。在1789年时，政府负债近6亿里佛，一个人是债权人的同时也是借债人，这就像当时的一位财政专家说的那样，所有被政府财政制度弊病拖累的人，联合起来向政府发难，发泄不满。注意，随着心怀不满的人数的增加，人们的怒火也在增加。由于追逐财富的热情、投机获利的欲望和经商理念的自由传播，在30年前能够忍受这些不满的人，现在却不愿继续忍受了。

商人、实业家、批发商以及食利分子、贪财分子，就这样诞生了。通常而言，他们一起构成了一个新的阶层，这个阶层拥护当局、反对新政，虽然很不喜欢法律的约束，却又服从法律的约束。此时，他们再次出现，坚定而急切地要求改革，尤其呼吁彻底改革财政制度。但是，他们没有想到的是，当他们的声音震惊了财政机构时，别的机构也会应声倒下。

浩劫即将出现，怎样才能避免呢？一面是对财富的欲望日益膨胀的一个民族，一面是正从两个方面毁灭自己的政府。这个政府先是点燃了人们对财富的欲望，然后又加以阻挠，要扑灭这种欲望。它就这样催促着自己走向灭亡。

第五章 ▶

为什么给人民减负反倒惹怒了人民

一百四十多年来，人民从来都没有在公共事务方面露面哪怕是一刻钟，因此，没有人相信有朝一日人民会抛头露面。有人看到人民的态度是如此的漠不关心，就以为他们什么都听不见。所以，当人们开始关注人民的时候，就在他们面前毫无顾忌的谈话，好像人民都是聋子一般。他们的这些话，好像是为居于人民头顶上的人量身定做的，不怕人民听见，只怕那些人不能明白。

原本是最害怕人民动怒的人，如今却当着人民的面大声讨论那些用于压迫人民的不仁之行。政府是压在人民肩上的重担，在他们的言谈中，政府部门的各种令人惊讶的罪行被曝光了；在叙述农民的苦难和廉价的劳动时，华丽的辞藻反映了他们的得意和麻木。他们打算用这样的讨论救助人民，结果反倒招来人民的怒火。我说的“他们”，不是文学家们，而是政府和政府内部的官僚们，是享有特权的人。

国王在大革命爆发的 13 年前，曾经打算废除劳役制。在一封敕令的序言中，他写道：“除了几个三级会议省份之外，其他省份中的道路，几乎全部是这个国家最贫穷的那部分人无偿修筑的。为了修筑道路，这些除了双手一无所有的人背上了沉重的负担，但修筑道路给他们带来的好处却极其微小。主要的好处被道路的所有者占有了，这些人几乎都是享有特权的人，道路的畅通增加了他们的富有。人们逼迫最穷的人无偿地付出精力和体力修筑道路，让他们为富人的利益劳动，这样一来，他们失去了抵御贫困的唯一手段，变得更穷了。”

同时，还有人尝试通过改善工业行会的制度以减轻工人们的痛苦。他们以国王的名义宣布说：“享有劳动的权利是最神圣的财产，任何妨碍劳动权的法律都违逆了自然法则，都是无效的。利己主义、贪婪野蛮，造就了现代社会严酷的制度。”这种言论是极其危险的，然而，即使危险也没有起到效果，几个月之后，工业行会又恢复了老样子。

据说，说服国王发表上述言论的人是蒂尔葛，他之后的继任者大都延续了这种做法。

1780 年，国王宣布，从今以后，如果要增收兵役税，必须公开登记。他还特意补充说道：“缴纳兵役税的麻烦已经让纳税人烦恼不已了，至今，他们仍然承受着额外的负担，这导致最贫穷的那部分人的税额增长速度比其他人都高。”尽管国王没有勇气让人民平等地承担税赋，但他已经开始试图在税收环节保证公平，并且开始在共同负担的税赋的征收中实行。他说：“富人们也被划入了共同负担税赋的行列，我不希望他们有利益受损的感觉，毕竟他们承担的只是他们本就应该平等地承担的那一部分。”

人们似乎更愿意在青黄不接的年月激发群众亢奋的激情，在这种时候，反而不愿意满足他们的要求。为了鼓励富人做善事，一位总督说道：“富人们拥有的一切，都是穷人们劳动创造的，但是他们却坐视穷人们在耗尽体力时饥寒而死。这些富人们真是不公正的麻木不仁者。”在面对同样的情况时，国王也说道：“我想保护人民不要陷入饥寒交迫的苦难之中。富人们强迫穷人给他们劳动，然后根据自己心情的好坏支付报酬，这种贪婪之人任意指挥穷人的行为让我无法接受。”

一直到君主制的后期，各种各样类似的情况层出不穷，不同行政权力之间，相互责怪对方使得人民受苦。1772 年时，围绕粮食流通议题而发生在图鲁兹高等法院和国王之间的争论，就表明了这一点。图鲁兹高等法院攻击国王说：“政府的错误行为可能会导致穷人饿死。”国王则反驳道：“正是高等法院的勃勃野心和富人的贪得无厌，才使得穷人更穷。”在争论中，他们为人民灌输了这样的意识：人民的苦难都是当权者造成的。

尽管在私人信件中无法看到这些，但在公开的文件中却总能看到，因为高等法院和国王大量印制这些文件，让它四处传播。在做这件事的时候，面对他的祖辈和自己的灵魂，国王说出了真正的原因，他说：“由于挥霍无度，国库几近空虚了。为此，我低价转让了大量原本不应该出让的领地。”还有一次，国王放弃谨慎的态度，理性地说了这样的话："工业行会其实就是为王室敛财的工具。"接着，他补充道："假如浪费了过多的支出，兵役税就会快速增加。尽管还有很多既能增加财政收入又不至于加重人民负担的办法，但财政机构认为增加兵役税是最简单的办法，因为这项措施是在暗中进行的。"

这些话都是讲给那些有教养的人听的，目的在于让他们相信，某些被既得利益者反对的措施其实很有作用。人民能否听到这些不在考虑之列，因为即使听到了也未必能领悟。需要承认的是，即使有人发了善心，真心想解救那些处在苦难中的穷人，他们也依然带有对穷人的蔑视心理。这让我不由地想起了夏泰莱夫人[1]的例子，伏尔泰的秘书告诉我们，夏泰莱夫人会泰然自若地在佣人的眼皮子底下换衣服，因为她不认为佣人也是人。

如果你认为我转述的那些具有危险性的言论都是路易十六和他的大臣说过的，那可就错了，虽然他们很快会成为人民攻击的对象，但他们一向用这种方式向人民讲话。需要承认的是，在法国人民还没有让统治阶层感到恐惧时，统治阶层就已经开始关心穷人的苦难了，当时，他们并没有想到穷人的苦难会招致他们的灭亡。在 1789 年之前十年，这种情况最为明显。那时，他们经常以同情的态度谈论农民的生活，积极想办法救助农民，还揭露使农民遭受苦难的社会顽疾，批判压迫农民的财政制度。然后，这样的同情和过去一样，都是麻木的和缺乏远见的。

从 1779 年开始，法国各地先后召开了省议会。读一读这些会议记录，查阅一下这些会议留下的其他公开文件，所有人都会被其中的善意感动，也会对其中显得不恰当的措辞感到惊讶。

1787 年的下诺曼底省议会说："国王打算用于修筑道路的钱被富人挪用的现象经常出现，这对穷人毫无作用。人们总是花费重金修路，以便使通往城堡的道路更舒适，但他们从来不会把钱花在集镇和村庄上。"还是在这个会议上，贵族和教士不仅谴责了劳役制度的弊病，还自愿承诺捐资 5 万里佛用于在农村铺设道路。看来，下诺曼底省的道路可以不花穷人分文，就能保证通畅了。

对于享有特权的人而言，劳役制度被普遍纳税代替是个更加省钱的好方法，

---

1 夏泰莱夫人：据说，夏泰莱夫人是伏尔泰的情人。

然而，他们在通过缴税让出本不该得到的利润的同时，还想保留其外表；在放弃权力带来的一部分好处的同时，他们还保留了令人愤恨的那部分好处。

不必缴纳兵役税的地主阶层组成了一些省份的议会。尽管他们的希望是能够免缴人头税，但他们依然用满怀善意的措辞谴责兵役税让穷人遭受了苦难。他们将兵役税的弊端排列组合成一幅画，然后大量印制和散发。然后，有个很奇怪的现象，在他们表示对穷人同情的同时，还不忘发表一些蔑视穷人的言论。尽管他们产生了对穷人的同情，但他们仍然看不起穷人。

尽管上济耶内省议会热情地为穷人们辩护，但他们却将穷人们称为粗俗少礼之人，说他们是生性野蛮的闹事者。曾经做过不少的好事的蒂尔葛讲话也是如此。甚至于在一些即将颁布的法令上，穷人都可以亲自读到这类措辞。这一切就好像将穷人当作加利西亚[1]居民一般。在加利西亚，统治阶层和穷人阶层的语言是不一样的，穷人根本就听不懂统治者在说什么。在面对缴纳年贡和各种封建税的纳税人时，生活在18世纪的封建法学家总是显得温和而正义，这种态度是前人未曾见过的。然而，他们依然在某些场合侮辱穷人。看来，事实的确如公证人所言，这些现象是古已有之的。

时间越是接近1789年，这种对人民的同情之情愈发变得更加强烈而草率了。我手头有一些公告，是省议会为了了解人民可能提出哪些申诉，在1788年年初发布的。其中有一份通告，由神甫、大领主、贵族和富商等几个议会议员以议会的名义联合签发。他们要求协会的理事长召集教区内的所有农民，征求他们对捐税的制订和征收方式的意见。通告说："对于包括盐税和兵役税在内的大部分税赋对农民造成的严重负担，我们也略有耳闻，但我们仍旧将这些顽疾能够了解得更具体一些。"

他们的好奇心并没有就此结束，他们想知道教区内有多少类似于贵族、教士和俗人这样的特权人士，他们的特权包括什么；他们想知道免于纳税的人有多少财产，居住的是否是自己的土地，有没有教会财产——或是被称为永久置业基金的财产，如果有，价值是多少。了解这些还不能满足议会的好奇心，还得告诉他们，如果实现了税赋公平，那么享有特权的人应该缴纳的兵役税、附

1　加利西亚：古地名，位于中欧的波兰和乌克兰境内。另外，在西欧的西班牙也有称为加利西亚的地区。

加税、人头税和劳役大概有多少。

这种行为就像是要通过叙述苦难使受苦者愤怒，再告诉他们，压迫他们的人数量很少，不必放在眼里。结果，受苦的穷人最终心生嫉妒和仇恨。有关扎克雷起义[1]、铅锤党运动[2]和十六人委员会[3]这些往事，人们似乎全都忘记了，也忘记了法国人的性格特点。法国人是这个世界上最为温和、宽容的民族，前提是让他们的内心保持平静，否则一旦心生激情，他们就是全世界最具野性的民族。

尽管我没能得到农民就这些致命问题的全部回复，但还是得到了其中的一部分，好在它们足以让我了解农民的普遍思潮。农民在回复中清楚地列出了每个享有特权的人的名字，不仅如此，他们还以批判的语调描述了每个人的生活状况。他们不仅详细地调查了享有特权的人的财产和价值，还列明了这些财产的数量和来源，给他们造成的伤害自然没有被遗漏。

农民们还列出了需要上交的小麦的数量，以羡慕的语调估计了享有特权者的不准任何人分享的收入。农民们悲伤地发现，教区神甫那部分已经被人们称为合法收入的额外收入太多了，他们要为教堂里的所有事物买单，连安葬死人都得给教堂交钱。除了这些，税赋制订的也不合理，对他们堪称欺压。

总之，农民们愤怒地批判每一项税赋，议论每一个享有特权的人，显得愤怒不已。他们说："间接税最招人恨了，税务官员几乎搜查了每一户人家，在他们手里和眼里，什么都可以被侵犯。注册税的负担太重，负责征收兵役税的官员是个惯于欺负人的贪婪之徒，用的手段很过分，本分的农民根本不可能逃过他们的欺压。为了让自己避免被欺压，征税人员只好损害自己的邻居。"

这项调查不仅宣告了大革命的临近，而且也宣告了它的存在，它已经通过语言，露出了它的整个面目。

在16世纪宗教革命和法国大革命的所有差别中，其中一项很引人注目的，

---

1 扎克雷起义：爆发于1358年的一次法国反封建农民起义，是法国乃至欧洲规模较大的一次农民起义，为后世的农民起义提供了经验。"扎克雷"是"乡巴佬"的意思，是封建贵族对农民的蔑称。

2 铅锤党运动：1382年，在法国巴黎和里昂发生的市民反抗重税的暴动。这些抗议者们手持铅锤，捕杀贪官，攻击监狱，被称为"铅锤党"，这次暴动也被称为铅锤党起义。

3 十六人委员会：在16世纪末期宗教战争期间，由巴黎的"联盟派"组成的委员会。这个委员会有十六个人组成，分别代表十六个区，因此被称为"十六人委员会"。

即：在宗教革命中，许多地位尊贵的人是为了自己的欲望或野心而参与革命，普通民众则是因为自身的信仰才参与的，并不打算获得什么好处。法国大革命则不同，那些地位尊贵的有修养的人参加革命，是因为被信仰和同情所感动，普通民众参加革命，则是因为满腔的怒火和改变命运的愿望。最终，普通民众的愤怨被上层阶级的热情激发出来了。

第六章 ▶

政府对人民进行革命教育的几种方法

人民头脑中的那些被称为革命的思想，是政府本人在早先就努力给他们灌输的结果。这些思想的特征是反对个人与个人权力，而且热衷于暴力。

第一个向人民表明人类能够用蔑视的态度对待古老而深远的制度的人，是国王本人。君主制在路易十五时期就有所动摇了。这位国王通过改良、作恶、勤奋、懒惰等种种相互对立的行为，加速了大革命的到来。与王权几乎是同时出现的看似不会被撼动的高等法院被推翻了，当人民看到这些时，隐约发觉，一个崇尚暴力和冒险的时代到来了。在那个时候，没有什么是不可能的，旧事物不必得到尊重，新事物也不是不能尝试。

在路易十六统治时期，这位国王始终都在谈论即将开始的改革，在大革命推翻所有的制度之前，他就预感到很多制度已经快要灭亡了。他先是在立法机构中废除了几个臭名昭著的制度，后来又恢复了它们，他似乎打算要将它们连根拔起，让别人毁掉它们。在由他亲自推行的改革中，有些措施没有进行充足的准备，就突然实行，以致改变了一些被人尊重的制度，有时还损害了既得利益。如此一来，他的改革就是为大革命做了准备，不仅消除了妨碍大革命的阻力，还向人民传授了进行革命的方法。国王和他的大臣们单纯无私的行为，带来的危害反而更大，善良之人出于善心而发起的暴力，才是最危险的榜样。

路易十四在很早以前就公开宣布了这样一条法令：那些原本允许依照政府条件出让的土地的唯一所有人是政府，其他人都是还未明确身份或未享有完全的权力的占有者。这是出自封建立法的一个理论，在封建制即将灭亡之时，它才在法国广为流传，而法院一直没有认可它。它是现代社会主义的主导理论，真是奇怪，社会主义的理论最早出现在君主专制制度中。

在路易十四之后的时代，政府每年都会出面告诉人民，要蔑视私有财产。18 世纪后半叶，参与公共工程——尤其是修筑道路——的风气日益盛行，政府立即占有了修筑道路需要用到的土地，拆除了妨碍工程进展的建筑。从那时起，负责修筑道路和桥梁的工程师就对直线情有独钟。他们耗费大量心思避免修筑的道路与既有道路重复，如果遇到弯曲，他们宁可拆除一些建筑，也不愿让道路绕弯。被这种情况造成的损失由政府随意补偿，经常迟迟得不到补偿，有时甚至是没有补偿。

下诺曼底省总督将政府移交给议会后，议会发现，最近二十年来，政府在修筑道路方面收回的土地从未给过补偿。在法国的这个角落里，政府欠下的这笔债务竟然达到了 25 万里佛。在所有受害人中，只有少数几个人是占有大量土地的人，更多的人都只有极少的土地。他们每个人都从这件事上学会一个道理：当出于集体利益的考虑，需要损失个人财产就是必然的和微不足道的。他们记住了这个道理，然后应用到别人身上，只为自己获利。

许多教区原本都设有慈善基金会，设立慈善基金会的初衷是按照遗嘱的要求救助贫民。到了君主制末期，政府专横独断，在御前会议的裁决下，大部分基金会或是改变了初衷，或是遭到了破坏。一般情况下，慈善基金是用于资助助贫院的，但当时助贫院也已经脱离了初衷，因此他们也不会采纳。1780 年，政府以允许政府享有财产为条件，授权慈善基金会、助贫院等机构变卖人们捐赠的财产，将所得上交政府，政府支付年金。据说，这样做的目的是为了更充分地利用前人没有利用的捐赠。违背死人的意愿，是教导人们损害活人权利的最佳方法。这一点被人们遗忘了。相比于之后的任何一个政府，旧制度政府对死人的轻视是绝无仅有的，更为重要的是它一向如此。在英国，人们尊重死人胜过尊重活人。他们会发动全社会的力量，帮助每个公民实现临终前的意愿。

诸如强行征集、最高限价、强制食物出售等政府措施，都在旧制度时期出现过。我发现，在发生饥荒时，政府事先确定了农民在市场上出售的食物的价格，为了避免被约束，农民不肯到市场上交易，政府就强令他们去市场，否则就要罚款。

在所有这些教育中，最有害的当属在涉及人民权益时，刑事法庭所依据的法规。在应对比自己有权有势的人的伤害时，穷人比人们想象得更有保障。然而，假如他们和政府发生纠纷时，他们只能寄希望于特别法庭、不公正的法官、走过场的诉讼程序和无权上诉的虚假判决。这些我在其他地方已经提到过了。

“骑警队长和他的助手们要掌握在饥荒时期可能发生的动乱，要妥善处理好所有诉讼，都判决成既无权上诉又不能被赦免的终审判决，这类案件国王不许任何法庭过问。”在整个18世纪，御前会议的这项决议都是有效的。翻阅骑警队的笔录，可以发现，在这种时候，骑警会连夜包围有疑点的村庄，不需要任何手续，就能在天亮之前闯进民宅，逮捕有嫌疑的村民。尽管决议要求这些人需要在24小时内受到审判，但实际上他们会被长期囚禁，不会被送审。和现在一样，这项决议并不正规，也没有被遵守。

这个宽容而稳定的政府，就这样每天都给他的人民教授一种刑事诉讼法，这种法规对革命时代和专制制度最为适用。一直以来，这个政府都这样教育他的人民；一直以来，旧制度都这样教育普通民众。

在这一点上，蒂尔葛与他的前辈毫无区别。1775年，蒂尔葛主张的有关粮食的新法规引起了高等法院的抵制，激起了农民的动乱。此时，在国王的许可下，他剥夺了法院的审判权，又将参与动乱的农民交给重罪法庭判刑。这道法令宣称：“重罪法庭的职责是镇压人民的动乱，应该迅速宣判，起到警示效尤的作用。”如果农民离开了教区，但又没有神甫协会理事签发的证明，也会遭到缉拿，被当成流浪汉宣判，而且既没有上诉权，也不能被赦免。

的确，在18世纪的君主制时代，虽然刑罚的形式很吓人，但执行得却比较宽容。人民只是想让别人心生畏惧而已，并不想真的让谁受苦。或者也可以说，人们表现得残暴是出于冷漠的习惯，本性仍旧是宽容的。然而，人们对快速审判的热情会不断增长，轻微的刑罚让人们忘记了宣布刑罚的方式，司法程序的残酷被宽容的刑罚掩盖了。

我了解到了事情的真相，因此我敢断定，君主制在最后两百年间对普通民众使用的措施里，能找到革命政府使用过的诉讼程序的事例。大革命的种种形式都是旧制度提供的，大革命只是搀杂了自己特有的残酷罢了。

第七章 ▶

行政革命怎样成为政治革命的先导，结果如何

尽管政府的性质还没有发生改变，但一些法律已经被废除或修改了，这些法律是确定个体的地位和政府的职能的。工人和工厂主的关系得到了极大的改变，因为行业协会遭到了破坏或不同程度的恢复。这些关系不仅与以往有所不同了，而且还带有不确定性和某种刻意性。主日警察被毁灭了，政府的监护不够稳定，政府与雇主在手工业者眼中的地位并不明确，他们无法确定，这两者谁能保护他，谁又该接纳他。普通平民们在突然之间陷入了无政府状态，他们感到茫然了。人民一旦再次登上政治舞台，这种情形就会造成可怕的后果。

国王在大革命前一年下达的命令造成了司法机构的混乱，大批法庭被撤销，关于管辖权的规定也有了修改，还设立了许多新的法庭。正如我在其他场合所说，在法国负责判决和被判决的人有很多，说起来整个资产阶级都能和法庭扯上或亲或疏的关系。因此，法律的变动在一瞬间就搅乱了无数家庭的处境，他们被赋予了新的不确定的地位。申诉人也感到了不便之处，因为在司法改革期间，他们几乎无法找到能够适用的法律，也几乎无法找到应该审判他们的法庭。然而，在 1787 年的公共事务中，严格意义上的政府经受的改革同样引发了动荡。这场动荡甚至影响了每个人的私生活。

我已经说过了，在占法国领土四分之三左右地区，总督掌管着整个财政区政府，他不仅专横独断，而且还没有制约，直到 1787 年，人们才设置了省议会，这位总督也成了实际意义上的地方行政长官。在农村，旧教区议会被选举产生的政府所替代，而且，在多数情况下，这个政府还替代了行业协会。

与之前全然相反的法律不仅完全改变了社会秩序，也完全改变了人们的地

位。在全国各地，新的法律必须以接近一致的方式同时推行，必须忽略以往的一些惯例，必须忽略各地的不同情况。这个即将被推翻的旧政府，已经具备了很多大革命所要求的中央集权特性。

人们能够清晰地看到习惯的作用，相比新颁布的更简明的法律，人们发现运用长期使用的繁杂的旧法律更得心应手一些。法国在旧制度时有各种变化多端的权力，它会依据各地不同的情况发生变化，任何一种权力都没有人尽皆知的明确范围，权力之间的适用范围总是交叉在一起。但是，人们依然在实践中确定了规范且简便的秩序。至于数量极少的新出现的权力，虽经有了明确的限定，还是有很多相似之处，在混乱的局面中互相摩擦和抵消，显得毫无力量。新法律有一个很致命的缺点，哪怕只有这一个缺点，同样在开始阶段就导致它难以实行，这个缺点就是，它设立的都是公共权力。

人们在旧君主制时代只知道两种治理国家的方式。如果将行政权托付给个人，那么他不会要求议会的任何帮助；如果像三级会议省那样设立了议会，那么行政权就不会托付给个人。议会不仅通过领导和监督其他机构行使权力，还亲自出面或委任临时委员会行使权力。

人们只知道上述两种方式，因此，如果他们打算放弃这一种，就必须要接受另一种。问题是，在这样一个政府已经发挥了很大作用的极为英明的社会里，人们竟然从来没想过将两个方式结合起来；他们只想到分解执行权和监督权，从来没想过区分这两种权力。这些想法很简单，但却没有人想过。直到这个世纪，人们才想起来。这是我在有关政府的问题上的唯一一个大发现。我们会看到相反的做法导致的后果，当政治生活中出现了行政习惯，当人们在遵守旧制度传统的同时又厌恶它时，在国民公会里，人们遵守的竟然是三级会议省和小城市政府曾经遵守过的一套制度。我们还能看到，以前只能让事物陷入困境的局面，是怎么产生严酷统治的。

在 1787 年以前，大部分总督都处于无人监督和约束的我行我素状态，就在那一年，省议会取得了自治权。在中央政府之下，省议会有权负责商订和征收兵役税，有权决定可以实施哪些公共工程。不论是监察官员还是监督官员，所有负责修筑道路和桥梁的官员都接受省议会的直接管辖，省议会将它认为可行的事项交给他们办理，还负责向上级汇报下属的工作业绩，可以建议上级发放奖励。省议会还几乎完全接管了对农村的管理，以前，总督负责大部分案件的初审，现在则有省议会负责。在这些职权中，不适合一个不负责任的集体政权的有很多，况且他们还是一群第一次执政的人。

人们把昔日的总督置于了无权无势的境地，但却没有废除他，这导致了混乱的出现。在剥夺了总督的所有专制权力之后，又强制他对省议会的工作进行协助和监督。这就好像是要求一位被罢免的官员理解曾经罢免他的制度，还要协助实施这项制度。

对付总督的办法被移植过来对付总督的代理（注释详见第 194 页）。在他原来的位置上，人们设置了区议会，在省议会的领导下，遵循与省议会相同的原则行政。由创立省议会的法令和会议内容可以看出，议会从诞生之初开始，就与总督进行着明里暗里的斗争。总督不愧是老油条，省议会则显得无所适从。在这里，省议会恼怒于需要费尽周折才能从总督那里拿回一些极为重要的文件；在那里，总督指责省议会剥夺了国王授予他的职权。他向上级申诉，然而，这些问题对所有人而言都是新问题，因此上级除了表示怀疑就是置之不理。

有时，省议会认为总督没有履行好职责，主持修筑的道路质量很差或线路不好，对受他监护的村庄的消失不理不睬。议会经常在某项不熟悉的立法中遇到障碍，不知所措，为此他们互相征求意见，四处收集建议。欧什省总督表示他曾经改变了省议会的决定，促使省议会允许公社自行征税。欧什省省议会则表示，自此以后，在这种问题上总督不得下达命令，只能提出建议。与此同时，他们还向法兰西岛省议会征求意见。

由于总是被尖锐的批评和商讨纠缠，政府的工作进展的很缓慢，有时甚至还陷入了停顿，公共生活似乎也停止了。洛林省议会说出了许多议会的心声，他们说："充满善意的公民为政府事务陷入停顿而感到悲伤。"在其他一些情况下，政府则因为过分热情和过度自信而犯下错误，他们总是表现出一种不安分的热情，希望一举成功。以实行对城市的监护为借口，政府亲自出面经营公共事务。政府的本意是为了改善一切，结果事与愿违，什么都弄糟了。

如果现在的人们愿意以冷静的态度思考政府在法国历史上的重要作用，各种每天都要面对的利益，所有需要依赖政府处理的事情。如果人们能够发现，正是由于依靠了政府，个人才能取得成功，事业才能获得资助，衣食才能无忧，道路才能畅通，环境才能安定，利益才能得到保护。如果能想到这些，就一定会明白，如果政府受到伤害，个人也会受到伤害。

在农村，这个新组织的弊病表现得更加明显，不仅打乱了农村的权力秩序，还在一瞬间改变了人们的地位，各个阶级一下陷入了对立之中。

蒂尔葛在1775年向国王提出改革农村行政制度的建议。那时，他亲口告诉所有人，税赋的不公平是他遇到的最大的麻烦。教区最重要的任务就是商定、征收和使用税赋，怎样才能让完全不交税的人和一群以不同形式纳税的人，在教区事务上共同议事、共同行动呢？每个教区都有完全不交税的教士和贵族、部分免税或全部免税的贫民和全部纳税的人。这种情况好像三个情况完全不同的教区，都要有各自独立的政府一样，的确不好解决。

与其他任何地区相比，税赋的差别在农村体现得最明显。所有人都分属不同的阶层，这些阶层往往还是相互对立的，这种情况也是在农村表现得最明显。每个村庄都要设立集体行政的小政府的前提，是所有人都必须按同一标准纳税，阶层之间必须缩小差别。

改革终于在1787年开始实行，但当时的所作所为并不是改革。在教区里，阶层的差别及其纳税标准不统一的弊病依然存在，但行政权却已经全部交给了选举团。这导致了一个奇怪的后果。教区神甫和领主不能参加选举市政官员的会议，因为据说他们是教士和贵族，只有第三等级才能参加选举。然而，神甫和领主却是选举产生的市议会理所当然的成员，因为他们地位很显要，不让他们参加政府是不合理的。尽管领主没有参加市议会的选举，但要主持市议会的会议，不过，他不能干涉市议会的法案。举例而言，人们在商定兵役税时，神甫和领主不能参加表决。神甫和领主属于完全免交兵役税的阶层。在市议会看来，这与他们需要缴纳的人头税无关，人头税依然由总督根据特别的方式确定。

这样一来，市议会的主席就同本应由他领导的议会没有了联系，人们担心他会间接地影响议会，干涉他所属阶层之外的阶层的利益，于是要求作废他的佃户的投票。省议会的意见认为，这一要求公平公正，符合原则。如果没有经过农民的选举，其他的贵族不能进入市议会，即使经过了选举，按照规章的约束，也只能代表第三等级。

领主之所以现身议会只是为了服务于他以前的下属，因为他们突然成了他的主人。如今的领主成了这些人的阶下囚，不再是他们的领袖。人们将这些人聚集到一起，似乎不是为了让他们产生联系，彼此亲近，而是为了让他们清楚地看到，在他们之间存在着差距，他们的利益是对立的。

行业协会的理事依旧还是没有威信的人吗？是不是依旧要靠强制力才能行使职权？或者他的地位是不是随着他所在的地区一起有所上升？没有人知道这些。我找到了一封信，是一位农村传达员于1788年写的。在这封信里，他对自己将要履行行业行会理事职责一事倍感气愤，他说："这将违反行业协会理事的特权。"总监认为必须纠正他的这种认识，说道："要让他明白，应该把当选这件事看成是值得骄傲的。还要让他明白，与过去的行业协会理事相比，现在的这一职位是完全不同的，政府应该给予他们更多的尊重。"

从另一个角度看，当农民形成了一股有力的势力之后，在突然之间，教区里的其他人主动和他们亲近起来了，这其中甚至包括贵族。在巴黎附近的一个农村，一位享有高级裁判权的领主抱怨说，他甚至没有作为普通人参加教区议会工作的权力，但还有人却愿意让他履行行业协会理事的职权，前提是要对公共利益保持忠诚。

尽管富裕阶层向农民们靠近，试图与他们建立亲密的联系，但似乎已经来不及了。此时，农民们却退缩了，回到了一直以来的自我孤立状态。一些市议会拒绝了领主参会的要求，有些市议会则极为严格，拒绝已经富裕起来的农民参会。下诺曼底省议会说："我们了解到，尽管不在当地居住的平民有参加市议会的权力，但很多市议会却拒绝他们参会。此外，甚至还有市议会拒绝在当地没有财产的佃农参会。"

因此，在人们修改规定政府职责的主要法律之前，在一些不重要的法律中，已经充斥着新奇、含糊和互相对立的因素了。之前的一切开始发生变化了，能够不被政府废除或修改的法律制度，已经没有了。

今天的人们已经不再提起法国在政治革命之前进行的那场对行政制度和习惯的大规模革新了，在当时，它是一个伟大民族的历史上前所未有的重大动乱，对第二次革命发挥了极大的影响。第二次革命之所以与之前全世界发生的同类事件有所不同，之所以与之后全世界发生的同类事件有所不同，都是由于这些影响。

发生在英国的第一次革命，使这个国家的全部政治结构发生了动荡，导致了君主制的垮台。但它没有从根本上改变制度和习俗，只是在表面上触动了一些不重要的法律。司法和行政仍然照旧，按照之前的习惯行事。据说，在国内战事最激烈的时候，12 位英国的法官仍旧没有中断当年的巡回刑事法庭。由此看来，革命的效果在英国受到了限制，尽管社会顶层在动荡，但基层并没有动荡，依然很稳固。

1789 年以后，我们亲眼看到了法国的改变整个政治结构的革命，在这些革命中，大部分是在突然之间依靠暴力完成的，公开破坏了原有的法律制度。不过，自古以来，革命带来的动荡不会长久存在，也不会普遍存在，很多时候几乎感觉不到，有时甚至都没有意识。

自 1789 年以来，在已经坍塌的政治结构中，还始终留存着行政结构。尽管君主本身或政权的形式发生了改变，但是政治事务的进展并没有被打乱，也没有停滞不前。在与自身利益息息相关的大小事务中，人们遵循的依然是原先的原则和习惯。至于政府，人们信赖的还是已经习惯了的那级政府，接触的还是原先的那批官员。如果说政府在革命中丢掉了脑袋，那么它的身体还完好地活着，同样的官员履行着同样的职责，通过名目繁多的法律制度向人们传授着他们的思想和经验。同样的一批人，最先以国王的名义执政，后来又先后以共和国和皇帝的名义执政。再后来，另一个轮回开始，他们又先后为国王、共和国和皇帝执政。永远都是这些人，永远都是这种方式，主人的名号是什么与他们无关，他们不是要做臣民，而是要做优秀的官员。一场动荡平息以后，这个国家似乎就安静了，没什么变动了。

在大革命即将爆发之时，政府对人民以最持久、最有效的方式施以影响的那部分制度刚刚被完全推翻，在突然之间，所有的官员都被更换了，所有的准则都被修改了。刚开始，这场大规模的革命似乎并没有撼动整个国家，但是每个法国人都感受到了一种微小的奇特变动，他们的地位变得不稳定了，习惯陷入了混乱，工作受到了妨碍。重要的事务和普遍的事务被正常的秩序操作着，只是人们不知道该听从谁的指令、该找谁办理公务，人们甚至不知道该如何处理构成日常生活的那些细小的个人事务。

整个国家的每个部位都无法保持稳定，因此在最后一次打击之后，它就开始摇晃了，进而导致了从未经历过的更大更可怕的动乱。

第八章 ▶

大革命是怎样从过去的事物中产生的

在结束本书之前，我打算总结一下我分别描述过的一些特征，看看大革命是怎么从我描绘的那个旧制度中自然发生的。

虽然法国的封建制度没有改变自身那些容易使人受伤害的弊病，却完全丢掉了能保护自身或服务于自身的所有东西。如果人们能想到这一点，那么就不会惊讶于这场最终摧毁了欧洲历史最悠久的政体的革命，为什么会发生在法国了。

在丢掉了掌握已久的政治权力之后，原来的贵族就不再领导和管理人民了，这是欧洲其他封建国家所没有的。但是，他们不仅保留了个人在经济上的赦免权和已得利益，甚至还强化了这些权力和利益。尽管他们沦为了从属阶层，但他们仍然是拥有特权的阶层。事实就像我曾经说过的那样，他们逐渐地不像贵族了，更像是种族。他们的特权令人不可理解，令法国人生厌，这就难怪时至今日的法国人，一见到他们就有民主的想法。

中产阶级是被贵族阶级从内部分化出来了，之后两者分离，分道扬镳。贵族从来不关心人民，因而脱离了人民的阵营，使自己陷入孤立，虽然看上去是指挥官，实际上并没有指挥哪怕是一个人。如果人们能想到这些，就会明白，在存在了一千年以后，贵族为什么会在一夜之间被推翻。

国王在剥夺了各省的自由以后，取代了四分之三的地方的权力，然后亲自处理大大小小所有事务。另外，我已经说了，在过去巴黎是当仁不让的首都，而现在俨然成了法国命运的主宰，甚至可以被视为整个法国。这两个原因解释了为什么仅仅一场动乱，就能彻底推翻君主制。要知道，在之前的几百年间，它经历过如此迅猛的冲击，即使在被推翻的前夕，在它的敌人眼中，它还是不可撼动的。

在欧洲，法国是完全丧失了政治生活的国家之一。在法国，个人完全丧失了三样东西：处事能力、见机行事的习惯、民主运动的经验，他们甚至差点丧失人民这个概念。这样一来，就能够理解他们为什么会在瞬间参加到了一场革命之中，走在革命队伍最前面的人，却是受到革命的损害最多的人。他们走在最前面，号召人们开辟走向革命的道路。

自由制度已经成过去式了，因此政治阶层、政治团体和政治派系都不复存在了。由于没有了这些“正规的力量”，因此，在人民议论纷纷时，哲学家出现了，并且独自一个获得了领导权。

每个人都应该预见到，大革命的爆发不会是某件具体的事务引起的，而是由一些抽象的准则和普遍的理论引起的。人们能够预见，并不是只有残暴的法律才可能受到批评，而是所有的法律都可能受到批判。出现在文学家脑海里的那个新政体，即将取代历史悠久的旧政体。

毫无疑问，教会与所有即将被废除的古老的制度自然而然地连为一体，革命在推翻世俗政权的同时，必然也将撼动宗教。从那时起，没有人能知道，但革命者的精神世界丧失了宗教、习俗和法律的束缚以后，会被什么样的鲁莽和草率控制。但是，对于那些潜心研究过国家形势的人而言，他们可以预感到，任何一种前所未闻的野蛮行为都可能登场亮相，任何一种草率行为都会被宽容。

伯克[1]在一本小册子里写道：“人们竟然找不到一个能为最小的区辩护的人，也没有一个人愿意为别人作保。不论是支持哪种主义的人，王权主义也罢，革命主义也罢，都无计可施，只能待在家里。”

曾经有段时间，令伯克扼腕叹息的君主制将人民抛给了新的主人，他只是不明白君主制为什么这么干。当大革命突然来临时，如果想在广阔的法国找到十个以正规方式采取自卫行动的人，那简直不可能，注定是徒劳的。中央政府独自承担着这个责任，这才使得国王失去了中央政府。当中央政府被掌握着主

1 伯克：（1729—1797），爱尔兰政治家、哲学家和思想家，英美等国保守主义的奠基人。他对法国大革命有客观的批判和深刻的反思，这也促使他成了保守派的代表人物。文中提到的“小册子”，指的是他的著作《法国革命思考》。

权却又不负责任的议会控制之后，局面变得恐怖起来了，中央政府无力阻止这种局面。导致君主制在瞬间崩溃的原因，此时使一切都有可能发生了。

与之前任何一个时代相比，18 世纪更愿意鼓吹宗教的宽容、政府的和善和人道的慈善，人民也更愿意接受这样的见解。战争权是暴力思想最后的留居地，但它也遭到了压缩，变得更缓和了。然而，就在这到处都是温和氛围的法国，马上就要发生最不温和的革命了。可喜的是，气愤逐渐变得温和这也是事实，人们发现，当革命的趋势减弱以后，温和的氛围立即出现在了所有的政治习惯和法律之中。

法国大革命有很多极为奇怪的特征，温和的理论和残暴的行动形成的对比就是其中之一。如果人们能够注意到，准备这场革命的是这个民族中最有修养的阶层，但进行这场革命的却是其中最野蛮的阶层，就不会感到奇怪了。准备革命的阶级之间原本没有任何联系，不习惯于彼此理解，也没有试图操控人民。因此，当旧政权被推翻以后，人民在一瞬间成为掌握权力的领导。在人民不能亲自管理的地方，就将他们的精神或意识赋予政府。而且，联想到在旧政权时期人民的生活，我们完全可以想象他们会成为什么模样。

这种独特的现状让人民拥有了许多原本并不具备的品质。他们已经获得了自由，早就拥有了一些土地，虽然他们彼此之间没有依赖感，但这让他们表现出了自负和自制力。他们勤于劳作，看惯了贵族享受生活的行为，却忍受着最大的痛苦，这让他们在危难面前有坚定的意志。这个单纯而坚毅的民族，很快就会组成一支震惊整个欧洲的强大军队。

然而，相同的原因也让人民成了具有危险性的领导者。在过去的几个世纪，几乎所有的社会弊病都压在他们的身上，让他们独自承担，他们过着几乎与世隔绝的生活，在嫉妒、仇恨和偏见中保持着沉默，久而久之，不幸的命运改变了他们的性格，他们变得残酷无情，既能承受苦难，又能把苦难施加给其他人。

在这种情况下，人民取得了政权，打算尝试着完成这场大革命。前人的著作已经为他们提供了理论，他们只需要照本宣科，将理论付诸实践，把文学家们的思想运用到自己的暴行中去。

对 18 世纪的法国有过细致研究的人，已经能够从理论上发现，从人民内部产生、发展出了不是同一个时代产生且从未指向同一个目标的两种热情。其中的一种热情可谓历史悠久，它就是对不平等现象的强烈的仇恨。存在不平等现象是这种热情产生和发展的根源，长期以来，它以强烈且持续不断的力量，催促着法国人将中世纪遗留下来的制度统统消灭掉。消灭掉这些旧制度，是为了建立一个人人平等、事事公平的新社会。另一种热情是很晚才出现的，基础也不牢固，它告诉人民，除了要求平等，还应该要求自由。

这两种热情在旧制度的末期仍然热忱而真挚。大革命开始以后，它们相遇了，然后短暂地合二为一，成为一个整体，最终点燃了法兰西人民的革命热情。这一年是 1789 年，毫无疑问，这个时代毫无经验，但它却显得心胸开阔和热情洋溢，伟大而充满力量。这是一个令人永远难以忘怀的时代，在经历过这个时代的人消失之后，在我们自己也消失之后，人们一定还会充满敬仰地回望这个时代。

在那时，法国人对自己从事的事业感到自豪，也为自己感到骄傲，他们相信，他们能够营造人人平等、人人自由的生活。他们在民主制度中设立了自由制度，废除了原先将人划分成姓氏、行业协会、阶级的权力，废除了确立比他们的地位更加不平等的权利的制度，还粉碎了以国王的名义制定的那些新法律。这些新法律把政府设在了每个法国人的身边，派人担任他们的导师、监护和施暴者，剥夺了他们的自由。总之，中央集权制度和专制政府全都被推翻了。

但是，专制政府并没有完全被推翻，当满怀热情地发动革命的那一代人消失或丧失了斗志（这种情况通常存在于从事相似事业的一代人身上）时，当对自由的热情因在无政府主义和人民专政中受到挫败而显得无力时，当人们在慌乱之中摸索着找寻主人时，就是专制政府死灰复燃的绝好时机。这个机会被那位天才轻易地发现了，他既是大革命的接班人，又是大革命的破坏者。

事实上，最近时代的整套规章制度旧制度也有，旧制度不反对平等，要在新社会中确立也很容易，但为专制制度提供了方便。人们在一堆制度的废墟中寻找这些制度，并幸运地如愿以偿。在以前，这些制度把人们划分开，并让人们屈服，还使人们养成了分化、屈服的习惯和思想意识。此时，人们让它们再次复活，希望它们能帮助他们。

人们又重新从废墟中找回中央集权制，并再次恢复了它，在这个过程中，原本对它起到限制作用的因素并没有随之恢复。因此，这个刚刚推翻了王权的民族，很快又产生了一个政权，相比于之前的所有专制政权，这个全新的政权制度更完整，规模更宏大，统治也更专制。这个政权的复活前所未有，这个过程草率而鲁莽，人们忘记了过去发生在眼前的事情，只关注现在发生在眼前的事情。

统治者被推翻了，然而，有一样东西并没有被推翻，它是这位统治者确立的最核心的东西。他的政权垮台了，但他的政府机构还仍然健在。之后的很多次，人们依然有过推翻专制政府的打算，但这项事业无非是将一颗崇尚自由的脑袋放在一个接受奴役的躯体上罢了。

从大革命开始算起一直到现在，人们看到，人们对自由的热爱一直都没有消失，这种热情时隐时现，反复出现。它将以这个样子反复多次，始终没能积累下经验，不会处理问题，很容易就感到失望和沮丧，很容易就能被打倒，永远不够深刻，永远易于消失。与此同时，在人们的内心深处，始终保持着对平等的热爱。平等始终跟人们最可贵的情感连在一起，人们最先接纳的就是它。对自由的热爱会随着形势的变化发生变化，会改变面貌，会增减和衰弱，但不论什么时候，人们对平等的热爱始终都是执著和专注的。人们会专注于同一个目标，愿意为能让它得到满足的人付出一切，也愿意为能支持或取悦它的政权提供进行专制统治所必需的法律和意识。

对于那些只愿意关注革命本身的人而言，法国大革命是没有光明可言的，如果要寻找照亮大革命的火光，得去大革命之前的时代才行。如果不能清晰地看明白旧制度的法律、弊病、伟大、偏见和苦难，就无法理解在旧制度衰落之后，法国人在60年间的作为。然而，如果不能深入地理解这个民族的性格，即使能够清楚地看明白这些也无济于事。

在我考虑这个民族自身时，我发现，相比于这个民族历史上的其他事件，这次大革命显得更为惊人。大革命的行为不是以原则作为指导思想的，而是受情感操控，充满了对立和极端。有时，它在人民要求的标准之下，有时又远远高于人民要求的水准，总之总是比预料的更坏或更好。

几千年来，这个民族主要的本质始终没有改变，这也正是人们可以从两三千年前勾勒的她的画像中分辨出它现在的模样的原因。不过，她的日常思想和喜好却是多变的，以至于自己都不能预料最终会变成什么样子。很多时候，她会像个陌生人那样对自己刚刚做完的事情表示惊讶。如果放任她独自居住，她就会变得墨守成规，爱上深居简出的状态；如果将她强行拽出来，她就愿意勇敢地闯荡天涯。

尽管她有桀骜不驯的性情，但有时却不能适应平等自由的政府，反而能接受君主的专制和强暴的统治。她能让最擅长承受奴役统治的民族佩服不已，因为今天她也许不愿意逆来顺受，但在明天就可能愿意唯唯诺诺。只要没有人带头反抗，哪怕是一根细细的纱线，都能成为套牢她的缰绳，一旦某个地方出现反抗的榜样，她就无法控制自己的反抗念头。她总能诱骗统治她的人上当，使得他们或者过分害怕她，或者不在乎她的恼怒。自始至终，她从来没有享受过绝对不会被奴役的完全自由，也没有承受过被奴役到没有一丝反抗的力量的地步。她能够完成所有的工作，但战争是她做得最出彩的工作。相比于荣耀，她更愿意崇尚机遇、力量、喧闹和成功。她的长处不在于极好的德行，而在于像英雄那样做出天才的行为。她不善于落实一项伟大的计划，却善于制订这项宏大的计划。

在欧洲所有的民族里，她是最有光芒和最具危险性的民族，她天生就有适应各种变化的能力。她永远不会让人们对她无动于衷，有时她会引人羡慕，有时又惹人仇视；有时她让人同情，有时又令人害怕。

除了她之外，世界上还有过像她这样的民族吗？只有这样的民族，才能在突然之间进行一场迅猛而彻底的革命，只有她进行的革命是如此的充满矛盾与对立。如果没有我所叙述的那些原因，这个民族不会进行这场革命，但是，需要承认的是，即使将所有原因都叠加起来，也不足以解释在法国之外爆发的类似革命。

写到这里，我已经来到了这场值得纪念的大革命的门口，但我并不打算走进门去，也许不久的将来我会走进去，那个时候，我会转而观察这场革命本身，不会再研究它爆发的原因。到最后，我将斗胆对大革命建立的社会作出评判。

注 释

（第 13 页， 第 8 行）这些律法并没有模仿罗马法

罗马法在德国的影响力——它取代日耳曼法的途径。

在中世纪末期，德意志法学家们主要的研究对象，也基本可以说是唯一的研究对象就是罗马法。为此，当时他们大多数人甚至远离德国，而去意大利的大学中接受教育。虽然这些法学家并不是政治领导者，但依然承担着解释和使用法律的责任。虽然他们没有办法将日耳曼法废止，但他们要把它的形式努力与罗马法相适应。由于在日耳曼制度中，凡是与查士丁尼[1]的法律有丁点相似的地方，他们就使用罗马法，所以民族立法之中，也开始吸取了新的精神和新的规则，民族立法逐渐被重构，越来越难以辨认，到了 17 世纪，再也没人能够认出来了。它已经被一种叫做日耳曼法，实际上却是罗马法，我也不知道怎么称呼为好的法律所取代了。

我有充足的理由断定，由于法学家的这一努力，旧的日耳曼社会中很多阶级的情况，尤其是农民的情况，变得更加糟糕了。在这之前，许多农民一直享受着全部或部分的自由，还拥有着全部或部分的财产，然而由于法学家们将他们的地位当作历史中的罗马奴隶或罗马长期租约中的仆人，从那时起，他们就失去了自由和财产。

虽然人们进行了各种反抗，但都毫无作用，民族法依然被逐步改造了。这种情况在符腾堡的历史上十分清晰。

从 1250 年符腾堡伯爵的领地出现开始，到 1495 年符腾堡公国建立为止，除了教会的事务是由外来的教会法来处理之外，它的法律由传统法、城市或领主法院制定的地方法、三级会议制定的法律组成，是彻底当地土生的法律。

从 1495 年开始，那些在外国大学钻研法学，被人们称为博士的人开始进入政府，担任高等法院首长的职务，罗马法开始渗透进来，法律的性质也就随之发生变化。在 15 世纪开始到 15 世纪中期的全部时间里，整个政治社会都对这场反对法学家的斗争中表示了支持，不过虽然它与英国在同一时期发生的斗争一样，但其结果却完全不同。因为法学家突然闯入了所有的法院，将所有传统

1　拜占庭帝国（即东罗马帝国）皇帝，在位期间国力强盛，出现了拜占庭帝国第一次黄金时代。曾编纂《查士丁尼法典》。——译者注

法和所有法律的内涵或表述改变，所以在1514年的第宾根[1]议会中，和之后的历届议会中，封建制度代表和城市议员们开始攻击法学家们，向其提出各种抗议，并反对发生的改动。政府答应了他们，在高等法院中日后一定安排从贵族和公爵领地中挑选的负有才名的人，而不再安排博士，通行全国的章程式法典将由政府官员和三级会议代表共同组成的委员会拟定。他们看起来在最初取得了优势。不过这都是浪费力气，罗马法不久就在产生民族法的土地上扎下了根，并从法律之中将民族法完全驱逐了出去。

许多德国历史学家将外来法律战胜土生法律的原因，归于两点。第一，把人们的注意力引向古代的语言和文学的运动，由此而来，对本民族人才的文化成就产生了轻视；第二，中世纪中一直在德国流行，在这个时代的法律中体现出的思想，也就是神圣罗马帝国是罗马帝国的延续，神圣罗马帝国的法律要延续罗马帝国的法律。

不过想要说清同一部罗马法，为什么能够在同一时期在整个欧洲大陆传播开，这些理由并不充分。我认为，还有原因是君主专制制度是在同一时期在各个地区确立并稳固下来，欧洲历史上的自由变成了灰烬的，而最能满足国王们的心思的，就是罗马法这样的奴役性的法律了。

罗马法实际上是一个十分文明又十分奴性的民族的产物，所以罗马法既曾在各个地方让公民社会更加完善，也同时又在各个地方对政治社会造成破坏。国王们十分喜欢使用它，使得它在所有他们具有统治权的地方得以实行。而在整个欧洲，罗马法的解释者们也变成了国王的大臣或重要官员。在需要的时候，法学家们会给予国王们以法律的支持，用以对抗法律。他们在后来经常这样做，当国王违反了法律，就肯定会有一位法学家说，这实际上完全符合法律，而且会引用过去的法律去证明，这种违反实际上是十分合理的，被压迫的那些人才是犯错误的人。

（第14页， 倒数第12行）欧洲旧的政治体制

从封建君主制向民主君主制转化。

1　德国西南部城市。——译者注

当时所有的君主制都同时转变为君主专制制，那就说明这一政治体制变化与各个国家在这时的偶然特殊事件关系不大。应该断定，这些相互类似的同一时期事件，肯定是有同时在各个地区发挥效力的普遍原因存在。

社会从这种社会形态，转向另一种社会形态，从专制不平等转向了民主平等就是这个普遍原因。虽然贵族已经被打倒了，但百姓却缺乏足够的教育，一边太低，另一边也不够高，导致没有办法限制权力的动作。君主经历了 150 年的黄金时代，在这个时期，他们的统治稳定而又繁盛，他们像封建君主制的世袭君王一样神圣，又像民主社会的领袖一样专制，要知道这两者一般都是互相抵触的。

(第 15 页， 第 2 行) 由于城市自治制度的存在

德国自由城市的没落——帝国城市。

德国历史学家认为，14 世纪和 15 世纪是这些城市最为繁荣的时期。当时，它们是拥有着财富、艺术、和知识的地方，掌控欧洲的商业，变成最为强大的文明中心。特别是在德国的北部和南部，就像瑞士的城市曾经与农民组成同盟一样，它们与邻近的贵族组成了独立同盟。

直到 16 世纪，它们还保持着繁盛，不过马上就进入了衰落时期。在三十年战争时期，没有任何城市幸免于破坏或毁灭，最终加速了它们的消亡。

不过威斯特伐里亚条约[1]却主动提起它们，使它们的自治联邦资格得以保留，也就是使它们是直属于皇帝的。不过一边是与之临近的君王，一边是皇帝，他们将城市的主权控制在了一个相当小的范围之间，要知道皇帝的权力在三十年战争之后，基本只能在帝国的小诸侯身上施行。在 18 世纪时，一共还有 51 座自由城市，它们在议会中占有两个席位，享有一个特殊的发言权。不过实际上，任何平常的事务都不是它们能够控制的了。

从内部看，它们赤字严重。引发这些赤字的原因一部分是因为人们继续按照以往城市最繁盛时期的情况征收帝国税，还有一部分是因为不善于对城市进行管理。值得关注的是，似乎是有一种所有城市都有的神秘疾病导致了这种管

---

1 是象征三十年战争结束而签订的一系列和约，导致奥地利哈布斯堡皇朝失去大量领土，也使德国陷入分裂状态。其中规定神圣罗马帝国各诸侯邦国有独立自主权。——译者注

理不善，而不管他们是什么政体。无论是贵族政体，还是民主政体，都受到人民的抱怨，即使抱怨的事务并不相同，但其激烈程度是一样的。人们抱怨道：在贵族政体下，政府不过是少数家族的集团，贿赂和私利控制了所有；在民主政体下，阴谋和买卖官职的现象太过泛滥，人们抱怨这种情况下的政府不够公平正义。皇帝只能经常性地插手城市事务，企图使秩序重新确立。帝国城市的居民不断减少，而且生活状况十分艰难。它们已经不再是日耳曼文明的中心了，艺术早就离开了这里，转而在新兴城市中熠熠发光。这些新兴城市是诸侯们创建的，它们代表着新的社会。商业也离开了帝国城市，它们曾经的能量和强烈的爱国热情已经消失殆尽。基本上，只有汉堡仍然是一个财富和知识的中心，不过它是因为一些特殊原因。

（第 21 页，第 5 行）弗雷德里希草拟，他的继任者颁布的法典

弗雷德里希二世法典

根据他的命令草拟，并由他的继任者颁布的法典是在弗雷德里希二世的丰功伟绩中，最不为人知、最默默无闻的了，即使是在他的国家之中也是如此。不过我认为没有一部法典能将弗雷德里希二世自己和他的时代表述得更加清楚，能将二者相互影响的关系展示得更加充分。

就人们给予宪法这一词语的定义来说，这部法典可以被称为是真正的宪法。它不仅试图规定人民之间的关系，还规定了人民和国家之间的关系，可以说它不仅是一部民法，也是一部刑法，更是一部宪法。

它起源于（或者更应该说是似乎起源于）一些用十分哲理而又十分抽象的形式表示的普遍性原则。这些普遍性原则与 1791 年宪法中的《人权宣言》的原则在很多方面是近似的。

法典宣称：国家和人民的幸福是社会的最终目的，是法律的限度。除非是为了相同的追求，法律不得限制公民的自由与权利。每位国家成员都应当根据自己的身份和财产为公共利益作出贡献，个人权利应当服从公共利益。

法典丝毫没有提及君王、皇帝的继承权问题，甚至连和国家权力不同的个人权利也并未提到。国家这个单词已经变成了人们专门用来指代王权的唯一名词了。

与此相对，法典提高了普遍人权。普遍人权应当建立在获取自身利益而同时不损害他人利益的自由之中。所有没有被自然法或国家颁布的人为法禁止的行为都是可行的。任何国家公民有权要求国家保护其人身及财产安全，如果国家未进行援助，他有权运用暴力保护自己。

然而在宣布了这些重要准则之后，制定法律的人并不像从1791年宪法发展出人民主权的原则，发展出自由社会中人民政府机构，反而是突然改变了方向，得出了另一个民主，却没有自由的结局。他们觉得只有国王才能代表自己的国家，并且把才认可的社会中的所有权力都授予给国王。弗雷德里希在他的这部法典中清楚地写明，君主已经不是上帝的代表了，而只是社会的代表、社会的委托人、社会的公平而已，不过只有君主能够代表社会，单独使用所有的权力。法典的序言中写着，为社会的唯一追求，整个社会谋取福利的义务归于国家元首，未完成这一追求，他有权指挥和协调一切个人的行动。

我发现，这位全能的社会代理人的主要义务有以下几种：在国内，维护公共安全与稳定，保证所有人不受暴力威胁；在国外，他有缔结和约和进行战争的权力，也只有他有颁布法律，制定普遍的警察准则，同时也只有他有权赦免某人和撤销刑事诉讼。

当今国内存在的所有集体组织、所有公共设施都必须为所有民众的和平与安全服务，受到君主的监督和领导。国家元首为了能够完成这些职能，必须拥有一定的权力与收入，所以国家元首也有权根据个人财产，根据人们的户口、职业、商业、商品、消费来征收赋税。公职人员以国家元首名义在其职责范围内发布的命令，应当同元首本人的命令一样被听从执行。

我们现在看到的，是一颗完全现在的脑袋之下的一具完全哥特风格的身体。弗雷德里希只是将可能影响自己权力执行的东西从他的身躯上摘除，但这整个身躯却像是一种造物向另一种造物转换的过渡形态一样，将要变成一个庞然大物。在这个奇怪的造物之中，腓特烈[1]不仅表现出对逻辑的蔑视，也表现出对权力的热衷，他并不想进攻依然拥有自卫能力的东西，免得为自己增添不必要的麻烦。

---

1 即之前的弗雷德里希。——译者注

除了一些特别地区之外，农村居民依然世代被奴役着，这种世袭奴役不仅占有了土地所带来的劳役和徭役，甚至还进一步扩大到占有被占有者的身体。

法典将土地所有者的大多数特权重新认可，然而人们其实可以认为，这些特权其实是违反法典的。因为法典有具体条款规定，在地方习惯与新的法律不同时，应当遵照新的法律执行。但法典郑重宣布，除非通过赎买并履行法律程序，国家不准将任何此类特权予以废除。

事实上，因为真正意义上的奴役确立了人身奴役，法典确实将其废止了，但却用世袭奴役取而代之。与人们在阅读法典时所判断的相同，那依然是一种奴役。

在这部法典之中，资产阶级与农民被巧妙地分开，在资产阶级和贵族阶级中间，还可以找到一个由非贵族的高级官员、教士、专业学校和中学以及大学教师组成的中间阶级。

这些资产阶级与其他拥有资产的人并不相同，与贵族也并不一样。事实上，与贵族相比较的话恰恰相反，他们的地位十分低下。通常情况下，他们无权购买骑士的土地，也不能在政府部门担任最高职务。除了极特殊的情况，他们没有觐见国王的资格，不仅他们不能去皇宫，他们的家庭成员更不能陪同前往。与法国的情况一样，伴随着这个阶级的素养和影响与日俱增，这种卑贱的地位越来越伤害他们的心灵。即使资产阶级出身的国家官员没有占据最引人注目的职位，他们也占据了最沉重也最有作为的职位。在法国，对贵族特权的愤怒曾大大推动了大革命。在德国，它则造成了对法国大革命最初的赞美。虽然法典的主要编著者显然是资产阶级，但毫无疑问他是在按照主人的命令行事。

不过在德国，欧洲古老的政治体制还没有彻底崩溃，所以尽管这个政治体制让弗雷德里希相当轻视，但他依然觉得还需要很长一段时间才能使这些残余消失。所以通常他只是废除了贵族作为一个集体而参加集会和统治的权利，而对于个人特权中一些权利进行了限制，规定具体的使用要求，但却保留了贵族的个人特权。其结果就是，这部由法国哲学家弟子下令拟定，在法国大革命爆发之后施行的法典，成了最为真实和最新的法律文件，为法国大革命从整个欧洲废除封建不平等制度奠定了法律基础。

法典规定贵族这个团体在国家中的地位是最主要的，并有具体条款称，在任职所有的荣誉职位时，那些有能力的贵族应该是首选。贵族的财产是世袭的，只有贵族才能继承或选择具有代理权的人，同时，狩猎权、司法权以及教堂赞助权也是贵族特有的，只有贵族才能享受，也只有贵族才能用自己的领地的名称来称呼自己。那些因为个别情况而被允许占有贵族资产的资产阶级，只能在被严格控制的批准范围之内，享有占有同样财产所带来的权利和荣誉。除了少数情况外，资产阶级即使变成了贵族资产的所有者，也并不能将贵族的资产传给他的继承人。如果没有其他贵族继承人的话，财产在他死后必须被拍卖。

弗雷德里希法典附加的关于政治方面的刑法，是其中最为特别的部分。

弗雷德里希·吉尧姆二世是弗雷德里希的继任者，他没有注意到刚才我总结的封建专制的部分，仍然感觉他叔叔的这部著作具有革命倾向，所以直到1794年才最终将它颁布。相传他认为那些出色的刑法条款足以纠正这部法典中含有的有害准则，才使他最终放心。的确，人们之前没有，之后也同样没有见过比它更全面的类似刑法。不只是密谋和造反会受到最严厉的刑罚，甚至对政府的法令做出不够尊重的批评也会被严厉惩治。购买和传播危险书籍被严厉禁止，其印刷、出版、发行者都要对写作者的行为负责。舞会、化装舞会还有其他娱乐活动都被认为是公开集会，只有得到警察的允许才能举办，公共场合的聚餐也是一样。出版和言论自由遭到最为严格专横的监督。严禁携带任何火器。

最后，这部法典的一半都从中世纪的法典和一些规定中来，它中央集权制的极端目的和社会主义十分相似。比如，法典宣布，任何无法维持生活，没有权利获得领主和社区救济的人，由国家为其解决衣食、工作、报酬等，一定要保证这些人拥有足以胜任的工作。国家必须创办解决公民贫困的场所。除此之外，国家有权将那些鼓励享乐的基金停止，然后亲自将这些场所拥有的资金发放给贫民。

在理论上创新而又大胆，在实践上保守而又谨慎，这是弗雷德里希而且是法典充斥的特征。一方面，它宣称，人人平等纳税是现在社会必需的一大准则，另一方面，却又允许那些提倡免税的各种法规依然保存。在法典中规定，臣民和君主之间的诉讼要按照与其他诉讼一样的形式和规章进行判决，但实际上，当这项规定不符合国王的利益或想法时，它从没有被执行过。人们大肆炫耀萨苏西堡[1]的风车，却在很多地方，悄悄地破坏着法典。

普鲁士民族看上去对法典的颁布毫无感觉，这也就证明了法典虽然表面改革甚多，但实际上却改革很少。所以如果你想要弄清18世纪德国这一地区社会的真实情况，去研究这部法典会是很奇怪的事情。这部法典在当时只有法学家去研究，现在许多进步人士也从未读过它。

（第22页，倒数第13行）所有时间的所有地方都有一些自由的农民

德国农民地产主的财产

曾经有大量自由的农民地产主出现在这里，不过，一种限定继承制——它是永久性的——一直制约着他们的家庭财产。一个家庭，无论拥有什么样的土地，都无法进行分割。每个家庭中，能够成为继承人的只有一个儿子，而且通常都是最年轻的那个儿子。在英格兰的一些地区，也流行这种确定继承人的习俗。继承人确定后，必须要给他的哥哥们提供一定的财产，给他的姐妹们提供嫁妆。这是他唯一的义务，他必须要这样做。

整个德国普遍存在着农民继承财产的情况。那时候，所有的土地都受到了封建制度的控制。在西里西亚，大量的地产，众多的村屋也包含在内，直到今天还被贵族阶级占有。当然了，有一些村房并没有处于贵族阶级的控制之下，当地的居民完全占有它们。在德国的弗里西亚州、蒂罗尔州等一些地区，农民通过继承而得到的财产，要远远多于他所拥有的其他财产。

可是，类似这种形式的财产，并不普遍存在于德国其他地区。这种形式的财产，在乡村有时候也能够看到。如果地位低微的地产主能拥有这种形式的财产，那么在别人眼中，他们就拥有与贵族同等的社会地位。

（第22页，倒数第1行）土地产权拥有者的数量其实远比人们认为的要增加的少

土地的分配是如何在有关付息贷款法令的推动下进行的

一直到18世纪末的时候，法律都是不允许进行付息贷款的，不管利息是多

1　弗雷德里希二世在波茨坦附近建造的一座宫殿，其风车很著名。——译者注

少，这条法律一直在发挥着作用。蒂尔葛以前跟人们说过，到1769年为止，很多地方依然有这样的法律。并且他还表示，虽然经常有人违背和蔑视这些法律，但是仍然可以在那些法律条文中看到它们。如果没有什么变动的话，那么那些领主对付息贷款是默认可以进行的。不过这种行为总是被那些低级法院所批判，人们很快就可以看到，如此多的刑事诉讼都是由那些狡猾的欠债人员引起的。那些放债的人向他们发放贷款之后，他们就以那些贷款没有变动为理由，来和那些放债的人进行博弈。

整个国家的商业都不得不受到这种法律的影响，而且整个国家的工业和土地的分配，也会在很大程度上跟它们产生关系。在这些法律的作用下，出现了庞大的长期租金，无论是土地形式还是其他的资产形式。以前的那些地主在需要钱的时候，一直都是能借来钱的。不过在现在的这种情况下，他们只能通过变卖部分土地来获得一些资金，还有一些长期租金。这种现象不但很严重地导致了土地的重新分配，也使得小块土地的购买价格有所上涨。

（第25页， 第12行）征用徭役， 征收集市税和市场税

封建税收被教堂的堂主所占有。这样的例子不胜枚举，建立于1753年的法国瑟堡大教堂的堂主就占有着封建税收。

在这一时期，贵族的大量租金，以实物或者现金的形式，存在于瑟堡城的所有教区。当时一个教区拥有的实物租金高达306蒲式耳小麦。诺伊维尔太子港平原、下杜鲁莱的贵族领地和磨坊及圣日维吾山领地全部归这座教堂所有。教堂重新整理了这些地区，然后划分联盟区，所划分的联盟区最少有十个。此外，教堂还从很多半岛上的教区获取财富，它从那些地区征收什一税。有些教区距离教堂十分遥远。

（第27页， 倒数第3行）封建制度已经消亡了， 不过它依然是最庞大的民事制度

当一个团体在自己的领土范围以内总是占据优势地位的时候，它就会努力拓展自己的势力范围，把势力扩展到领土以外的地方。虽然在这样的法律体系里面，权势并不能主宰一切，但是它可以一直这样扩展，扩展到它可以左右法

律体系。封建制度在面对法律的时候已经没有优势了，不过它仍然在很大程度上影响着民法、公民权利的位置，还有社会生活的各个方面。在诺曼底的一些地方，土地的分配标准用的是中产阶级的底线，就是利用这种不平等的分配形式，封建制度还在对遗产的分配施加着很大的影响。虽然封建制度的治理方法已经不适用于任何土地，拥有土地的人也不用再受制于封建法规，但是封建制度仍然对每一份土地资产产生着作用。不光是私人的资产受到封建制度的左右，就连市政府的资产都无法摆脱封建制度的影响。封建制度利用各种各样的税收来对工业产生影响，国家的工业收益总是会跟封建制度挂上钩。与此同时，所有跟钱财有关系的私人业务也会被它影响：拥有土地的人要为土地支付赋税和租金，还要进行劳动；农民们在进行土地的售卖、转让和租赁的时候，要缴纳税金；做生意的人们在进行贸易的时候，也要为交易场所和交通缴纳税金，另外还有其他的方面。在毁灭了封建体制以后，大革命让它凸显出来，不管怎么说，个体权利因此才慢慢得到了人们的认同。

（第 33 页， 倒数第 4 行）一项救济事业从这样遥远的地方做出决议

国家慈善事业的不正确倾向

1748 年发生了大饥荒。在 18 世纪，这样的饥荒时常发生。为了应对饥荒，国王拨放了两万磅粮食。教会里的大主教对外宣布，他已经获得了救助。他还说，除了他之外，没有人能为人们提供援助。不过，他只帮助他教区之内的人们。在区长（使臣）看来，所有的税区都应该获得援助，得到粮食。双方闹起了矛盾，很长时间也没有消停下来。最后，国王将拨放的粮食数量翻了一番，拨给大主教和区长同样多的粮食，希望以此来化解他们的矛盾。这种做法获得了区长和大主教的认同。他们商定，大主教负责教区的粮食发放工作。这件事牵扯到了很多人，也牵扯到了很多部门，连贵族和议院都被卷入其中。为了此事，区长和议会长通了很多信。从他们的信件中（以区长的信件为主），大抵可以看出大主教的想法。他只希望他管理的地区能够获得粮食，同时更希望德·罗什舒阿尔特公爵夫人所在的教区能获得大部分粮食。一些来自大贵族的信件也被保存在相同的档案中。这些信件表明，他们要求将粮食派发到他们所在的教区。此外，在档案中还有一些来自议员的信件。在这些信件中，他们将某些人所在的教区特意指了出来。

（第34页，第5行）有时御前会议并不考虑一个人是不是想赚钱

总督确立工业标准的权力

总督的文件里面总是装着那些关于工业标准的资料。在那段日子里，工业不光是被国家机关和行会控制，并且也因为政府的反复无常而受到影响。它们对工业施加影响的方法，就是利用内阁会议做出的决策，和总督划定的详细规则。有人发现那些总督经常耐心地去关注布匹的测量、布料的选择，还有怎么才能避免生产过程中的那些问题等等。他们的属下除了那些代理之外，就只剩下当地的一些检查员了。从这点来看，那时候的统一控制现象比现在还要广泛，而且更随意和捉摸不定。但是这种情况让政府官僚的数目急剧增长，并让人们变得更加驯服和依从。

上面所说的那些习性，本来是要让资产阶级、商人和那些重视商业的人养成的，这一点需要留意。没用多长时间，那些习性就占据了绝对优势，所以革命并没有毁灭人们的习性，只是在确保它占据上风，然后让它流传开来。

上面所说的那些观点，是在我查阅了很多的信函和名为《布匹与化学制剂的生产和探讨》的秘密资料之后才得出的，在法兰西岛管理的那些文件中可以找到这些资料。在那些文件里面，我们可以看到浩繁详细的调查汇报。这些汇报是那些调查人员查访工厂厂主得来的，主要就是为了让那些工业标准可以贯彻执行下去。除此之外还有各行各业的规章制度，这些制度都是由总督下令，然后由议会签字之后颁发的，其内容就是应该准许哪些，应该禁止哪些。打个比方说，一个地区许可生产什么东西，禁止生产什么东西；可以生产哪些布料，不可以生产哪些布料；可以用什么方法生产，不可以用什么方法生产。

我们可以在调查人员的汇报里面发现这样的观点，也就是那种很明显地表达的对制造商的蔑视：国家有权力也有责任让制造商们履行自己的职责，这样才能让民众得到好处，也能让制造商得到好处。所以他们觉得应该让制造商应用最佳工艺，研究工艺里面最为细微的环节。然后调查人员公开了很多违反规定的人，还罚了他们很大一笔钱。

（第35页，第6行）将永久统治别人的权力出售给某些居民，城市的各个职务都可以购买

路易十一的政府精神

能够准确地说明路易十一的政府精神的文件，非路易十一给城镇颁布的宪法莫属。他曾给曼恩、图莱纳、安茹等几个城镇颁布过很多法令。我曾经获得机会，仔细地阅读了这些法令中的大部分。我发现，我所阅读的这些文件，清晰度都近乎完美，设计也大同小异，也就是说，它们基本上都来自同一个模型。

阅读完这些文件后，一个与我们平时所了解的不太一样的路易十一便会出现在我们面前。一般来说，人们都认为他是贵族的敌人，同时也是人民的朋友，当然，这得将他残忍的地方去除掉。可是，那些政治权利，无论是人民的，还是贵族的，他一概不喜欢。他利用资产阶级来使得下层民众少受上流社会的压迫。他曾经是一个同时反对贵族和民主的优秀的资产阶级王者。为了降低贵族的价值，他授予城镇里那些声望出众的公民贵族头衔和公民特权，千方百计地提高他们的重要性。同时，他还将政府的民主性破坏掉。为了阻碍某些人的改革，他采取措施，让政府对那些人的家庭圈子的影响进行了限定。此外，他让那些人从权利之中获得了很多好处，不过，他却以此对他们的权利进行限制。

（第37页，倒数第3行）经常有许多的命令要改革所有城市的政治制度

18世纪城市政治最为突出的特点，并不是公民集体参与和废除了全部代议制，而是城市行政中所遵照的规章极其缺乏稳定性。法律内容不断改变，经常刚刚颁布就随即弃用，一会儿又重新实行，一会儿又再次弃用，一会儿又增加条款，一会儿又缩减条款。似乎并没有人注意到法律的这种不停改变最能够证明地方的自由被降低到了什么水平。仅靠这些变动就足够将政治组织的所有特别思想，所有对古代的怀念，所有城市爱国心全部提前摧毁，要知道，政治机构是最适合保持这种思想和感情的。经过这样，人们就已经为大革命就要开展的对历史的彻底摧毁做好了准备。

（第 39 页， 第 4 行）它们都从属于中央政权

城市财政管理失败是路易十四破坏城市自治自由的借口。因为路易十四改革之后，城市财政管理失败不仅依然保持，而且更加严重。蒂尔葛不仅以充分的理由将这点指出，更是补充道："当今大多数城市赤字严重，其中一部分原因就是它们曾经贷款给政府，还有一部分原因是城市官员的奢侈浪费，他们花别人的钱，却不用向居民公开账单，也不用听取居民的建议，所以他们为了显示自己的显赫，这种行为反而愈发严重，甚至有时还从消费中谋取个人利益。

（第 46 页， 第 8 行）想要看清它原来的样子

在加拿大，人们才能够更好地讨论旧政治制度下的中央集权制。

通常在殖民地，政府的一切特点都被放大，更加显而易见，所以这里的人们能够更好地讨论宗主国的情况。如果我打算研究路易十四政府的思想和弊端的话，我就应该去加拿大。于是我像使用了显微镜一样，找到了事物转变的形态。

在加拿大，旧的事件或旧的社会现状并没有组成诸多阻碍，来公开或私下对抗具有自治精神的自由发展。这里基本没有贵族阶级，至少他们在这里已经没有了存在的基础。教会的统治地位也不再存在。封建习俗也完全丢弃或者早已模糊不堪。司法权也并不以历史上的制度或习俗为根据。它完全按照自己蕴含的精神去制定所有的法律，没有任何的东西可以妨碍中央权力的努力蔓延。

所以在加拿大，完全没有城市或省级行政制度，也并不存在未被批准的集体权力和被批准的个人立法创议权。它的总督比在法国的地位要高得多，管理的事务也远多于在宗主国，虽然它与巴黎距离足有 1800 法里，居然企图在巴黎管理一切事务。政府从没有采取过重要措施让殖民地人民富裕、地产优渥，反而绞尽脑汁地将人口强行增加和扩散。它强令人们种植，而且必须采用某种方式种植，强制人们必须定居于某些固定地点，而不允许定居于其他地方，所有与土地有关的诉讼也不由法院而是由政府单独受理等。这些事情全都发生在路易十四统治时期，命令也都是由克尔贝尔[1]副署的。与在阿尔及利亚一样，人

1　路易十四时期的财政大臣和海军国务大臣，当时法国最著名的政治家之一。

们已经感觉自己生活在中央集权制度之中了。事实上，加拿大本就是阿尔及利亚一直存在的情况的真实反映。这两个地区，人们都可以看到政府数量几乎同人民一样多，它们控制了一切，并且极端活跃，制定了各种条款并强迫人民去遵守，预测了所有事务并管理所有事务，永远比被统治者自己更了解被统治者的利益，不断地实践，却一无所获。

然而美国的情况却完全相反，英国人的地方分权制度得到了扩展。那里的城市都几乎成为独立的市政府，成为某种形式的共和国。组成英国政治体制和习俗根基的共和成分丝毫没有受到阻碍，并得到了发展。基本可以说，政府在美国不参与任何事务，那些单独的个人团结起来，却什么都做。而在英国真正的政府管理的事务很少，但个人却很有成就。与同一时期的法国人民相比，在都是没有上层阶级的情况下，加拿大的人民更加顺从政府，而英国属地的各个地区人民却在政权之外变得愈发独立。

最后，这两个殖民地都确立了完全民主的制度，不过在这一时期，起码是在加拿大依然属于法国的这一时期，平等和专制是并存的，而在属于英国的各个州，与平等结合在一起的却是自由。人们应该知道，到1763年，也就是征服时期，加拿大共有6万人口，而英国所属各州则有300万人，这就是两种殖民方式所造成的现实结果。

（第56页，第2行）有一个贵族给总督写信

公共秩序在各个地方所表现出来的逐渐消失的情况，比人们所想的还要严重。曼恩通往诺曼底的路没有办法走了，到底应该由谁来修理？道路沿途的图莱纳教区？还是选择诺曼底省和曼恩省里面，在畜牧业方面更需要这条路的哪一个？或者是因为道路损坏而蒙受最大损失的哪个地方？而在涉及的这些地方里面，没有一个愿意去担起这个责任。那些商人对这条路很依赖，他们因此而面临着困难，所以他们一定要让中央政府了解他们的情况。他们给巴黎总署署长写了信，向他申请对他们的援助。

（第62页，倒数第2行）除了领主的定期租金，贵族的土地已经无法保留了

租金和会费在不同的省份有所不同的重要性

蒂尔葛曾经在他的工作中说："有一件事我需要指出来：在巴黎地区、皮卡第地区及诺曼底等一些富裕的省份中，这些种类的会费不同，它们的会费要比其他省份高很多。在这些地区，土地自身的出产是财富的主要来源，因为这里的地产主打算将大型农场整合起来，再出租出去，从而获得高额的租金。在领主所有的租金中，他最大的那块地的租金只占一个非常合适的比例，一般来说，这种支付只是一种尊重的表现。而在那些相对贫困一些的省份中，那些农业政策不同的地区，无论是贵族，还是领主，甚至连自己的土地都没有。尽管他们继承了一些土地，但那些土地已经遭到严重的分割，而非常沉重的实物租金仍然加诸到他们身上。他们不应该独立承受这种沉重的负担，所有的承租人需要共同承受这个负担。一般来说，这片土地上的大多数产出都会被这些租金吞掉，而这些租金几乎也就是地产主的全部收入的来源。"

（第 68 页，第 10 行）发动了大家熟知的运动

尽管 18 世纪农业协会留下来的文件不多，但它们同样能够证明，对共同利益进行集体讨论，起到了反宗族的作用。这些会议召开的时间为大革命爆发前 30 年，当时旧制度尚且处于鼎盛时期。会议只涉及理论问题，只有通过这些理论问题，人们才对不同阶级感兴趣并且对能共同讨论的各种问题进行辩论。即使是这样，人们立即从中感受到了彼此接近、融合，看到了非特权思想将特权者和非特权者的心灵占据，可是，除了管理和农业问题，讨论便没有涉及其他问题了。

旧制度的政府一向只在其内部寻求力量，总是要分化人民。我敢肯定，没有一个政府会像旧政府那样做。大革命时，也只有在旧制度政府的统治下，法国存在的不平等现象——它们是多么荒唐可笑——才能维持下去。哪怕最轻微地触动自治，这个政府就必须要迅速地进行改造，如果不这样做，那它就将难逃被摧毁的命运。

（第 68 页，第 11 行）这样的插曲经常出现，就像来自于英国历史一样

各省的自由有着悠久的历史，与人们的风俗习惯、回忆融合在一起，而专制制度才出现不久，这时，就算没有全民族自由，各省的自由也能存在一段时间。不过，倘若认为将普遍自由取消，地方自由仍然能够长久地维持下去，那就大错特错了。

（第69页，第8行）贵族的免税权在这个时候就显得愈加庞大

蒂尔葛曾在一封上呈给国王的奏折中，对贵族捐税特权的真正范围进行了概括。他所采用的方式，在我看来精确极了。他概括的贵族捐税特权的真正范围为：

一、如果特权者拥有一片农场，且农场的面积超过四犁地[1]，那么他就可以不用缴纳人头税。在巴黎附近，这样的农场一般都要缴纳2000法郎的税款。

二、这些特权者所拥有的牧场、树林、葡萄园及城堡四周面积不等的土地，都不需要纳税。如果某个地区主要的经济作物产自葡萄园或者牧场，那么拥有这些土地的贵族将被免除所有捐税，需要缴纳兵役税的人将承担这些捐税。第二种情况对贵族来说有非常大的好处。

（第69页，第14行）那些共同交税的地方，征收时也要区别对待

相同的主题：1764年提议的法令显示，它打算建立一个平等的税收制度。不过，我发现，全部关于征税的条款，都具有维护特权阶级的地位的倾向。此外，我还发现了另外一个能证明那些特权阶级受到照顾的证据：除了特权阶级本身及其授权的代理人外，以评估税金的价值为主要目的的措施，并不适用于其他阶级。

再举一个例子，跟普通税中的不公平征收有关。

所有的人都要缴纳人头税，这个大家都知道。对这项赋税进行征收的委员会颁布了命令，要求对赋税的征收要把所有的阶级都包括进去，不管这个人有没有赦免权，或者是不是特权阶级，都要缴纳人头税，要么是以特殊的比例来缴纳人头税。

有一点我们要留意一下，民众所需要缴纳的人头税总要比那些特权阶级所缴纳的特殊人头税要多，这跟法国的封建时期的国王和领主们所征收的赋税是

1　犁是以前的土地面积单位。

差不多的。这种不平等的赋税，重新出现在了那些表面上消除了不平等赋税的地方。

（第78页， 第6行）享有捐税特权的是有钱人

在《亚瑟·扬1789年游记》中有一小幅图画，绘制得十分漂亮，而且框架也布置得非常巧妙。这幅图画所反映的是两种不同的社会状况。我情不自禁地想要把它摆出来。

亚瑟·扬在法国旅行时，正好赶上法国闹动乱，那是推动攻占巴士底狱的第一次动乱。他赶到一个村子时，被一群百姓发现没戴帽徽，因此要被他们带到监狱去。亚瑟·扬与那些百姓进行了一次谈话，以便逃脱这些百姓的纠缠。

他说："先生们，我刚才听人说，必须要像过去那样缴纳捐税。毫无疑问，捐税是一定要缴纳的，但并不是像过去那样缴纳。你们必须要像英国那样缴纳捐税。我们的捐税种类繁多，很多捐税原本是你们没有的；它们的承担者应该是富人，而第三等级——人民根本不需要缴纳捐税。在英国，即便是一扇窗户，都需要缴纳捐税，但纳税的范围有限，房子只有六扇窗户的百姓不用纳税。兵役税和二十分之一税由领主缴纳，一个花园的小所有者根本不用缴纳一分钱。拥有钱财的人需要为他们的仆人、马车而纳税，就算他们所享受的打山鹌鹑的自由，也需要纳税。这样的捐税，小所有者根本不必缴纳。不只是这样，英国还有一项用来救济贫困的穷人的捐税需要富人缴纳。所以说，既然捐税必须要继续缴纳，那就应该像英国那样缴纳。"

"虽然我的法语说得很差，却很像他们的方言，所以他们完全听懂了我的意思。我所讲的每一个字，都引起他们的欢呼。他们一定把我当成了好人，而我也通过行动，让他们知道了这一点：我大声疾呼：第三等级万岁！他们也都欢呼起来，并立即将我释放了。"

（第81页， 倒数第6行）它就逐渐演变成一种非常苛刻的捐税

案例中引用的事情，能够让特权者意识到如下两个方面：特权不仅使农户的压力变大，同时也对特权者自身的利益造成了直接影响。当然，其他事情也能够让他们意识到这些问题。一位农业社会时期的特权者曾在革命前30年说过

这样一段话：在征收一块价格不菲的地产时，封建租金、地面租金等非摊销性租金，都将变成债务人沉重的负担；这种负担甚至会让那些人的地产征收变成一种自己把自己推向灭亡的方式，毫无疑问，地产本身最后也将灭亡。为此，他们只得将地产放弃，因为担保抵押品已经明显地超出了他们承受能力，他们无论如何也筹集不到；而且，即便打算把地产卖出去，也找不到买家；如果将租金在使用期限内逐年分摊，那么那些获利者便会拒绝租借，因为这样做可以让他们挽回损失，他们通过其他方式，也能够找到买家，从而挽回他们损失的租金和抵押品。当一个人能够从中感受到平稳时，他就总是想对自己的所有权进行维护和改善。如果能够找到一种让各种租金分批偿还的方法，就一定会大大地促进农业发展。很多拥有大批领地，同时相信这种政策能够推广开来的领主，对这样的安排一定毫无异议。这也将促进人们怀着极大的兴趣，去寻找将地面租金引起的火灾扑灭的切合实际的方法。

（第 87 页， 第 4 行） 贵族的陈情书

下面我将分析一下 1789 年贵族阶级的陈情书。

在我看来，法国革命是一场独具特色的革命。在法国革命开始阶段，不同的阶级能将他们的思想和感情真实地表达出来，当然了，那时革命还没有将他们的思想和感情歪曲或者改变。在 1789 年三个等级所起草的陈情书中，就有这一真实的表达。这是大家都知道的。这些陈情书或者奏折在拟定之前，相关等级都拥有充分的自由，他们面向最广大的人民群众进行了长时间的讨论，而起草者也进行了反复思考。因此当那个时代的政府面对面向国民讲话时，并不时负责提出问题和回答问题。在起草陈情书时，陈情书的主要部分被人汇编成三卷，之后被印出来，正如我们在所有图书馆所看到的那样。现在，陈情书的原件及起草陈情书的会议记录一同存放在国家档案馆内，除此之外，那里还存放着同一时期内克先生与他的代理人就这些会议所通信件的一部分。繁多的文献汇集到一起，简直可以印成一部对开的多卷本丛书了。它们都是旧法兰西留给我们的，都非常珍贵。只有通过他们，人们才能了解我们的先辈在大革命爆发前的精神状态。

我原本以为，前文提到的印制成三卷的摘要只是所有作品的一部分，无法

将这次大规模的调查的特点再现出来。但是进行比较后，我发现大幅绘画与被缩小的复制品十分相似。

我在此处将陈情书的摘要列出来，以便让人们对贵族阶级绝大多数的真实感情有所了解。人们从中能够看到以下情形：贵族阶级的绝大多数人心甘情愿地将哪些特权让出去；他们主动提出放弃哪些特权；而对哪些旧特权坚决不放。当时在有关政治自由问题上那些激励整个贵族阶级的精神，人们也能够从中看出来。这是一幅多么奇怪，多么悲惨的图画啊！

个人权利。贵族首先要求起草一份涉及所有人的自由和安全的明确宣言。

人身自由。贵族希望在封建领地奴役制还没有被废除的地方，将奴役制废除，并想方设法将黑奴贸易取消。此外，贵族还提出，每个人都可以去自己想去的地方，无论是王国内，还是王国外，定居或者旅行，他们这样做时不应该被逮捕。

对警察制度的弊端进行改革，今后警察由法官控制，即使爆发骚乱，也该如此。个人由固定的法官负责，只有负责的法官才有逮捕和审判的权利。因此，应该拆除国家监狱和其他非法抵押所。有一些贵族，尤其是巴黎的贵族，要求将巴士底狱拆毁。

所有的密札，哪怕是国王的密札，都必须要禁止。如果国家处于危急时期，必须要逮捕一些公民却不将他们送到普通的法庭，那就必须让国务会议知道此事，或者采取相应的措施，防止有人对他们滥用刑罚。当然，还可以采取其他办法保障那些人的权利。

贵族阶级要求，将特别法庭所拥有的所有辩护及延期判决等特权废除，将所有特别委员会所拥有的权利分配特权废除，严厉地处罚那些下达或者推行蛮横的命令者；普通法庭是唯一要保留的法庭，在普通法庭中，要推行一些必要的措施，以便使个人自由得到保障，特别是在刑事犯的问题上；法庭接受案件或者进行审判，必须要免费，还要撤销没有存在必要的法庭。“行政官员是为人民而设立的，如果认为人民是为行政官而设立的，那就非常荒谬了。”一份陈情书如此说道。贵族甚至要求在大法官的辖区内，为穷苦百姓设立一个委员会及免费的辩护人，预审不能在私下里进行，必须要公开，确保诉讼人拥有辩护的自由。

在刑事犯罪方面，贵族要求必须要给被告提供一名顾问，在整个诉讼过程中，与被告属于同一个等级且数量达到一定标准的公民要辅助法官，那些公民负责根据犯人的不法行为或者犯罪事实进行宣判。确保刑罚对所有人都是平等的，刑罚的轻重必须要取决于不法行为的严重程度；减少死刑，取消严刑拷打；最后，必须要改善囚犯的处境，尤其是刑事罪犯的处境必须要改善。

按照陈情书，在陆海军征兵过程中，人们必须要想方设法使个人自由得到尊重。必须允许通过支付一定数量的金钱来免除服兵役的义务，征兵抽签进行时，必须在三个等级都派出代表出席的情况下才能进行，从而使公民和自由人的权利与服兵役的义务结合起来。必须取消用刀面抽打这种刑罚。

财产自由不容冒犯。陈情书要求，不能侵犯公民的财产，确保公民的财产不受任何损害，当然，由于那些必要的公益原因所造成的损害除外。当公益事业使得公民的财产受到危害时，政府要尽快予以那些公民高价补偿。没收充公必须取消。

劳动、商业及工业自由。商业及工业自由必须得到保障，因此，必须将授予某些公司的控制权及其他特权取消；必须调整关税钱。

宗教自由。尽管在法国境内，唯一占统治地位的宗教是天主教，但是必须确保信仰自由，将非天主教徒的公民地位和财产权予以恢复。

出版自由、邮政保密。要确保出版自由，对于那些为了普遍利益而制定的各项限制，法律事先要做出明确规定。教会只能审察涉及教义的书籍，不得审察其余书籍；其他书籍须采取必要的预防措施，确保作者和印刷者被人所知。此外，很多人还提出了只能由陪审员审判出版罪的要求。

每一份陈情书都要求坚持邮政保密的原则，确保邮政信息不受侵犯，从而避免有人以此用为控告的理由和手段。陈情书直言不讳地说，拆开他人的信件阅读侵犯了公众的信仰，是最令人厌恶的间谍行为。

教育和教学。贵族阶级的陈情书只要求对教育要积极地关心和支持，将其扩大，使城市和农村的人都能接受教育，尤其要对孩子们进行国民教育，使他们掌握公民的权利和义务。陈情书甚至要让人们把教义问答写出来，供孩子们学习，用浅显的形式编写宪法的要点，确保孩子们能够理解。

不过，陈情书只呼吁为贫困的贵族子弟建造教育设施，至于推广教育所使用的方法，陈情书并没有指出来。

必须要关心百姓。大量陈情书要求更多地关心百姓。很多陈情书对警察规章中的滥用职权进行反对。它们指出，很多手工业者和公民由于犯了错误，甚至仅仅是受到怀疑，在没有经过正式审判的情况下，就被随意投入监狱。这种做法与天赋自由是相悖的。所有的陈情书都要求将劳役制彻底废除。很多大法官辖区都要求允许赎买通行税，赎买使用领主磨坊、面包烘炉税。此外，很多陈情书还要求将世袭领地税废除，将很多封建捐税减轻。一份陈情书说，对政府来说，方便土地买卖有很大好处。这样说的理由，与人们为了将所有领主权利和出售不可转让的法人财产权彻底废除而即将提出的理由是相同的。很多陈情书为了保护农业，提出减轻鸽舍权。陈情书认为，专门用来保存国王猎物的设施，当时称为王室狩猎总管管区侵犯了财产权，所以要求立即废除。陈情书还要求放弃现行的捐税，让人民承担较轻的捐税。

贵族阶级要求在农村建立粗布纺织厂，以便农闲时农民有事可做；要求千方百计地使富裕和福利在农村普及开来；为了防备饥荒出现，每个大法官的辖区，都应该在省政府的监督下创建公共粮仓，稳定食品的价格，使其维持在一定的比率上；改善农村的条件，完善农业；增加公共工程，特别要防备洪涝灾害，将沼泽排干；最后，鼓励所有的省份发展商业和农业。

陈情书要求将助贫院分解成小型收容所，分别设立在各个区内，用慈善工场取代乞丐收容所；各省外科医师、医生和助产士分散到各个地区，从而使穷困的百姓获得免费治病的机会，资金由各省负责，在省三级会议的领导下，设立救济金库；法庭应该永远免费为人民服务；最后，创建为弃婴、聋哑人、盲人服务的各项措施。

尽管提出了种种改革措施，但是一般来讲，贵族只将他们的改革愿望显现出来，至于执行过程中的重大细节问题，他们则避而不谈。

下层教士由于长期与下层阶级接触，所以了解民间的疾苦，而贵族阶级由于缺乏与下层阶级的接触，对民间的疾苦了解得比较少。因此，对于如何医治这些苦难，他们就很少考虑了。

关于贵族的荣誉特权、等级制及贵族担任公职的问题。特别是在贵族社会地位和等级制的差异问题上，当然，也可以说仅仅在这个问题上，他们固执地执行旧制度的各种原则，做出了很多重要让步，这与他们普遍要求改革的精神是相悖的。在他们看来，这些问题与他们的生存密切相关，所以他们要顽强地战斗。在陈情书，他们要求维持贵族的特殊等级和教士的地位，而且表现得非常坚决。陈情书甚至要求想尽办法保持贵族等级的纯净。为此，他们要求禁止通过金钱购买贵族头衔，在一些场合不再授予贵族头衔，只有长期为国家效劳，为国家立下汗马功劳者，才能够获得贵族头衔。陈情书希望追查那些假贵族，并对其进行起诉。最后，所有陈情书都无一例外地坚持要求对贵族的全部荣誉进行维护。有一些陈情书还要求，颁发给贵族一种特殊标记，这种标记从外表就可以分辨出来。

虽然贵族与普通百姓的社会地位还存在着一定的差异，但是这样的要求已经充分证明，贵族与普通百姓在很多方面已经完全相似了。总体来说，在这些陈情书里，贵族固执地捍卫着他们的荣誉特权，尽管他们对很多权益表现得并不热心。对于那些他们所享有的特权，他们极力捍卫，他们还想发明一些他们并未享有的特权。他们已经意识到，民主的浪潮已经包围了他们，所以十分恐惧，担心被这一浪潮吞噬。这是一件何其古怪的事情。凭借本能，他们感受到了这种危险，不过，他们却对此一无所知。

在职务的分派方面，贵族要求将捐纳法官的职位取消。当选举捐纳法官时，所有的公民都有参选的权利，他们都可以由国民推荐给国王，国王不考虑他们属于哪个阶级，只根据他们的年龄和能力对其加以任命。在军阶这个问题上，大多数陈情书都认为，第三等级不应该受到排斥，所有的军人，无论他属于哪个等级，只要他对国家有功，都能够获得晋升的权利，甚至可以获得最高官位。有几份陈情书这样写道，“所有将第三等级关在军职大门外的法律，都会受到贵族等级的否定”。

贵族享有无需经过低级军阶晋升而直接担任军官的特权，他们要求保留这一特权。几乎所有的陈情书都提出了这样的要求：确立军阶分配规章，该规章是固定的，而且所有人都适用；不能将所有的军衔都留作恩典；可以通过年资获得除高级军官以外的其余各军阶。

教士职务问题。陈情书要求，将有俸圣职选举制重新恢复，若是这一要求无法得到满足，那至少由国王创设一个委员会，该委员会负责向国王提出在俸圣职分派问题上的意见。

陈情书最后称，在分发年金时，要提高分辨能力，不能让某些家庭一直享受年金；所有公民只能享受一份年金，最多只能领一个职位的官俸；必须将职位继承人的指定权废除。

教会与教士。这些问题与贵族阶级的权利和特殊结构无关，只涉及教会的特权和组织。因此，贵族阶级就不像对待自己的问题时那样仔细考虑了，他们紧紧盯住弊端。

贵族阶级要求免税特权不能让教士享有，还要求教士必须把债务还清，不能让国民承担，修道会必须进行改革，而且改革一定要深入。大部分陈情书宣称，这些修道会与教会的精神是背道而驰的。

多数大法官辖区发现什一税对农业造成了很大危害，所以要求减轻这种危害；很多陈情书甚至要求将什一税废除。"那些本堂神甫征收了什一税中的最大部分，可他们却最少用这些财富为人民谋求精神上的庇护。"一份陈情书这样写道。由此可以看出，第二等级在其话语中不再对第一等级过分容忍，对教会也不再以礼相待。很多大法官辖区正式承认三级会议拥有将一些宗教等级取消，把教会的财产花费在其他地方的权利。宣布三级会议有权制定教规的大法官辖区多达 17 个。很多大法官辖区称，必须要废除大部分宗教庆典节日，将它们推迟到礼拜天举行，因为这类节日过多，助长了游手好闲的歪风邪气，对农业产生了很大危害。

政治权利。陈情书承认，在这方面，所有的法国人都享有参与政府工作的权利，无论这种权利是直接的，还是间接的。这也就意味着，他们拥有选举权和被选举权，不过必须要保持地位等级制，所以提名和被提名，只能在本等级内进行。这个原则确定下来之后，只有确保所有等级都能参加国家事务，代议制度才能建立起来。

关于三级会议议会内的表决方式有不同的意见：按等级分开投票是大多数的要求；在一些人看来，捐税表决应该区别对待；另外一些人最后要求，将这样的表决方式固定下来。他们说："唯一合理，唯一能够摆脱和消灭团体利己主义这个所有罪恶的源头的形式，就是按照人头而不是按照等级计算选票。这种形式能够让人团结起来，把人们带到国民有权希望议会达到的结果——一个既热爱祖国同时又具备伟大的品德和丰富的知识的议会。”

不过，在目前的精神状况下，这项革新不可过于心急，否则就可能遇到危险。因此，很多人认为，采用时必须谨小慎微，是不是将实行按照人头表决这件事向后推迟，到下几届三级会议再实施，必须由议会做出判断。无论在何种情况下，贵族阶级都要求每一个等级都有保持法国人应有尊严的权利。所以，必须要把如下跪这种旧制度下第三等级被迫服从的侮辱形式废除。一份陈情书写道：“一个人向别人下跪，这样他的尊严就受到了损害，在天生平等的人与人之间，这种情况显示出一种低下感，与人的基本权利不符。”

政府形式应该采取的制度、遵循的宪法原则。在政府形式这个问题上，贵族阶级要求继续保留君主政体，对国王本人的立法权、司法权和行政权进行保护，不过，他们要求确立保障国民执行权力的各项权利的根本法。

因此，所有的陈情书无不宣布，国民拥有召开三级会议的权利，三级会议成员的人数不定，但必须要保证议会的独立性。陈情书要求，从今以后，三级会议要定期召开，另外，每次新国王登基时也要召开，召开会议的通知书，没有必要发放。很多大法官辖区甚至产生出这样的希望：此后，这种议会成为常设议会。如果在法律指定的期限内，三级会议没有召开，那么人们就可以拒绝缴纳捐税。为数不多的陈情书要求，在一届三级会议召开后，在下一届三级会议召开前的这段时间，必须建立一个中间委员会，由它负责对国王政府的行为进行监督。不过，这种做法遭到了大多数陈情书的否定。它们宣称这样的委员会违反宪法，他们担心这个与政府共同存在的小议会会受到政府的诱惑，这个理由倒颇令人费解。

贵族阶级要求将大臣解散议会的权力取消，如果大臣们用卑鄙的计策破坏议会秩序，就将依法受到制裁。任何政府官员都不能成为议员，即便是那些依附于政府的人，也不能成为议员。陈情书称，不能侵犯议员的人身权利，不能因为发表政见而起诉议员；最后，议会会议应该对外公开，并将讨论情况通过印刷渠道传播出去，以便逐步使国民参与议会讨论。

在不同部分的领土治理方面，贵族阶级一致要求对国家政府起到制约作用的各项原则都应该得到实施，所以各省、区、教区，必须建立议会，议会由那些通过自由选举选拔出来，并且定期任职的成员组成。

很多陈情书认为，必须要取消总督和总收税员的职位。全部陈情书都认为，负责摊派、监督省里的特殊利益只由省议会负责。陈情书认为，无论是区议会，还是教区议会，都应该如此，此后，它们只依附于省三级会议。

权力区分和立法权。贵族阶级要求，在关于国王和聚集起来共同议事的国民之间的权力区分上，法律要想生效，必须要经过国王和三级会议的同意，还要在负责维护法律执行的法院注册；设定和确立捐税的数额的权力，只有三级会议享有。只有在两次三级会议召开的间歇期，才能同意给予津贴；在所有征收和设立的捐税中，那些未经三级会议同意的，都将被宣布为不合法，凡是下令征收这种捐税的人，无论是大臣，还是税务专员，都将会作为贪污犯而受到起诉。

在未经过三级会议同意的情况下，任何借款都不被允许；只有经过三级会议决定的贷款，才可以对外开放，即便在战争爆发或者遭遇重大灾害的情况下，政府也不可以随便使用这笔贷款。要想使用这笔贷款，政府必须要在最短的时间内召开三级会议。

三级会议对所有国库均有监督权；为了保证经过三级会议确定的各部门的支出不被超支，必须采取最为可靠的措施进行有效监督。

大部分陈情书都要求，将批准税、登记税、百分之一得尼埃税[1]等那些令人厌烦的捐税取消，汇总到国王领地税务局名下。一份陈情书写道："仅税务局这个名称就足以让国民受伤害了，因为它宣布国王拥有了本该属于公民财产的那些物品。"所有没有经过转移的领地全部由省三级会议管理，只有经过国民的三个等级同意，有关财政问题的法令和国王的诏令才能颁布。

贵族阶级的想法是显而易见的。他们要把所有财政管理权限，包括捐税和借款的规章制度及捐税的征收，通过三级会议和省议会交给人民。

司法权。在司法组织方面，很多陈情书都要求将法官的大部分权力移交给聚集起来议事的国民。

"对于那些聚集起来议事的国民，法官必须要以其职位对他们负责"；在没有经过三级会议同意的情况下，法官不得被免职；在没有经过三级会议同意的

1　百分之一得尼埃税是法国于1703年制定的一种税，它规定，除了继承直系亲属的财产或者接收婚姻契约赠送的财产外，其他财产和不动产的转移，都必须要缴纳百分之一的税。

情况下，法庭在执行其职能的过程中，不得以任何理由扰乱；最高法庭和高等法院是否渎职，必须要经过三级会议审判才能确定。多数陈情书都要求，国王所任命的法官，必须要经过人民的推荐。

行政权。国王拥有所有的行政权，不过，为了防止专权，也要对国王的权力进行必要的限制。比如在行政管理方面，陈情书要求，大臣必须要对聚集起来讨论事务的国民负责，各部门的账目必须印出来，并公布出来；国王在调动军队抵抗外国侵略之前，必须让三级会议知道其意图。在国家内部，如果没有三级会议的同意，这些军队不能用来对付公民。必须要限制部队的人数，平时只留下三分之二的第二兵员即可。必须将政府雇佣的外国军队派遣到边境地区，不能使其留在王国的中心。

阅读贵族阶级的陈情书，可以感受到他们能够非常流畅地使用时代语言，具有时代精神。这是任何摘录都无法重现的事实，也是让人感到惊奇的地方。他们谈论社会公约的固有原则，谈论人权不容侵犯。在社会层面上，他们一般对社会义务十分关注；在个人层面上，他们对个人的权利十分关注。他们认为，政治原则应该与道德原则同样绝对，理性应该被当作它们的共同基础。当他们提到将农奴制的残余废除时，在他们看来，将人类堕落的最后痕迹消除，才是问题的关键所在。路易十六偶尔被他们称作公民国王。他们还数次提及危害国民罪，后来很多人都认为，正是他们发明了这条罪状。像其他人那样，他们同样认为应该大力发展公共教育，而国家是公共教育的领导者。一份陈情书说，三级会议对于通过变革儿童教育，将一种国民性格输入到国民的头脑中去十分关心。像同时代的其他人那样，他们也强烈地要求立法的统一，然而当涉及等级存在的问题时，他们就产生出不同的观点。像第三等级那样，他们同样要求将度量衡统一起来，还要求行政统一，等等。在陈情书里，他们提到了很多种改革，并希望将改革进行得彻底一些。在他们看来，无论什么样的捐税，都应该改造或者直接废除；除了领主司法需要完善外，其余的司法制度都要变革。像其他所有法国人一样，他们也把法兰西当成了一块政治试验田。在这块试验田上，他们要进行尝试，要让它发生翻天覆地的变化。即便是生长着他们个人权利的那小块田地，他们也没有放过。总而言之，阅读贵族阶级的陈情书，人们可以确定这样一件事：如果这些贵族是普通百姓的话，那么发动这场大革命的人就有可能是他们，因为他们完全有能力这样做。

（第 93 页，倒数第 11 行）尽管这种自由形式发生了改变

我从那些农民的某个事件当中，看到了马耶讷区的农民在租借的时候所需要遵循的规则。那些农民只能被当做最低贱的佃户，不可以有自己的财产，包括生活必需品在内的所有东西，他们都要交上去。封建领主的压迫手法比中世纪的时候更加残酷，而那些农民是不必对那些压迫他们的封建领主如此宽容的，这一点显而易见。

（第 93 页，倒数第 8 行）很多人心中仍然保留着与生俱来的气质和鲜亮的色彩

再举一个例子。国王洛汗统治下的领主们，记录下了蒙巴宗的公民名字。虽然领主们都属于贵族阶级，不过这个有钱的国王还是阻止了他们胡乱利用手中的权力，并且让他们赔付了五千三百四十四里弗尔十五苏。在之前，这样的赔款是只有国王自己可以得到的，不过现在这些赔款则到了民众的手里。

（第 96 页，倒数第 4 行）但是正是因为他们，人民才更加仇恨这种制度

举个这样的事例，神父通过租金的方式，来使那些本来应该团结的人从心理上疏远。诺赛教区的神父提出要求，要让当地教区的人为他维护仓库和印刷工厂，还要用地方上的赋税来填补损失所形成的漏洞。领主们回复他，说那里的人只负责教堂的维护，仓库和印刷工厂应该由神父自己来负责。相对于他的教众们来说，他还是对自己的租金更加在意。

（第 101 页，第 15 行）这是解决此事的最好方法

修路所需要的资源主要有两种：无偿的劳动力和普通的赋税，而前者是相对比较重要的一种。修路的主要工作都需要无偿的劳动力来完成，那些人只需要付出自己的力气。而普通的赋税虽然不及无偿的劳动力重要，但它也有它的作用——它可以使公路工程局保证这项工程顺利地进行下去。对这些工程最感兴趣的就要算是享有特权的领主们了。他们不用服徭役，对他们来说更重要的是，当桥梁和道路税与人头税共同征收时，他们可以不用交税。

（第101页，倒数第10行）徭役的范围逐渐扩大

那些受到奴役的劳动力，在杜尔特所描绘的那些负担和损失的逼迫下，只能去运送军用设备。我翻阅了一些资料，从中看出，他的记述还是比较客观的。另外他说，这些负担的分派毫无公平可言，是这种措施的第一个缺点。一小部分教区被选中的几率非常大，这是由于它们的位置决定的，而这使得它们几乎成为了它的全部依赖。一般来说，涉及到的教区之间，相距五到六里，有时相距更远，甚至达到了十至十五里，需要花费三天时间才能转完一圈。而摊派到那些领主身上的份额很少，只占到全部花费的百分之二十。夏季对义务劳动力的需求总是很大的，即便农忙时节也是如此。过大的劳动强度使得那些牛总是非常疲劳，而且总是生病，所以，那些领主便不愿意贡献出自己的四头牛和一辆车，即使他们需要为此缴纳十五或者二十里弗尔的税款。到最后，以暴力压迫的行为就开始盛行，这是无法避免的：士兵们总是用武力驱使农民，官员们总是提出种种要求，尽管这些要求早就超出了他们所应得的范畴。人们经常看到，士兵们大呼小叫地把马套到马车上，尽管马车上已经装满了货物，但他们还是坚持要坐上去；也经常看到他们因为牛走得太慢而心急如焚，拔出他们的剑，向牛身上刺去，而农民们尽管将发生在他们身边的这些事全都看在眼里，却不敢反抗。

（第110页，第4行）这些作家之所以对政府问题的普遍抽象理论深感兴趣

有一些人说，崇拜人类理性，对理性的威力无限信赖，凭借理性就可以对法律、风俗和规章制度进行改造，是18世纪哲学的特点。在此，我有必要确切地解释一下：其实，并非所有的哲学家都崇拜人类理性，一部分哲学家崇拜的是自己的理性。从来没有人像他们那样不相信共同智慧。有很多人看不起百姓，就像看不起仁慈的上帝一样。这样的人我可以列举出很多。面对百姓时，他们

表现出一种暴发户的自豪感，面对上帝时，他们表现出一种竞争者的高傲。对他们来说，恭恭敬敬地服从多数人的意志，就像服从神的意志，是让他们无法接受的。这一双重性格在后来几乎所有的革命家身上都有所体现。这完全不同于美国人和英国人对待本国大多数公民所表现出来的那种尊重。在美国和英国，理性对自身感到骄傲，并十分有信心，从来也不粗鲁无礼，所以才会导致自由出现。而我们的理性，只是让一些新的奴役形式问世而已。

（第120页，第13行）宗教之外的哲学思想流行得很早

在回忆录中，弗雷德里希二世这样写道："伏尔泰、方特内尔、霍布斯、科林斯、萨夫茨伯里[1]和博林布鲁克这些人沉重地打击了宗教。他们开始反省那些曾经盲目地推崇过的东西，最终的结果是，理性战胜了迷信，对于曾经一直深信不疑的神话，人们满是鄙夷。自然神论给宗教带来了大批的信徒，可是，到了今天，它却危害到了我们的前辈接受到的犹太教信仰。如果所谓'伊壁鸠鲁主义[2]危害到了异教徒的偶像崇拜'这种说法成立，那么'自然神论危害了犹太教'这种说法也成立。在英国颇为流行的思想自由，对哲学做出了极大的贡献。"

由以上这段话可以看到，在弗雷德里希二世写这些内容的18世纪中期，那时的英国被人们视为除宗教之外的思潮的发源地。此外，由这段话还能够看到一件令人惊奇的事情，看起来，这位熟悉人文科学和治国科学的君主，并没有对宗教在政治领域的作用表示质疑。由于受老师们精神错误的影响，他本人的精神的固有品质也发生了改变。

（第136页，第6行）都没有大革命之前的20年间发展得迅猛

在18世纪末的德意志，也出现了当时在法国出现的这种进步精神。当时，

---

1 方特内尔：（1657—1757），法国哲学家，18世纪启蒙哲学的代表人物，提倡科学和理性，反对传统和宗教主义；霍布斯：（1588—1679），英国哲学家，机械唯物主义的代表人物，主张君主制；科林斯：（1721—1759），是一位反对教会的英国诗人；萨夫茨伯里：（1671—1713），英国哲学家，感情伦理学的代表人物。

2 伊壁鸠鲁主义：古希腊哲学家伊壁鸠鲁创立的学派，以感觉主义为出发点，以追求个人的身体无痛苦和灵魂无干扰为目的的快乐主义伦理学体系。

到处都充斥着进行政治制度改革的呼声。请看德国的一位历史学家对当时的情景的描述："在18世纪下半叶，教会领地内部也被引入了新时代的进步精神，在那里也发生着改革，到处都在传播新技术和宽容的思想。在德国，可以看到在当时的其他大国存在着的开明专制的雏形。应该说，在18世纪的其他时期，在教会的领地上，都没有见过类似法国大革命爆发前几十年出现的那种令人尊敬的杰出君主。"

这位历史学家所描述的德国的情形，多像同一时期法国的情景啊！改良和革命在同时兴起，在革命即将吞噬一切的时刻，出现了最有资格当统治者的人。应该承认的是，德意志的这种情形，明显是被卷入法兰西的文明运动和政治运动之中才发生的。

（第137页，第4行）而是由推动立法的精神决定的

英国的立法和司法表明，尽管政治制度自身有许多弊病，但司法制度依然完成了建立之外设定的首要目标。在一些国家，尽管还没有完善政治体制的附属部分，但只要它们遵循的大原则健康存在着，国家也依然能够繁荣强盛。研究上个世纪英国的司法体制，可以清晰地感觉到这一点。布莱克斯通就证明过这些。

首先，人们应该发现了两个显著的多样性，其一是法律的多样性，其二是法庭的多样性。下面将分别阐述这两种多样性。

一、法律的多样性。

1. 在英格兰本土，以及苏格兰、爱尔兰、大不列颠在欧洲的附属地和各个殖民地，法律彼此不同。

2. 仅仅是在英格兰本土，就有习惯法、成文法、罗马法、衡平法等四种法律。习惯法又分为两种，分别是通行全境的普通习惯法和只适用于某个领地、城市或某些阶层的特殊习惯法。有时，习惯法之间彼此大相径庭，比如，与英国法律的普遍方向相对立的习惯法就规定，父母死后，子女应该对遗产进行平均分配，这不算奇怪，奇怪的是，它同时规定，年纪最小的子女享有等同于长子的继承权力。

二、法庭的多样性。布莱克斯通告诉我们，法律设置的不同的法庭也有惊人的多样性。下面是大致分析。

1. 在英格兰本土之外也建立了诸如苏格兰法庭、爱尔兰法庭这样的法庭，我的理解是，尽管它们最终都将听命于英国贵族法庭，但它们并不是完全从属于英国最高法庭。

2. 如果我的记忆没有遗漏的话，那么在布莱克斯通的记述中，在英格兰本土有如下几种法庭：

(1) 根据普通法建立的十一种法庭，但其中有四种普遍法好像已经被废除了。

(2) 只适用于某些领域的三种全国性法庭。

(3) 十种特殊的法庭。这其中，有一种由地方法庭组成，而这些地方法庭是根据最高法院的不同法令建立的，它们或者代表着某种传统，或者是在首都或其他的城市。这十种特殊的法庭数目繁多，五花八门，就连布莱克斯通本人也不能详细介绍。

因此，如果采纳布莱克斯通的说法，在他所描述的那个时代——也就是18世纪后半叶——在英国就有二十四种法庭，这还不算再次细分之后的无数各有特色的法庭。即使将之后几乎消失的几种法庭拿掉，仍旧还有十八种或二十种法庭。

如果继续观察这一套司法制度，也能发现它的各种不完善之处。虽然法庭的名目和数量繁多，但如果要找一个离家近一点、花费少一些，而且能就地审判的一审小法庭，那是很不容易的。这导致了司法的阻塞。由于同一个案件可以归属于很多不同的法庭管辖，因此很难做到让人一清二楚，有时从第一审开始就让人糊涂了。在某些时候，几乎所有的上诉法庭都要进行初审，而大部分时候，则分别由普通法法庭和衡平法法庭进行初审。

尽管法庭的名目很繁杂，但它们都归属于同一个中心点，这就是英国贵族法院。在英国，行政诉讼和普通诉讼是不分开的，这被法国的很多法学家视为畸形。此外，所有的法庭的裁决理由，都出自四部不同的立法。这四部立法中，有一部是根据先例确立的，另一部的目的大多是通过法官强行修改成文法和习惯法中过时或过于苛刻的条款，以抵制成文法和习惯法，因此确立依据并不明确。

英国司法制度的确有很多的缺点，如果拿法国司法制度这座现代化的工厂，比较英国司法制度这架庞大的古老机器；如果拿法国司法制度简单、连贯和一致的特点，比较英国司法制度的复杂、不连贯和不一致的毛病，这些缺点就更加显而易见了。

然而，布莱克斯通那个时代之后，只有英国的司法制度完全达到了在设立之处确定的目标，其他国家的司法制度都没有做到这一点。这就是说，在英国，不论人们的社会地位是什么，也不论他要控告什么人，都有很大的可能向这个世界传达出他的声音，而且，所有的法庭都可以为他的财产安全和生命自由提供保障。

然而，这并不意味着英国司法制度的缺点可以帮助我们达到设立司法制度之初的目标，我只是想说明，缺点存在于一切司法组织之中，它们对司法目的的危害很轻。除了这些缺点，司法组织中还存在一些可以称为主要缺陷的缺点，尽管它们有一些可以忽略的完美之处，但它们不仅对司法目的的危害极大，而且还可能损坏司法制度。显然，第一种危害极小的缺点最容易被发现，因为它们会惊动人们的神经。相比之下，第二种危害极大的缺点隐藏的就很深了，但发现它们的人并非都是以法律为职业的人。

此外，需要注意的是，即使是同样的缺点，并非始终都是主要缺点，也并非始终都是次要缺点，具体是以主要还是次要表现出来，是根据社会政治组织和时间决定的。在贵族制那个不平等的时代，如果在两个平民之间发生诸如取消某人的特权、为弱者提供保障以对付强者、试图让国家行为成为优先选择等诉讼时，司法就会公平公正。但是，在政治体制逐渐走向民主制时，公平公正在司法上的重要性就降低了。

在根据这些原则研究英国的司法制度时，不难发现，我们的邻居的司法制度尽管存在模糊、迟钝、昂贵和繁琐的缺点，但好在我们的邻居采取了很多预防措施，保证了强者不可能通过欺凌甚至牺牲弱者的方式获得利益，甚至连政府都不能通过牺牲个人来获取利益。如果深入地研究英国司法制度的立法细节，人们会逐渐发现，这套司法制度为每个人提供了可能的全部武器，让他们用于保卫自己的权利。毫无疑问，这种安排给每个人提供了对付司法公正和法官徇私舞弊的最大的保障。由于法庭是通过对国家力量的服从，获得徇私舞弊的可能，因此在民主制时代，司法的徇私舞弊更为常见，也更具危险。

综上所述，尽管英国的司法制度仍旧还有很多危害极小的缺点，但我依然认为，它比法国的司法制度更好。不过，英国司法制度的所有缺点似乎并没有被法国司法制度复制，这就意味着，法国司法制度也没有具备英国司法制度的优点，它可以在保障个人之间的诉讼方面表现出色，但在保障个人与国家之间的诉讼方面，它就显得软弱无能了。在法国这种民主国家，这一点必须得到加强。

（第138页，第10行）鼎盛时期的封建制度并不比衰落时期更容易激发法国人的仇恨

在不同的时间里，旧体制下的政府在很广泛的领域中设立了一些力量，这些力量所针对的对象并非是政府自身的需要，而是在经济领域上的需要。这些力量在起作用的时候，有时会出现重复，要想不出现矛盾或者混乱的话，那就要对这些力量进行限制甚至是取消。经济需要的增加，让那些力量也开始活跃起来，两两之间相互搀杂。相比于以前的三四十年，在大革命之前的几年时间里，他们的感觉敏锐了很多，总是指责臃肿的政府部门和毫无秩序的职责履行。不过让人惊讶的是，那些政府部门并不是不如以前了，而是比以前好了很多。尽管如此，政治方面的震动依然有增无减。

（第151页，第8行）对付总督的办法被移植过来对付总督的代理

各种各样的行政力量在1787年的时候所表现出来的矛盾。

举例来说，巴黎议会设立的临时委员会公开表示，它要担负助贫院的维持工作。不过总督对此表示反对，他想要自己来负责这件事情。他给委员会写信说：“助贫院的经济来源并不是省里的基金。”在两者之间进行辩驳的时候，巴黎的委员会向别的省的委员会寄去了信函，想听一下那些委员会的见解。从那些回信里面，我找到了一封香槟地区委员会寄来的，它说它那里也遇到了巴黎委员会所遇到的事情，而他们也在进行着争辩。

附录

《托克维尔回忆录》摘译

二月革命[1]前两天，土耳其大使举办了一场大型舞会，我在那里见到了迪维基耶·多兰纳[2]。他是我尊重的人，我俩之间友情深厚。党派精神导致的弊端在他身上得到了集中体现，尽管如此，他真正的激情无私和诚实在我们这个时代还是很稀缺的，要知道现在这个时代到处充满了自私自利，简直找不出第二种感情。我用一种符合两人感情的口气很随意地对他说："亲爱的朋友，你可得鼓起勇气，你扮演的可是个危险的角色！"他对我说的危险毫不在乎，没有半点惧怕，很正经地对我说："事情会很顺利的，当然会伴随着一定的风险，这点请相信我。再说，凡是自由政府都会经受住这种考验。"他是位有决断力，不时展露才智的人，这一点在他的这段回答中得到很好的体现。面对眼前发生的一切，他用自己的才智清晰、全方位地观察，但从不想调整一下自己的视野。他学识丰富，为人清廉，热情且易怒，报复心强，身上兼具文人和党派人的性格。他从政时，会把外国人做事的那一套方法拿过来用，再就是从记忆模糊的历史事件中获取灵感。他的思想完全被一个理念框住，他就在其中盲目的努力着。

面对事态发展，政府表现得很淡定，没有反对派的那种担心。我和内政部长迪沙泰尔[3]在这次交谈几天前也有过一次谈话。我与迪沙泰尔关系很好，尽管我同他所在的内阁在这8年来冲突的厉害（我承认在外交政策方面这种冲突

1　1848年2月，法国民众推翻了政府，并将革命浪潮推延至欧洲其他国家和地区，史称二月革命。二月革命是法国历史上最著名的革命之一，是1789年法国大革命的继续和深入。

2　普罗斯·迪维基耶·多兰纳（1798—1881），作家、政治家，七月王朝时期曾担任议员，支持保守派，宴会运动代表人物之一。代表作有《代议制政府的原理及其应用》《1814—1848年间法国代议制政府的历史》等。

3　夏尔－玛丽·特纳吉－迪沙泰尔（1802—1867），七月王朝时期多次担任大臣职务，1840—1848年间担任内政大臣。

非常激烈），而且他还是其中的主要成员。甚至这些冲突让他更看好我，这点我知道，因为对于攻击过他的基佐[1]，那位主管外事的官场同事，他心里面充满同情，这一点我毫不怀疑。我与迪沙泰尔先生曾经在几年前并肩战斗，为监狱制度的改革，我们便是在那时候认识的，并建立起了一种关系。他与基佐大相径庭，他身体健康，基佐羸弱单薄；他举止优雅得体，基佐说话刻薄，话里带刺；基佐疑心重重，尤其对那种信念坚定的对手，而他在敌人越是活跃的时候，自己越是冷静；一种细微、柔韧、精准的精神蕴含在强壮的身体里面，帮助他来分析政治事务，为他赢得敬佩；尤其是在谈论问题的时候，这种精神发挥作用格外明显，那些错误的欲望，对方的，还有自己党内部的，他都能一眼辨出，并将其消除。他不持偏见，也没有个人恩怨，和蔼可亲，任何时候都可以站出来承担义务，只要不涉及他的个人利益。对待同僚也是不卑不亢，平易近人，这样一个人让你既敬重，又憎恨，爱恨交加。

所以，我在灾难到来前几天将迪沙泰尔先生拉住，在会议室的角落对他说：目前事态正向着坏的极端发展，政府和反对派都有责任，结果将会是全体人民为之受苦。我劝他想想办法，找一条能让双方皆大欢喜的退路，相互妥协，既不损害彼此的面子，又能将局势拽出泥潭。我还说这样的妥协我和朋友们都十分愿意看到，并会尽全力做好反对派的工作，让他们也接受这个方案。

在我说的时候他听得非常认真，我知道他懂我的意思，但也看出来他不认可这个方案。他说："现在事态已经发展到不可收拾的地步，我无能为力。政府手握权力，是不会妥协的。若是反对派一意孤行，那结果很可能就是一直预料的那样，到大街上去火拼。政府若是被反动派惹火了，肯定会开战，政府不怕反动派。如果开战，最后获胜的肯定是政府。"接下来他向我描述了政府已经在军事方面做了哪些部署，储备了多少军资，部署了多少兵力，他们有多少弹药之类的……看得出，说这些的时候他很得意。

事情很明显，政府并不知道若是发生动乱会意味着什么，看样子他们也不怕开战；内阁对于胜利信心十足，对他们来说，唯有这场正在发酵中的动乱能

1　弗朗索瓦·皮埃尔·吉尧姆·基佐（1787—1874），政治家，保守派，曾于1847—1848年间任法国首相。后来伴随1848年二月革命七月王朝被推翻，路易·菲力普国王下台，基佐也因此下台。

重新纠集起四散的朋友，同时让对手彻底溃败，这是他们唯一的机会。我表示，我和他的看法是一致的；我说的是实话，他表现出来的自信和不做作的腔调让我相信他。

此时的巴黎，无论是接近人民的激进党领袖，还是革命党的人，都在焦急地忙碌着，想要搞清楚这方面的状况。我相信一点，这些人中的多数在即将到来的动乱面前，心里正忐忑不安。是的，他们依旧满怀激情，是激情的精神而非过去的激情本身；他们已经习惯了身处事态之中，那是过去他们屡屡厌恶但又屡屡身陷其中，摆脱不掉的；他们不知道自己能否胜利；他们知道是谁在支持自己，尽管如此，在即将要履行自己的义务，迎接它到来的时候，内心依旧充满恐惧。事变前不久，拉马丁夫人[1]拜访了托克维尔夫人[2]，她非常激动，在表达自己对未来悲观判断的时候甚至情绪紊乱。托克维尔夫人被她感染，相信了她的判断，这种悲观在当晚也将我感染。

一种观点认为，这场看似奇怪的革命其实并不奇怪，要在革命中失势的人挑起了引发革命的事端，这也是他们所希望的，而将会在革命中获胜的人则没有预料到这一点，他们甚至害怕革命。不过，这种观点是错误的。

现在，为了让我在记叙回忆的时候能顺着历史发展来写，让我们先将历史脉络梳理一下。

人们还都记得1848年路易·菲力浦[3]国王在议会例会开幕式上的讲话，他批评了宴会主办者的动机，认为他要么是欠考虑，要么是心怀敌意。这样的话等同于直接向100名议会议员宣战，将它们视为王权的对手。多数人内心原本就已经大乱，这番侮辱更是火上浇油，各种各样的想法代替了理智，占据他们的大脑。起初人们预计会有一场激烈的大辩论发生，结果出人意料，大家在讨论国王发言时集体沉默，多数派和反对派一反往日的亢奋，辩论的时候一直保持着分寸，像是怕这样的场合下说错话惹麻烦。

1　拉马丁夫人（1790—1863），名为玛丽安娜·伊丽莎白·伯奇，英国人，丈夫为拉马丁。

2　托克维尔夫人（1799—1864），名为玛丽·马特蕾，英国人，1828年与托克维尔结婚。

3　路易·菲力浦（1773—1850），法国国王，1830年法国七月革命之后，查理十世退位，立法议会选举路易·菲力浦为王国摄政。8月9日，他加冕登基为法国国王。他在右翼君主派、社会党人、共和党人之间采取中间路线。1848年法国爆发二月革命，当年2月24日他宣布退位，隐居于英格兰的萨里，直至去世。

不过，激烈的辩论最终还是发生了，暴力夹杂其中。这场辩论火爆到让人们误以为已经身处不久之后的内战中，内战导致了革命。

反对派的雄辩高手一向稳重，在激烈的辩论中，他们尽全力证明自己有参加宴会的权利；并且这是他们最不容置疑，最基本的权利，不承认这项权利便是不承认自由，便是不承认1814年宪章，武断地认定他们是为了暴力而非对话才进行呼吁，根本不顾他们的行动本身。政府方面，一向稳健的迪沙泰尔现在也有些手足无措。一方面，他对人们参加宴会的权利持坚决的否定态度；另一方面，他又不肯表示政府此后将严禁这类示威活动。他反而像是在引诱人们去犯错误，好让法院抓住切切实实的证据。比他还手足无措的是司法大臣埃贝尔[1]，也是他的同事，不过他早就习惯了这种状况。

司法官员不应该去做政治家，这是我一直以来的看法，不过埃贝尔先生这种情况我倒是第一次见。虽然他现在是大臣，但做事还是过去当总检察长时的作风。他的性格，甚至长相，都是天生干这一行的。你试着想象一下这种人的面容：一张歪着的小脸瘦瘦的，两鬓凹陷，尖鼻子，尖下巴，眼睛干瘪但炯炯有神，薄嘴唇紧闭着；你若是想象力再丰富一点，他的嘴上应该衔着一支长笔，羽翎做的，横放着，像是猫的胡子；若是给这人画上一幅肖像，我敢说那样子就像是一种我从未见过的肉食动物。他不是笨人，也不是傻子，只是性格倔强，不知道变通，这样的性格终将会让他混不下去，无能为力，虽然这不是他所希望得到的。基佐先生将他派到议会讲台上，他现在需要这样有力的雄辩家，避免自己因为达成和解而被限制住。

埃贝尔的讲话里面充斥着大话和挑衅，巴罗被气得从座位上跳起来用凶恶的口气破口大骂，就算是查理十世手下的波利尼亚克[2]和佩罗内[3]也不曾这样狂妄过。

众所周知，火爆的辩论最后以政府和反对派达成协议收场，双方同意上法

---

1 米歇尔·埃贝尔（1799—1887），曾经做过律师，在司法界声望很高，担任过众议员，1847年起担任司法大臣。

2 朱尔·奥古斯都·阿尔芒·马里（1780—1847），被称为波利尼亚克亲王，法国政治家，极端保皇派，曾经担任外交大臣、理事会主席、查理十世的首相。

3 夏尔·伊尼斯·佩罗内（1778—1854），伯爵，曾经在挑起七月革命的敕令上与波利尼亚克亲王一起署名。

庭解决问题。政府和反对派相互妥协，政府会默许反对派在巴黎召开最后一次宴会，不加阻挠，但是事后要将宴会组织人送上法庭，依法处置。

我记得很清楚，2 月 12 日对敕令的答辩结束，革命便是从这时起开始加速发展。这几个月来，一直是激进派推动着主张立宪的反对派前进，从这天起，反对派开始领导起这场革命。激进派在众议院拥有的席位已经失去作用，因为这些席位上的人多数在议会中变得沉寂，失去了生命力；而真正领导、促进革命的是那些年轻人，他们虽然无名，但是有胆量，常在煽动性的报纸上发表文章。经过长时间的相处和共事，做事求稳的反对派服从于革命派的领导。我说过，双方若是为了同一个政治目的走到一起，既讲究手段，又着眼目标的一方，终将会领导起两者只顾其一的那一方。这种领导与被领导的关系在两件事上面体现得格外明显，那便是：制定宴会运动纲领和发起对大臣的不信任案。这两件事对于后来的事变起着至关重要的作用。

2 月 20 日这天，几乎所有反对派的报纸上面都刊登了正式宣言，宣言借的是下次宴会纲领的名义。宣言中号召大家组织示威游行，鼓励学生积极参与，还号召国民自卫队参加宴会开幕式。民间开始流传临时政府 3 天内公布法令的消息。内阁之前曾饱受批评，支持者们批评他们默许宴会召开，现在他们抓住时机，决心弥补之前的过失。最终，内阁下令，禁止宴会运动举行，甚至不惜动用武力。

当局的这项命令为双方提供了战斗的场地。虽然出人意料，但我敢断定，宴会宣言便是在这时一转身成为了暴动纲领。那些议员们还以为这场运动在他们的领导之下，不过这份暴动纲领的制定、通过和公布他们却毫不知情。新闻记者和激进分子在一次夜间会议上匆忙完成了这份纲领，那些反对派领袖直到第二天起床读报时，才知道发生了什么。

世间的事情都是怎样一步步向前发展的，请看这里。当初巴罗[1]先生同他人一起反对过这个纲领，现在呢，因为怕伤害到与自己一起前行的人，他没有否定这个纲领。政府对这个纲领的公布大动肝火，下令禁止宴会运动，内战迫

1　奥迪隆·巴罗（1791—1873），七月王朝时期担任众议员，左翼首领。路易·菲力浦国王期间担任过司法委员会主席，路易·拿破仑时期担任司法部长，并多次组阁，死后出版《遗著回忆录》。

在眉睫，此时巴罗先生再次选择退步。他选择逃离这场危险的运动，不仅对稳妥的意见让步，对极端的意见也选择让步，从而提出对大臣的不信任案。他在谴责禁止宴会运动违宪的同时，又辩护称为了抵抗这种违宪采取暴力的人无罪。

激进派的领袖们认为当前革命时机并不成熟，他们也不想革命；现在，为了与反对派同盟划清界限，他们觉得有必要在宴会上发表一个演说，这个演说应该充满革命性，让暴力的激情更加澎湃。亲王朝的反动派们已经不再对宴会运动抱什么希望，为了表示自己不会向当局妥协，一意孤行，决绝地走向这条罪恶之路。原本多数保守派都认为应当做出最大的妥协，并且也是准备这样做的，但是对手的暴力手段加上几个上司的激情宣讲，让他们改变立场，甚至否认私人有举办宴会的权利，否决人民提出的改革愿望。

只有长期的党派生活，以及身处党派斗争漩涡，才会理解人们是如何不顾自己也不顾别人地互相作用于对方，世界的发展又是怎样受这种现实的影响以及决定世界发展的人物，他们如同风筝一般的愿望如何受制于风和风筝线的相互作用。

第三章

2 月 22 日这一天在我看来，并没有让人担惊受怕，虽然街上站满了人，但多数是那种喜欢凑热闹和爱管闲事而非一定要暴动的人。士兵和资产阶级见面时一如既往地开着玩笑，人群里传出的声音多是风凉话，没有指责谁，骂谁。不要被假象欺骗，我知道这样的暴乱主力军都是巴黎的流浪者，他们参与这种事情总是表现得像放假的学生一般高兴。

回到议会，我发现这里很安静，但是能感觉到有无数不安隐藏在表面的平静下，跃跃欲试。从早上开始，议会成了巴黎唯一没有被反对声音占领的地方，而这种反对的声音正在外面响彻整个法国。议会中大家正在商讨关于在波尔多设立银行的事情，所谓的讨论，事实上只有讲话的人和应答的人在参与，能看出每个人都心不在焉。迪沙泰尔先生充满自信且激动地对我说，所有事情都会顺利的进展下去。我则不太相信事情会如他所说。他晃了晃脑袋，肩膀一耸，这已经是他的习惯动作，但这一次看上去格外显眼。至今我仍旧清楚地记得，当时观察到的这个小动作给我留下的印象何等深刻。

虽然我没有亲自到场，但是我知道市内一些地区的骚乱十分严重，有人被打死，有人被打伤。早在几年前，或者几个月后，这样的事情都不会引起什么波澜，人们已经或者将会习惯。但是现在不一样，他们群情激昂，十分激动。

说来也巧，这天我正好应邀要去鲍米埃[1]先生家赴晚宴，鲍米埃是我在众议院的同事，是卡瓦多斯省众议员，而卡瓦多斯省属于政府反对派阵营。我艰难地穿过街上维持秩序的警察队伍，进入到鲍米埃府中，映入眼帘的是一片衰落景象。有孕在身的鲍米埃夫人已经睡下，外面的动乱让她受了点惊吓。原本邀请了20个人，结果只有5人来赴宴，其余人都没来，或是因为交通受阻，或是说有其他事情不能抽身。晚宴很丰盛，但是已经索然无味，我们都坐下来，个个面色凝重。我当时心想，这个时代如此奇妙，可能就在你准备开宴会或者吃饭的时候，一场革命就突然降临了。

赴宴的客人中有一位名叫萨兰德鲁茨[2]，是位商人，经营一家祖上传下来的同名商行，规模很大，制造地毯给他带来了大笔财富。这位年轻的保守派成员受人重视主要靠自己的财富，而非名声；在反对派阵营中，他几乎没有影响力，而他表现自己的手段便是满嘴牢骚。在我看来，他的满嘴牢骚不过是想让别人更在意他罢了。在讨论国王讲话的最后一次议会上，他提出一项修正案，内阁会因为这项修正案通过而垮台。还在这件事被人们广泛关注的时候，他出席了杜伊勒宫[3]的招待晚宴。他想，这次应该没有人再将自己忽视了。事实如他所料，国王路易·菲力浦在看到他的第一眼时便热情地迎上来，然后亲切地带他到一边坐下单聊；聊天的话题出乎意料，是关于这位年轻众议员的财富来自哪个产业。起初萨兰德鲁茨还没觉得有问题，觉得说正事之前先谈点个人私事，这位国王不愧是善于拉拢人心，等说完这段开场白话题自然会进入那个严肃的领域。但是一刻钟过去了，国王口中的话题仍旧是原来那个，国王想通过这种方式让他明白，在羊毛和地毯行业里，国王仍旧是他的庇护神。国王的话还没说完，他就已经因为害怕遭到报复而惊恐不已。他对我们说，埃米尔·吉

1　夏尔·鲍米埃（1811—1887），卡瓦多斯省众议员，立法议会议员。
2　夏尔·萨兰德鲁茨（1808—1867），企业家，经营一家地毯厂，七月王朝时期众议员，制宪议会议员。
3　杜伊勒宫，法国王宫，位于巴黎塞纳河右岸，建于1564年，毁于1871年。

拉丹[1]前天晚上告诉他："七月王朝两天内就会完蛋。"这位新闻记者的话在我们看来倒不像是在夸张，但也许真是夸张。无论如何，后来的事实证明吉拉丹的话如同出自预言家之口。

当我在2月23日早上醒来，得知巴黎的暴乱已经升级。我用一个小时赶到议会，看到议会大厦周围有步兵把守，大厦围墙处有胸甲骑兵列守，整个大厦被他们封锁起来，显得很安静。议会大厦里面，大家都很激动，也很盲目，不知道该支持谁，反对谁。

议会照样按时举行，只不过会议的内容已经不再是昨天那种喜剧了，大家已经无力去做那种事。市内的情况被传到议会，大家都闲着，同时在焦急地等待事情的进展，时间就这样一点点被消耗掉。这时，大厦外面传来高昂的军号声，并且响了好一阵。原来是外面的胸甲骑兵闲得无聊，在那里自娱自乐。欢快的军号声里面透露出一股得意，而议会里人们的心情正好相反，对照鲜明，这声音让人烦躁、难受，于是赶紧让人出去喊停军号声。

大家在这几个小时里面都是窃窃私语，最后人们决定亮开嗓子说话，以打破这种气氛。巴黎众议员瓦凡[2]开始向内阁发难，质问他们巴黎市内的状况，内阁就质问作答辩，来来回回持续了3个小时。基佐先生突然出现在会场入口处，他走进会场时步伐坚定，神情傲然，默默地穿过通道，最后走上讲台。他仰起头，像是怕别人看到他低头。他简单地宣布，国王将召见莫莱先生，由他重新组阁。如此戏剧化的事情我还是头一次见。

反对派们依旧坐在自己的议席上，不过多数人已经开始欢呼庆祝，他们认为自己现在是获胜一方，终于报仇雪耻；反对派领袖很快冷静下来，开始研究如何掌控局势，不要对多数派过分侮辱，因为他们对自己可能还会有用处。

对多数派而言，这个打击太过突然，他们一时不知道下一步该怎么办，投靠谁，每个人都心神不安；之后，多数派成员从半圆形阶梯会场上纷纷杂杂走下来，其中一部分人围住大臣们，有的讨要说法，有的作最后的告别，多数人则是在愤愤不平地抗议。人们说："在这种时候撇弃内阁，放弃政治盟友，卑鄙

1　埃米尔·德·吉拉丹（1806—1881），曾创办《新闻》周刊，七月王朝时期担任众议员，立法议会议员。

2　埃里克斯·瓦凡（1792—1863）巴黎众议员，担任过制宪议会议员，立法议会议员。

无比!”还有人嚷着要去杜伊勒宫见国王，向他施压，让他撤销这个决定。

要知道，这些人不仅仅是在政治观点上遭受到了打击，个人利益也遭受重创，这样一来，他们如此绝望的表现也就不足为奇了。内阁垮台对他们中的一些人意味着倾家荡产，对另一些人意味着女儿的嫁妆不翼而飞，还有一些人儿子的仕途受阻。他们以后的生活里再也没有神气十足这个词了。对于他们中的大部分人而言，能走到今天的位置，靠的便是卑躬屈膝、阿谀奉承，甚至这已经成为他们生活的常态，成了一种习惯。他们过去这样生活，也希望以后永远这样生活下去。他们对已经存在 8 年的内阁产生了一种依赖性，并且这种依赖已经被他们当做理所应当的所得。这些人现在急得来回走动着，脸上尽是愿望没有达成的惊讶、愤怒、害怕和贪婪，还有种种因为担惊受怕表现出来的其他复杂感情。我从自己的座位上看着这群人，这群立法议会议员们此时就像是一群猎犬，他们已经将猎物衔在口中，不过猎人马上就要来将它们夺走。

有一点需要指出，多数反对派成员表现得粗鄙可笑，原因是他们在这方面缺乏经验。我们说多数保守派成员死死保护内阁是为了自己的利益和地位，如果真是这样，那么多数反对派猛烈攻击内阁的原因，也只是为了这种利益和地位罢了。事实上，有一种不得不承认的悲哀状况：在法国，希望能够得到官职，拿税收当俸禄已经不再是某个党的弊端，而成了整个社会的弊端。在长期的公民社会中，这一弊端的产生源自民主过度集中和政府权力过度集中。这一弊端过去让所有旧政权垮台，将来也会让所有新政权陷入泥潭，是一种不受控制的内在疾病，无可救药。

渐渐的，骚乱平息，起因也被查清：原来事情起自国民自卫队第 5 团的一个营，这个营支持发动叛乱的人，营里的几个高级军官跑到国王那里汇报此事，结果便导致了这件事发生。

路易·菲力浦国王向来坚持己见，不轻易改变想法，但在我的经历当中，又没有人像他那样善变。当他得知消息之后，当机立断，下令解散内阁。这个内阁为他服务了 8 年，而做出解散它的决定只用了两分钟而已，并且没有任何仪式，也没有任何解释。

议会紧接着就散会了，关于内阁的接替问题，关于革命的问题人们仿佛都忘了。

离开议会的时候，我和迪福尔[1]先生走在一起；我注意到他有心事，而且不是一般的心事，但又极力掩饰；我知道这位反对派领袖在即将担任大臣的时候在担心什么，摆在他面前的局势很复杂，且充满危险；他要拉拢对自己有利的朋友，还要考虑这些朋友会提出怎样的要求，以及这些要求对自己而言有何弊端。

在迪福尔先生身上表现出的，一方面是忍不住做出一些略显卑鄙的计划，一方面则是不将这些计划遮掩起来的诚实，一种天性的率真。其实，若论善良，现在有机会出任大臣的任何一个人都远不能与他比。对于获得权力，他信心十足；相对于之前作战中那种隐隐的激情，他现在准备拿出更猛烈的激情，完成自己的设想。他认为莫莱先生是个自私自利、忘恩负义的小人。不过，他倒是个坦诚的人，为人也可爱，容易相处。

与迪福尔先生告别之后，我赶到了博蒙[2]先生府上。此时这里的人个个兴致高昂，但是我高昂不起来。他们是我无话不说的人，我向他们坦言自己为什么高兴不起来："内阁刚被推翻，而推翻它的是巴黎国民自卫队，毫无疑问，新建立的内阁在处理政务的时候会遵循国民自卫队的好恶标准。你们很高兴，因为你们觉得内阁被打倒了，但被打倒的是真正的权力，这一点你们有没有想过？"关于这其中的悲哀博蒙没有多少认知，他只是对我说："你这人就是这样，看事情总是那么悲观，我们是要关心以后的事情，但现在还是先庆祝取得的胜利吧！"

博蒙夫人[3]也加入到我们的对话中。看得出，她丈夫的热情感染了她，只是她身上没有党派的那种一心向前的冲动。当然，她心中也不存在利害争斗和仇恨报复这些想法，她是位优雅的女人，非常有魅力。在我一生的见闻中，没有谁比这位妇女更有节操；同时又是那么的可爱动人。

我坚持己见，对他的看法表示反对，我觉得事情最终不应该是这种带有偶

1　朱尔·迪福尔（1798—1881），曾担任省众议员，公共工程大臣，众议院副议长，二月革命后进入众议院，担任内政部长，随着路易·波拿马政变退出政坛，晚年重回政坛，担任司法委员会主任。

2　古斯塔夫·德·博蒙（1802—1866），萨尔特省众议员，后担任过法国驻维也纳公使，立法议会议员，博蒙与托克维尔私交甚深。

3　博蒙夫人，名克莱蒙蒂娜·德·拉法耶特，拉法耶特将军的孙女，1836 年与博蒙结婚。

然性的结局，这个结局很可悲；也可以说，这件事没有什么偶然性，它本身便是一件可以使万物改变的大事件。我真的为自己感到满足，因为我的这番话证明我没有被迪福尔这位老朋友迷惑住。为权力打上鲜明的烙印，这样的运动向来激烈，这也是为什么我们中间派永远不会掌权的原因。我之前早有预言，手握权力、视我如敌的党派若是有一天丢掉了权力，那权力也会落入另外一个同样视我为敌的党派手里。

这天我接受了另外一个邀请，去莱瑞纳[1]先生家赴晚宴，这位朋友后面我还会多次提起。应邀赴宴的人很多，分属于不同的政治派别，对于今天发生的事情，有几个人表示了欢迎，也有人表示担忧。不过，有一点所有人都持一致观点，那就是现在的骚乱会平息下去，但用不了多久，它就会改头换面，以另外一种形式重新出现在大家面前。果然，市内不断传来的消息证明了大家的判断，骚乱逐渐平息，枪炮声消失，取而代之的是欢呼声，看得出大家都很高兴。

宴席中有位先生名叫巴塔利[2]，他是最高法院首席法官的侄子，而非儿子，此人几天之后成为巴黎总检察长。论才智，论品行，巴塔利都不出众，他叔父虽然平凡，但行事稳健，这一点他也不具备。他为人粗暴、野蛮，这使他身上集合了我们这个时代所有的错误思想和极端观点。革命过后，有些人被称作1848年革命的发起人和领导者，巴塔利与这些人中的多数都有交往。即便如此，但我敢说，他对革命的期待并不比当晚宴会上其他人高出多少。其实不止是他，他的那些朋友们也是如此。若是一场革命的胜利依靠的是人民的激情，那这场革命往往是人们愿望的达成，而并非出自什么策划，也不会有什么策划。试图研究谁是那个幕后策划人的行为完全是在浪费时间。若是有人声称有幕后策划，这人肯定想要从中受益。

革命往往是自发的，是人民的精神推动它在前进，至于什么时候事态会被突然推向危机，这一点谁也预料不到；所以说，那些所谓的革命策划者、领导人，其实什么都没做，没有策划什么，也没有领导什么。这些人就像是寻找新

---

1 维克多·莱瑞纳（1802—1869），七月王朝时期省众议员，后担任制宪议会议员，立法议会议员，农业部长，与托克维尔私交很好。

2 巴隆·奥古斯都·巴塔利（1801—1855），七月王朝时期众议员，后担任巴黎总检察长，制宪议会议员。

大陆的航海家，不过是跟着风走罢了，风往哪吹就向哪走，风吹多大就走多远。

我很早就离开了莱瑞纳的府上，然后回家睡觉。虽然我家离外交部非常近，但那晚我没有听到枪声，那晚的枪声意义非凡，严重影响了后来事态的发展。我沉浸在睡眠中，睡得很香，对七月王朝即将走到尽头没有半点知觉。